吳見思評點

史記論文

中華書局印行

史記論文目錄

目錄

二

史記論文序

文自六經以外。其是非鮮不謬于聖人者。班固以此譏史遷。而所撰漢書。則漢初之文。實仍遷舊。是固能彈遷是非之失。終不能訾毀其文之不工可知也。顧遷之爲此史也。亦不必文盡由己。乃雜采古史舊聞。以及詩書左傳國語國策諸書。而裁以己之法度。卽能使讀者忘其舊。而祇見爲遷文之美。斯又非固之所能事也。惟是唐虞以前。在孔子亦患其荒昧。未敢述作。已棄置于刪定之餘。遷則儼然成史。又隱然有孔子而後五百年在斯之負。後世守經之士。不能不以此疑之。然遷史卽非古今之信史。其文實爲古今之至文。試歷觀漢後。自晉唐宋以迄有明。能文之家。莫不各抒己見。以爲𠩄隲論斷。其尊而信之。幾與六經相埒。如淩氏所彙評林一編可徵也。竊嘗歎之。固知譏遷之失。不知後之譏固乃更甚于遷。苟因文誅意。必以聖人爲準。因而是非其人。以是非其文。彼三代而下。無完人。斯無完書矣。故知以是非論是非。不若以文論文之爲得也。夫時閱數千年。讀其書而好之。其人又號稱能文者。不知幾十百輩。而要歸于一辭。莫贊若評林所載。自史記以還。誠罕有其比。謂非古今之至文而能然。與此毘陵吳齊賢之讀史有得。而論文之所由名也。齊賢老生好學。至暮年不倦。余令梁溪時。特親造其廬。觀所著述。最後出此書見屬。曰是一生苦心所寄。願鏤版行之。余悲其意而諾之。既受而歸。患鞅掌簿書。未遑卒讀。又竊意誦習家業有凌氏之刻。以集大成。齊賢卽精心鑽鑿。當無能別出手眼于昔人之外者。及退食之暇。時手一卷。紬繹其趣。見其條晰脈絡。剔劃指歸。一篇之中。闡發精蘊。殆無片言隻字之不研索盡致。信有得乎史公文心之微。詣而能抉搯其手筆經營之妙者。不禁歎絕。齊賢攻苦一生之言。良爲不誣。乃自江左攜而入閩。移粵十載。間皇皇幾務。得以文籍娛悅之時。絕少不獲校讐。其抄本字畫之訛。與鉤勒句讀之舛。及今丙寅之春。始訂正終卷。徵參己私。付之剞劂。而論文之書出焉。惜乎齊賢之不及見之也。噫。若余者。其奚足與于論文哉。持此以報齊賢。或不謬于史公然諾之義云爾。康熙

二十五年丙寅山陰吳興祚

史記論文

武進吳見思齊賢評點
山陰吳興祚留村參訂

五帝本紀

黃帝者、少典之子、姓公孫。名曰軒轅。生而神靈、弱而能言。幼而徇齊、長而敦敏、成而聰明。【史記多排宕變化之筆而開頭一章獨用排調此由生而成順年歲排五句】 軒轅之時。神農氏世衰。諸侯相侵伐。暴虐百姓。而神農氏弗能征。於是軒轅乃習用干戈。以征不享。諸侯咸來賓從。【黃帝止伐神農伐蚩尤兩事俱作兩層寫先提神農立案】而蚩尤最爲暴。莫能伐。【又提蚩尤立案】炎帝欲侵陵諸侯。諸侯咸歸軒轅。軒轅乃修德振兵。治五氣。蓺五種。撫萬民。度四方。【又排四句以數目敘】教熊羆貔貅貙虎。以與炎帝戰於阪泉之野。三戰然後得其志。【序完伐神農事】蚩尤作亂不用帝命。於是黃帝乃徵師諸侯。與蚩尤戰於涿鹿之野。遂禽殺蚩尤。【序完伐蚩尤事阪泉之野涿鹿之野對】而諸侯咸尊軒轅爲天子。代神農氏。是爲黃帝。【總一】天下有不順者。黃帝從而征之。【接上】平者去之。【起下】披山通道。未嘗寧居。東至於海。登丸山。及岱宗。西至於空桐。登鷄頭。南至於江。登熊湘。北逐葷粥。排四段以東西南北序末句變合符釜山。而邑於涿鹿之阿。遷徙往來無常處。以師兵爲營衛。一總四方而定邑偏又以遷徙出奇官名皆以雲命。爲雲師。置左右大監。監於萬國。萬國和。而鬼神山川封禪與爲多焉。一獲寶鼎。迎日推策。奇句迎日定時也推策著也日以逆測故曰迎策以順數故曰推舉風后力牧常先大鴻以治民。順天地之紀。幽明之占。死生之說。存亡之難。一四句作排時播百穀草木。淳化鳥獸蟲蛾。傍羅日月星辰水波土石金玉。勞勤心力耳目。節用水火財物。五句亦作一排然中有變調有土德之瑞。故號黃帝。又一總黃帝二字亦作兩次寫黃帝二十五子。其得姓者十四人。虛黃帝居軒轅之丘。而娶於西陵之女。是爲嫘祖。嫘祖爲黃帝正妃。生二子。其後皆有天下。先提一句直貫至高辛傳末其一曰玄囂。是爲青陽。青陽降居江水。其二曰昌意。降居若水。玄囂昌意雙序而玄囂伏下獨接昌意○以帝子出封故曰降昌意娶蜀山氏女。曰昌僕。生高陽。高陽有聖德焉。黃帝崩。葬橋山。其孫昌意之子高陽立。是爲帝顓頊也。一帝顓頊高陽者。黃帝之孫而昌意之子也。高陽紀即取黃帝紀收小故序法略而不詳然包羅已盡高辛紀同靜淵以有謀。疏通而知事。神明聰明之類是也養材以任地。披山通道節用水火也載時以象天。迎日推策傍羅日星也依鬼神以制義。

（幽明之古死生之義也）治氣以教化（治五氣順天紀也）潔誠以祭祀（鬼神山川封禪也）北至於幽陵南至於交阯西至於流沙東至於蟠木（南北東西應前）動靜之物大小之神（總鳥獸蟲蛾山川日月等）日月所照莫不砥屬—帝顓頊生子曰窮蟬（窮蟬伏）顓頊崩而玄囂之孫高辛立（遙接玄囂）是爲帝嚳—

帝嚳高辛者黃帝之曾孫也高辛父曰蟜極蟜極父曰玄囂玄囂父曰黃帝（世系倒序又一法）自玄囂與蟜極皆不得在位至高辛即帝位高辛於顓頊爲族子（接還顓頊是北紀遞下之針線）

高辛生而神靈自言其名普施利物不於其身聰以知遠明以察微順天之義知民之急仁而威惠而信修身而天下服取地之財而節用之撫教萬民而利誨之曆日月而迎送之明鬼神而敬事之其色郁郁其德嶷嶷其動也時其服也士（四語奇俊）帝嚳溉執中而徧天下日月所照風雨所至莫不從服（與顓頊一樣寫俱約略黃帝紀不重注）帝嚳娶陳鋒氏女生放勳娶娵訾氏女生摯帝嚳崩而摯代立帝摯立不善崩而弟放勳立是爲帝堯—（帝摯放勳亦雙序側入帝堯）

帝堯者放勳（帝堯獨不重序世系變法）其仁如天其知如神就之如日望之如雲（奇俊於五帝紀中用六朝佳句史記變調）富而不驕貴而不舒黃收純衣形車乘白馬能明馴德以親九族九族既睦便章百姓百姓昭明合和萬國（以上總敍帝堯之德下乃入事形車白馬下接入尙書文絕無

痕跡。乃命羲和。敬順昊天。數法日月星辰。敬授民時。下分命四段此先總序分、命羲仲。居郁夷。曰暘谷。敬道日出。便程東作。日中星鳥。以殷中春。其民析。鳥獸字微。一段申、命羲叔。居南交。便程南譌。敬致日永。星火。以正仲夏。其民因。鳥獸希革。二段分、命和仲。居西土。曰昧谷。敬道日入。便程西成。夜中星虛。以正中秋。其民夷易。鳥獸毛毨。三段申、命和叔。居北方。曰幽都。便在伏物。日短星昴。以正中冬。其民燠。鳥獸氄毛。四段竟作四比其對偶之始乎然對偶之中更多變化歲三百六十六日。以閏月正四時。信飭百官。衆功皆興。一又作一結蓋一起一結中作四比另成一篇小文堯曰。誰可順此事。即頂授時下放齊曰。胤子丹朱開明。堯曰。吁頑凶不用。此爲求賢禪天下張本先借丹朱作一颺堯又曰。誰可者。讙兜曰。共工旁聚布功。可用。堯曰。共工善言。其用僻似恭漫天。不可。此又借共工作一颺堯又曰。嗟四嶽。湯湯洪水滔天。浩浩懷山襄陵。下民其憂。有能使治者。皆曰。鯀可。堯曰。鯀負命毀族。不可。嶽曰。异哉。試不可用而已。此又借鯀作一颺堯於是聽嶽用鯀。九歲功用不成。一凡作三段三颺始入舜事文章作法自古已然於此益信堯曰。嗟四嶽。朕在位七十載。汝能庸命。踐朕位。嶽應曰。鄙德忝帝位。堯曰。悉舉貴戚及疏遠隱匿者。衆皆言於堯曰。有矜在民間。曰虞舜。堯曰。然。朕聞之。其何如。嶽曰。盲者子。父頑。母嚚。弟傲。能和以孝。烝烝治。不至姦。堯曰。吾其試哉。於是堯妻之二女。觀其德於二女。舜飭下二女於嬀汭。如婦禮。堯善之。— 以上堯典以下接舜典合序舜事 乃使舜愼和五典。五典能從。乃徧入百官。百官時敍。賓於四門。四門穆穆。諸侯遠方賓客皆敬。又於四門上註一句 堯使舜入山林川澤。暴風雷雨。舜行不迷。堯以爲聖。總一句接下乃順 召舜曰。女謀事至而言可績。三年矣。女登帝位。舜讓於德不懌。正月上日。舜受終於文祖。文祖者堯大祖也。— 又於文祖註一句 於是帝堯老。命舜攝行天子之政。以觀天命。又插一句提直貫至篇末皆攝政之事 舜乃在璿璣玉衡以齊七政。正與羲和事相照 遂類於上帝。禋於六宗。望於山川。辯於羣神。祭祀略序下巡狩乃詳正詳略相間之妙 揖五瑞。擇吉月日。見四嶽諸牧。班瑞。班瑞事少詳 歲二月。東巡狩。至於岱宗。柴 句 望秩於山川。遂見東方君長。合時月正日。同律度量衡。修五禮。五玉。三帛。二生。一死爲摯。如五器。此巡狩之事 卒乃復。五月南巡狩。八月西巡狩。十一月北巡狩。皆如初。授時事四段俱詳巡狩事亦四段一詳三略正以照映間發爲奇 歸。句 至於祖禰廟。用特牛禮。五歲一巡狩。羣后四朝。徧告以言。明試以功。車服以庸。總結巡狩班瑞事 肇十有二州。決川。分地濬川去封山事 象以典刑。流宥五刑。鞭作官刑。扑作教刑。金作贖刑。五句一總四分一虛四實 眚裁過赦。怙終賊刑。欽哉欽哉。惟刑之靜哉。讙兜進言共工。堯曰。不可。而試之工師。共工果淫辟。四嶽舉鯀治洪水。堯以爲不可。嶽彊請試之。試之而無功。故百姓不便。三苗在江淮荆州。數爲亂。（插一段重序前事帶出三苗以爲流放之故是史公章法）於是舜歸而言於帝。（有體）請流共工於幽陵。以變北狄。放讙兜於崇山。以變南蠻。遷三苗於三危。以變西戎。殛鯀於羽山。以變東夷。四罪而天下咸服。━（以變北狄等句妙放流中具有仁厚具有經濟是五帝德）堯立七十年得舜。二十年而老。令舜攝行天子之政。薦之於天。堯辟位凡二十八年而崩。━（總括堯事以歲數作一結）百姓悲哀。如喪父母。三年四方莫舉樂。以思堯。━（以上序完堯事）堯知子丹朱之不肖。不足授天下。於是乃權授舜。授舜則天下得其利而丹朱病。授丹朱則天下病而丹朱得其利。堯曰。終不以天下之病而利一人。而卒授舜以天下。━（因禪受之際故又提明丹朱一段）━堯崩。三年之喪畢。舜讓辟丹朱於南河之南。諸侯朝覲者不之丹朱而之舜。獄訟者不之丹朱而之舜。謳歌者不謳歌丹朱而謳歌舜。舜曰。天也。夫而後之中國。踐天子位焉。是爲帝舜。━舜。虞者名曰重華。重華父曰瞽叟。瞽叟父曰橋牛。橋牛父曰句望。句望父曰敬康。敬康父曰窮蟬。（世系亦倒序遙接窮蟬）窮蟬父曰帝顓頊。顓頊父曰昌意。（直追至昌意以應黃帝紀）以至舜七世矣。自從窮蟬以至帝舜皆微爲庶人。又順序一段　舜父瞽叟盲而舜母死。瞽叟更娶妻而生象。象傲。瞽叟愛後妻子。不言愛象而曰愛後妻子說得入情　常欲殺舜。舜避逃。及有小過。則受罪。順事父及後母與弟。日以篤謹。匪有解。頓住下又起一頭　舜冀州之人也。點一句先註明歷山雷澤之地　舜耕歷山。漁雷澤。陶河濱。作什器於壽丘。就時於負夏。舜父瞽叟頑。母嚚。弟象傲。皆欲殺舜。舜順適不失子道。兄弟孝慈。欲殺。不可得。即求。嘗在側。殺舜事作兩層寫　舜年二十以孝聞。三十而帝堯問可用者。四嶽咸薦虞舜。曰可。遙接　於是堯乃以二女妻舜以觀其內。使九男與處以觀其外。舜居嬀汭。內行彌謹。堯二女不敢以貴驕事舜親戚。甚有婦道。堯九男皆益篤。舜耕歷山。間接　歷山之人皆讓畔。漁雷澤。雷澤上人皆讓居。陶河濱。河濱器皆不苦窳。一年而所居成聚。二年成邑。三年成都。三者字三成字俱作疊句相應　堯乃賜舜絺衣與琴。爲築倉廩。予牛羊。先提衣琴倉廩牛羊是　瞽叟尚復欲殺之。殺舜事作三層寫　使舜上塗廩。瞽叟從下縱火焚廩。舜乃以兩笠自扞而下去。得不死。後瞽叟又使舜穿井。舜穿井爲匿空旁出。舜既入深。入深妙　瞽叟與象共下土實井。舜從匿空出去。瞽叟象喜。以舜爲已死。象曰本謀者象。象與其父母分。於是曰舜妻堯二女與琴。象取之。牛羊倉廩予父母。雖不及孟子簡

淨然寫得另有情節象乃止舜宮居。鼓其琴。舜往見之。象愕不懌。曰我思舜正鬱陶。舜曰然。爾
其庶矣。全與孟子異舜復事瞽叟愛弟彌謹。一又點一句作一頓於是堯乃試舜五典百官皆治。
一遙應昔高陽氏有才子八人。世得其利。謂之八愷。高辛氏有才子八人。世謂之八元。
此十六族者。世濟其美。不隕其名。至於堯。堯未能舉。一顧堯一句舜舉八愷。使主后土。以揆
百事。莫不時序。舉八元。使布五教於四方。父義。母慈。兄友。弟恭。子孝。所布之五教也內平外
成。昔帝鴻氏有不才子。掩義隱賊。好行凶慝。天下謂之渾沌。少皞氏有不才子。毀信
惡忠。崇飾惡言。天下謂之窮奇。顓頊氏有不才子。不可教訓。不知話言。天下謂之檮
杌。此三族世憂之。四凶作兩段寫少變其法至於堯。堯未能去。又顧堯一句縉雲氏有不才子。貪於飲
食。冒於貨賄。天下謂之饕餮。天下惡之。比之三凶。另敘一段上下呼應舜賓於四門。乃流四凶
族。遷於四裔。以御螭魅。於是四門辟。言毋凶人也。一接前四門事夾序章法舜入於大麓。烈風
雷雨不迷。一遙接前事堯乃知舜之足授天下。堯老。使舜攝行天子政。巡狩。遙接舜得舉用
事二十年。而堯使攝政。攝政八年而堯崩。三年喪畢。讓丹朱。天下歸舜。遙接堯紀一篇約略作數
行妙而禹皋陶契后稷伯夷夔龍倕益彭祖先列後序自堯時而皆舉用。未有分職。又顧堯一筆

於是舜乃至於文祖謀於四嶽辟四門明通四方耳目。[又接入尚書事前後插序變化之妙]命十二牧。論帝德行厚德遠佞人則蠻夷率服。一舜謂四嶽曰有能奮庸美堯之事者使居官相事皆曰伯禹爲司空可美帝功。舜曰然嗟禹汝平水土維是勉哉禹拜稽首讓於稷契與皋陶舜曰然往矣。[命禹]舜曰棄黎民始饑汝后稷播時百穀。[命稷變法簡淨]舜曰契百姓不親五品不馴汝爲司徒而敬敷五敎在寬。[命契]舜曰皋陶蠻夷猾夏寇賊姦軌汝作士五刑有服五服三就五流有度五度三居惟明能信。[命皋陶]舜曰誰能馴予工皆曰垂可。於是以垂爲共工。[命共工變法]舜曰誰能馴予上下草木鳥獸皆曰益可於是以益爲朕虞益拜稽首讓於諸臣朱虎熊羆舜曰往矣汝諧遂以朱虎熊羆爲佐。一[命益帶朱虎熊羆變法]舜曰嗟四嶽有能典朕三禮皆曰伯夷可舜曰嗟伯夷以汝爲秩宗夙夜維敬直哉維靜潔伯夷讓夔龍舜曰然。[命伯夷變法下夔龍二段皆接此然字而下]以夔爲典樂敎穉子直而溫寬而栗剛而無虐簡而無傲詩言意歌長言聲依永律和聲八音能諧毋相奪倫神人以和夔曰於予擊石拊石百獸率舞。[命夔變法帶夔自序]舜曰龍朕畏忌讒說殄僞振驚朕衆命汝爲納言夙夜出入朕命惟信。一[命龍○上九段應前列名而序法變換如火如錦然前多一彭祖未序]

舜曰。嗟女二十有二人。敬哉惟時相天事。總結上九段合四岳十二牧總結在內三歲一考功。三考絀
陟遠近。衆功咸興。分北三苗。此二十二人。咸成厥功。皋陶爲大理。平民各伏得其實。
伯夷主禮。上下咸讓。垂主工師。百工致功。益主虞。山澤辟。棄主稷。百穀時茂。契主司
徒。百姓親和。龍主賓客。遠人至。十二牧行而九州莫敢辟違。又將諸臣之功總敘作一收遺夔功不敘者夔
石率舞已自敘在前也亦見錯落變法唯禹之功爲大。提禹獨敘以爲禪天下張本披九山。通九澤。決九河。定九州。
各以其職來貢。不失厥宜。方五千里。至於荒服。南撫交阯、句北發、句西、句戎、句析枝、
句渠廋、句氐、句羌、句北、句山戎、句發、句息愼、句東、句長、句鳥夷。句四海之內。咸戴帝
舜之功。稱禹功而仍歸帝舜是舜紀體於是禹乃興九招之樂。致異物。鳳皇來翔。天下明德。皆自虞
帝始。歸功帝舜舜年二十以孝聞。年三十堯舉之。年五十攝行天子事。年五十八堯崩。年
六十一代堯踐帝位。踐帝位三十九年。南巡狩。崩於蒼梧之野。葬於江南九疑。又就年歲
總序收完舜事是爲零陵。一舜之踐帝位。載天子旂。往朝父瞽叟。夔夔維謹。如子道。封弟象
爲諸侯。一舜之明德孝弟爲大故又接踐帝位後補完舜子商均亦不肖。舜乃豫薦禹於天。十七年而崩。
三年喪畢。禹亦乃讓舜子。如舜讓堯子。諸侯歸之。省法然後禹踐天子位。堯子丹朱。舜

子商均。皆有疆土。以奉先祀。服其服。禮樂如之。以客見天子。天子弗臣。示不敢專也。先收完堯舜兩段 自黃帝至舜禹。皆同姓而異其國號。以章明德。故黃帝爲有熊。帝顓頊爲高陽。帝嚳爲高辛。帝堯爲陶唐。帝舜爲有虞。帝禹爲夏后而別氏。姓姒氏。契爲商。姓子氏。棄爲周。姓姬氏。一 總收五帝五段因九臣又帶序三代

太史公曰。學者多稱五帝。尚矣。鎖一句下即捷轉 然尚書獨載堯以來。轉二 而百家言黃帝。其文不雅馴。薦紳先生難言之。轉三 孔子所傳宰予問五帝德及帝繫姓。儒者或不傳。轉四 余嘗西至空峒。北過涿鹿。東漸於海。南浮江淮矣。又點東南西北與篇中作映帶 至長老皆各往往稱黃帝堯舜之處。風教固殊焉。轉五 總之。不離古文者近是。六轉古文即尚書也 予觀春秋國語。其發明五帝德帝繫姓章矣。顧弟弗深考。其所表見皆不虛。轉七 書缺有間矣。其軼乃時時見於他說。八轉將尚書國語等一總 非好學深思。心知其意。固難爲淺見寡聞道也。九轉轉折層曲 余幷論次。擇其言尤雅者。應文不雅馴 故著爲本紀書首。往復回環文筆文心兩俱妙絕

史公作文雖序許多人其實只是一篇文字中間自有神理貫串線索通聯如五帝一紀大者止天地山川歲時日月禮樂制度設官分職有衍爲數百言者有縮爲數字者節節照應處處融通而互相映發處機神尤浹結處一總收盡通篇徹尾徹首並無間斷也○序五帝世系黃帝之後由玄囂而昌意下接昌

意高陽至高辛而復接玄囂高陽生窮蟬隔高辛帝堯至舜而復接窮蟬章法原成一片今本每紀作提行者非是合傳倣此○史記一書以參差錯落穿插變化為奇而筆法句法絕無一律乃開卷第一篇純用莊重整練隱其神奇故排句學國語而秀句用子書堯舜二紀又采尚書○古奧覺另是一種筆墨蓋因作五帝之紀遂成五帝之文亦有純氣守中也○堯舜二紀純用尚書孟子略改字面便是太史公之文不是尚書孟子之文且既經刪改而運用插和絕無痕跡豈非神手但尚書中一種古質古色精采古奧已俱減削然時代所隔天實為之史公奈之何哉○凡史記所引尚書左國諸書有刪潤者有直述者既在史記中即就史記評隱就文論文法當如是如明珠在握但言其光氣而不必問誰氏之寶也

夏本紀

夏禹名曰文命。禹之父曰鯀。鯀之父曰帝顓頊。顓頊之父曰昌意。昌意之父曰黃帝。世系亦倒序 禹者。黃帝之玄孫而帝顓頊之孫也。又提兩句順序 禹之曾大父昌意及父鯀皆不得在帝位。為人臣。— 又提一句明白之甚 當帝堯之時。鴻水滔天。浩浩懷山襄陵。下民其憂。堯求能治水者。羣臣四嶽皆曰鯀可。堯曰鯀為人負命毀族。不可。四嶽曰等之。未有賢於鯀者。願帝試之。於是堯聽四嶽。用鯀治水。九年而水不息。功用不成。於是帝堯乃求人。更得舜。舜登用。攝行天子之政。巡狩。行視鯀之治水。無狀。乃殛鯀於羽山以死。天下皆以舜之誅為是。— 在禹紀中序殛鯀之事卻回護不得故大書直筆以著天下之公 於是舜舉鯀子禹而使續鯀之業一即於殛鯀之下便舉鯀子以著天下之公堯崩帝舜問四嶽曰有能成美堯之事者使居官皆曰伯禹爲司空可成美堯之功舜曰嗟然命禹女平水土維是勉之禹拜稽首讓於契后稷皋陶舜曰女其往視爾事矣一引尚書一段是續鯀業之註腳禹爲人敏給克勤其德不違其仁可親其言可信聲爲律身爲度稱以出亹亹穆穆爲綱爲紀一一段序禹之德禹乃遂與益后稷奉帝命命諸侯百姓興人徒以傅土行山表木定高山大川一一段序禹之事先略提安放下乃詳序禹傷先人父鯀功之不成受誅間接鯀事乃勞身焦思居外十三年過家門不敢入薄衣食致孝於鬼神卑宮室致費於溝淢陸行乘車水行乘船泥行乘橇山行乘檋左準繩右規矩載四時以開九州通九道陂九澤度九山令益予衆庶稻可種卑溼命后稷予衆庶難得之食食少調有餘相給以均諸侯先總序一段九州九道九澤九山先提總下乃應完禹乃行相地宜所有以貢及山川之便利禹行自冀州始先序九州冀州既載壺口治梁及岐既修太原至於岳陽覃懷致功至于衡漳其土白壤賦上上錯田中中常衛既從大陸既爲鳥夷皮服夾右碣石入于海一濟河維沇州九河既道雷夏既澤雍沮會同桑土既蠶於是民得下丘居土其土黑墳草繇木條田中下賦貞作十有

三年乃同。其貢漆絲。其篚織文。浮於濟漯。通于河。—海岱維青州。嵎夷既略。濰淄既
道。其土白墳。海濱廣潟。厥田斥鹵。田上下。賦中上。厥貢鹽絺。海物維錯。岱畎絲枲鉛
松怪石。萊夷爲牧。其篚檿絲。浮于汶。通於濟。—海岱及淮維徐州。淮沂其治。蒙羽其
藝。大野既都。東原底平。其土赤埴墳。草木漸包。其田上中。賦中中。貢維土五色。羽畎
夏翟。嶧陽孤桐。泗濱浮磬。淮夷蠙珠臮魚。其篚玄纖縞。浮于淮泗。通于河。—淮海維
揚州。彭蠡既都。陽鳥所居。三江既入。震澤致定。竹箭既布。其草惟夭。其木惟喬。其土
塗泥。田下下。賦下上上雜。貢金三品。瑤琨竹箭。齒革羽毛。島夷卉服。其篚織貝。其包
橘柚錫貢。均江海通淮泗。—荆及衡陽維荆州。江漢朝宗于海。九江甚中。沱涔已道。
雲土夢爲治。其土塗泥。田下中。賦上下。貢羽旄齒革。金三品。杶幹栝柏。礪砥砮丹。維
箘簵楛。三國致貢其名。包匭菁茅。其篚玄纁璣組。九江入賜大龜。浮於江沱涔于漢。
踰于雒。至于南河。—荆河維豫州。伊雒瀍澗既入于河。滎播既都。道荷澤被明都。其
土壤。下土墳壚。田中上。賦雜上中。貢漆枲絺紵。其篚纖絮。錫貢磬錯。浮于雒。達於河。
—華陽黑水維梁州。汶嶓既藝。沱涔既道。蔡蒙旅平。和夷底績。其土青驪。田下上。賦

下中三錯貢璆鐵銀鏤砮磬熊羆狐狸織皮西傾因桓是來浮于潛踰于沔入于渭亂于河—黑水西河維雍州弱水既西涇屬渭汭漆沮既從灃水所同荊岐已旅終南敦物至於鳥鼠原隰底績至于都野三危既度三苗大序其土黃壤田上上賦中下貢璆琳琅玕浮于積石至於龍門西河會於渭汭織皮昆侖析支渠搜西戎卽序一（序九州完）道九山（以下序九山其實隨山以道水也）汧及岐至于荊山踰于河壺口雷首至于太嶽砥柱析城至于王屋太行常山至于碣石入于海西傾朱圉鳥鼠至于太華熊耳外方桐柏至于負尾道嶓冢至于荊山內方至于大別汶山之陽至于衡山過九江至于敷淺原—（序九山完）道九川（以下序九川）弱水至于合黎餘波入于流沙道黑水至于三危入於南海道河積石至于龍門南至華陰東至砥柱又東至于盟津東過雒汭至于大邳北過降水至于大陸北播為九河同為逆河入于海嶓冢道瀁東流為漢又東為蒼浪之水過三澨入於大別南入於江東滙澤為彭蠡東為北江入于海汶山道江東別為沱又東至于醴過九江至于東陵東迤北會于滙東為中江入于海道沇水東為濟入于河泆為滎東出陶丘北又東至于荷又東北會于汶又東北入于海道

淮自桐栢東會于泗沂東入于海道渭自鳥鼠同穴東會于灃又東北至于涇東過
漆沮入于河道雒自熊耳東北會于澗瀍又東會于伊東北入于河（序九川完）於是九州
攸同四奧既居九山栞旅九川滌原九澤既陂四海會同（又提九州九山九川九澤作總結完治水事下乃入
治賦）六府甚修衆土交正致慎財賦咸則三壤成賦中國賜土姓祗台德先不距朕行
令天子之國以外五百里甸服百里賦納總二百里納銍三百里納秸服四百里粟
五百里米甸服外五百里侯服百里采二百里任國三百里諸侯侯服外五百里綏
服三百里揆文教二百里奮武衛綏服外五百里要服三百里夷二百里蔡要服外
五百里荒服三百里蠻二百里流東漸于海西被于流沙朔南暨聲教訖于四海一
於是帝錫禹玄圭以告成功于天下天下於是太平治（以上訓譯禹貢全文而提綴處并九山九川以外等字史
公添入眉目更清楚）皐陶作士以理民帝舜朝禹伯夷皐陶相與語帝前皐陶述其謀曰信其
道德謀明輔和禹曰然如何皐陶曰於慎其身修思長敦序九族衆明高翼近可遠
在已禹拜美言曰然皐陶曰於在知人在安民禹曰吁皆若是惟帝其難之知人則
智能官人能安民則惠黎民懷之能知能惠何憂乎驩兜何遷乎有苗何畏乎巧言

善色佞人皋陶曰然於亦行有九德亦言其有德乃言曰始事事寬而栗柔而立愿而恭治而敬擾而毅直而溫簡而廉剛而實彊而義章其有常吉哉日宣三德蚤夜翊明有家日嚴振敬六德亮采有國翕受普施九德咸事俊乂在官百吏肅謹毋教邪淫奇謀非其人居其官是謂亂天事天討有罪五刑五用哉吾言底可行乎禹曰女言致可績行皋陶曰予未有知思贊道哉—以上删皋陶謨帝舜謂禹曰汝亦昌言禹拜曰於予何言予思日孳孳皋陶難禹曰何謂孳孳禹曰洪水滔天浩浩懷山襄陵下民皆服於水予陸行乘車水行乘舟泥行乘橇山行乘檋行山栞木與益予眾庶稻鮮食以決九川致四海浚畎澮致之川與稷予眾庶難得之食食少調有餘補不足徙居眾民乃定萬國爲治皋陶曰然此而美也禹曰於帝慎乃在位安爾止輔德天下大應清意以昭待上帝命天其重命用休帝曰吁臣哉臣哉臣作朕股肱耳目予欲左右有民女輔之余欲觀古人之象日月星辰作文繡服色女明之予欲聞六律五聲八音來始滑以出入五言女聽予卽辟女匡拂予女無面諛退而謗予敬四輔臣諸眾讒嬖臣君德誠施皆清矣禹曰然帝卽不時布同善惡則毋功帝曰毋若丹

朱。傲維慢游是好。毋水行舟。朋淫于家。用絕其世。予不能順是。禹曰。予辛壬娶塗山。
癸甲生啓。予不子。以故能成水土功。輔成五服。至于五千里。州十二師。外薄四海。咸
建五長。各道有功。苗頑不卽功。帝其念哉。帝曰。道吾德。乃汝功序之也。皋陶於是敬
禹之德。令民皆則禹。不如言。刑從之。舜德大明。於是夔行樂。祖考至。羣后相讓。鳥獸
翔舞。簫韶九成。鳳皇來儀。百獸率舞。百官信諧。帝用此作歌曰。陟天之命。維時維幾。
乃歌曰。股肱喜哉。元首起哉。百工熙哉。皋陶拜手稽首揚言曰。念哉。率爲興事。愼乃
憲。敬哉。乃更爲歌曰。元首明哉。股肱良哉。庶事康哉。又歌曰。元首叢脞哉。股肱惰哉。
萬事墮哉。帝拜曰。然。往欽哉。—以上刪益稷篇—於是天下皆宗禹之明度數聲樂。爲山川神
主。—二句總上兩篇—帝舜薦禹於天。爲嗣。十七年而帝舜崩。三年喪畢。禹辭辟舜之子商均
於陽城。天下諸侯皆去商均而朝禹。禹於是遂卽天子位。南面朝天下。國號曰夏后。
姓姒氏。—帝禹立而舉皋陶薦之。且授政焉。而皋陶卒。封皋陶之後於英六。或在許。
—而后舉益。任之政。十年。帝禹東巡狩。至於會稽而崩。以天下授益。三年之喪畢。益
讓帝禹之子啓。而辟居箕山之陽。禹子啓賢。天下屬意焉。及禹崩。雖授益。益之佐禹

日淺。天下未洽。故諸侯皆去益而朝啓。曰。吾君帝禹之子也。於是啓遂卽天子之位。是爲夏后帝啓。一（以上卽用孟子事史公自出己裁）夏后帝啓。禹之子。其母塗山氏之女也。一（註一句直）

（應前篇）有扈氏不服。啓伐之。大戰於甘。將戰。作甘誓。乃召六卿申之。啓曰。嗟。六事之人。予誓告汝。有扈氏威侮五刑。怠棄三正。天用勦絕其命。今予維共行天之罰。左不攻于左。右不攻于右。女不共命。御非其馬之正。女不共命。用命。賞于祖。不用命。僇于社。予則帑僇女。（以上略刪甘誓）遂滅有扈氏。天下咸朝夏后。一（結甘誓）帝啓崩。子帝太康立。帝太康失國。昆弟五人。須于洛汭。作五子之歌。一 太康崩。弟中康立。是爲帝中康。帝中康時。羲和湎淫。廢時亂日。胤往征之。作胤征。一（胤征虛序）中康崩。子帝相立。帝相崩。子帝少康立。帝少康崩。子帝予立。帝予崩。子帝槐立。帝槐崩。子帝芒立。帝芒崩。子帝泄立。帝泄崩。子帝不降立。帝不降崩。弟帝扃立。帝扃崩。子帝廑立。帝廑崩。立帝不降之子孔甲。是爲帝孔甲。一 帝孔甲立。好方鬼神。事淫亂。夏后氏德衰。諸侯畔之。天降龍二。有雌雄。孔甲不能食。未得豢龍氏。陶唐既衰。其後有劉累。學擾龍於豢龍氏。以事孔甲。孔甲賜之姓曰御龍氏。受豕韋之後。龍一雌死。以食夏后。夏后使求。懼而遷去。一 孔甲崩。子帝皐立。帝皐崩。子帝發立。帝發崩。子帝履癸立。是爲桀。一帝桀之時。自孔甲以來而諸侯多畔。夏桀不務德而武傷百姓。百姓弗堪。迺召湯而囚之夏臺。已而釋之。湯修德。諸侯皆歸湯。湯遂率兵以伐夏桀。桀走鳴條。遂放而死。桀謂人曰。吾悔不遂殺湯於夏臺。使至此。湯乃踐天子位。代夏朝天下。湯封夏之後。至周封於杞也。太史公曰、禹爲姒姓。其後分封。用國爲姓。故有夏后氏。有扈氏。有男氏。斟尋氏。彤城氏。褒氏。費氏。杞氏。繒氏。辛氏。冥氏。斟氏。戈氏。孔子正夏時。學者多傳夏小正云。自虞夏時。貢賦備矣。或言禹會諸侯江南。計功而崩。因葬焉。命曰會稽。會稽者。會計也。(閒閒)

借會稽一結姿致天然

此紀全述禹之明德故禹貢皐謨益稷羅列於篇首既重矣故後只借甘誓一篇襯貼自太康以後一頓點次即完局勢然也故即少康后羿之事亦不及詳序在文論文法不得不如是也若不論輕重不論堆垜一槩排列乃甲乙帳而非史公之書矣○禹貢一篇是千古奇文倘書中渾厚天然前段如九州分劃疆界井井後段如衆流奔湊氣勢洶洶乃經史公加數字點次便覺眉目分明另是一種姿致豈非奇才

殷本紀

殷契母曰簡狄。有娀氏之女。爲帝嚳次妃。三人行浴。(三人不詳)見玄鳥墮其卵。簡狄取吞之。因。孕。生。契。—契長而佐禹治水。有功。帝舜乃命契曰。百姓不親。五品不訓。汝爲司徒。而敬敷五教。五教在寬。封于商。賜姓子氏。契興於唐虞大禹之際。功業著於百姓。百姓以平。契事只略序 契卒。子昭明立。昭明卒。子相土立。相土卒。子昌若立。昌若卒。子曹圉立。曹圉卒。子冥立。冥卒。子振立。振卒。子微立。微卒。子報丁立。報丁卒。子報乙立。報乙卒。子報丙立。報丙卒。子主壬立。主壬卒。子主癸立。主癸卒。子天乙立。是爲成湯。—成湯以前世系 成湯自契至湯八遷。湯始居亳。從先王居。作帝誥。帝誥虛 湯征諸侯。葛伯不祀。湯始伐之。湯曰。予有言。人視水見形。視民知治不。伊尹曰。明哉。言能聽。道乃進。君國子民。爲善者皆在王官。勉哉勉哉。湯曰。汝不能敬命。予大罰殛之。無有攸赦。作湯征。—湯征略 伊尹名阿衡。接上補出伊尹作附傳 阿衡欲干湯而無由。乃爲有莘氏媵臣。負鼎俎。以滋味說湯。致于王道。或曰。伊尹處士。湯使人聘迎之。五反然後肯往從湯。言素王及九主之事。質序之中忽用虛致是傳疑體 湯舉任以國政。伊尹去湯適夏。既醜有夏。復歸于亳。入自北門。遇女鳩女房。作女鳩女房。—女鳩女房虛 湯出見野張網四面。祝曰。自天下四方。皆入吾網。湯曰。嘻。盡之矣。乃去其三面。祝曰。欲左。句 左。句 欲右。句 右。句 不用命。乃入吾網。（左右句删一者字更古勁）諸侯聞之曰。湯德至矣。及禽獸。—當、、是時。夏桀爲虐政。淫荒。而諸侯昆吾氏爲亂。湯乃興師。率諸侯。伊尹從湯。湯自把鉞。以伐昆吾。遂伐桀。湯曰。格汝衆庶。來。女悉聽朕言。匪台小子。敢行舉亂。有夏多罪。予維聞女衆言。夏氏有罪。予畏上帝。不敢不正。今夏多罪。天命殛之。今女有衆。女曰。我君不恤我衆。舍我嗇事。而割政。女其曰。有罪。其奈何。夏王率止衆力。率奪夏國。有衆率怠不和。曰。是日何時喪。予與女皆亡。夏德若茲。今朕必往。爾尙及予一人。致天之罰。予其大理女。女毋不信。朕不食言。女不從誓言。予則帑僇女。無有攸赦。以告令師。作湯誓。（湯誓略）、、於是湯曰。吾甚武。號曰武王。桀敗於有娀之虛。桀犇於鳴條。—夏師敗績。湯遂伐三嵕。俘厥寶玉。義伯仲伯作典寶。—（典寶虛）湯既勝夏。欲遷其社。不可。作夏社。—（夏社虛）伊尹報。於是諸侯心服。湯乃踐天子位。平定海內。湯歸至於泰卷陶。中𦉪作誥。—（中𦉪誥虛）既絀夏命。還亳。作湯誥。維三月。王自至于東郊。告諸侯羣后。毋不有功於民。勤力迺事。予乃大罰殛汝。毋予怨。曰。古禹皋陶久勞於外。其有功乎民。民乃有安。東爲江。北爲濟。西爲河。南爲淮。四瀆已修。萬民乃有居。后稷降播。農殖百穀。三公咸有功于民。故后有立。昔蚩尤與其大夫作亂百姓。帝乃弗予有狀。先王言不可不勉。曰不道。毋之在國。女毋我怨。以令諸侯。一湯誥略 伊尹作咸有一德。一咸有一德虛 咎單作明居。一明居虛 湯乃改正朔。易服色。上白。朝會以晝。一一代制度只三句點完 湯崩。太子太丁未立而卒。於是乃立太丁之弟外丙。是爲帝外丙。帝外丙即位三年崩。立外丙之弟中壬。是爲帝中壬。帝中壬卽位四年崩。伊尹迺立太丁之子太甲。太甲成湯適長孫也。一句點明 是爲帝太甲。帝太甲元年。伊尹作伊訓。作肆命。作徂后。一伊訓肆命徂后三篇虛 帝太甲既立三年。不明。暴虐。不遵湯法。亂德。於是伊尹放之於桐宮。三年。伊尹攝行政當國。以朝諸侯。帝太甲居桐宮三年。悔過自責。反善。於是伊尹迺迎帝太甲而授之政。帝太甲修德。諸侯咸歸殷。百姓以寧。伊尹嘉之。迺作太甲訓三篇。太甲訓虛 褒帝太甲。稱太宗。一太宗崩。子沃丁立。帝沃丁之時。伊尹卒。伊尹事完 既葬伊尹於亳。咎單遂訓伊尹事。作沃丁。沃丁虛 沃丁崩。弟太庚立。是爲帝太庚。帝太庚崩。子帝小甲立。帝小甲崩。弟雍己立。是爲帝雍己。殷道衰。諸侯或不至。一殷道一衰 帝雍己崩。弟太戊立。是爲帝太戊。帝太戊立伊陟爲相。亳有祥桑穀共生於朝。一暮大拱。帝太戊懼。問伊陟。伊陟曰。臣聞妖不勝德。帝之政其有闕與。

帝其修德。太戊從之。而祥桑枯死而去。一伊陟贊言於巫咸。巫咸治王家有成。作咸艾。作太戊。帝太戊贊伊陟于廟。言弗臣。伊陟讓。作原命。（咸艾太戊原命三篇虛）殷復興。諸侯歸之。（殷道再興）故稱中宗。一中宗崩。子帝中丁立。帝中丁遷于隞。河亶甲居相。祖乙遷于邢。帝中丁崩。弟外壬立。是爲帝外壬。中丁書闕不具。帝外壬崩。弟河亶甲立。是爲帝河亶甲。河亶甲時。殷復衰。一（殷道再衰）河亶甲崩。子帝祖乙立。帝祖乙立。殷復興。巫咸任職。一（殷道三興）祖乙崩。子帝祖辛立。帝祖辛崩。弟沃甲立。是爲帝沃甲。帝沃甲崩。立沃甲兄祖辛之子祖丁。是爲帝祖丁。帝祖丁崩。立弟沃甲之子南庚。是爲帝南庚。帝南庚崩。立帝祖丁之子陽甲。是爲帝陽甲。帝陽甲之時。殷衰。自中丁以來。廢適而更立諸弟子。弟子或爭相代立。比九世亂。於是諸侯莫朝。一（殷道三衰）帝陽甲崩。弟盤庚立。是爲帝盤庚。帝盤庚之時。殷已都河北。盤庚渡河南。復居成湯之故居。迺五遷。無定處。殷民咨胥皆怨。不欲徙。盤庚乃告諭諸侯大臣曰。昔高后成湯與爾之先祖俱定天下。法則可修。舍而弗勉。何以成德。乃遂涉河南。治亳。行湯之政。然後百姓由寧。殷道復興。諸侯來朝。以其遵成湯之德也。一（殷道四興）帝盤庚崩。弟小辛立。是爲帝小辛。帝小辛立。

殷復衰。—殷道四衰百姓思盤庚。迺作盤庚三篇。—盤庚虛所傳異帝小辛崩。弟小乙立。是爲帝小乙。帝小乙崩。子帝武丁立。帝武丁卽位。思復興殷。而未得其佐。三年不言。政事決定于冢宰。以觀國風。武丁夜夢得聖人。名曰說。以夢所見視羣臣百吏。皆非也。於是乃使百工營求之野。得說於傅險中。是時說爲胥靡。築於傅險。見於武丁。武丁曰是也。得而與之語。果聖人。舉以爲相。殷國大治。故遂以傅險姓之。號曰傅說。—帝武丁祭成湯。明日。有飛雉登鼎耳而呴。武丁懼。祖己曰。王勿憂。先修政事。祖己乃訓王曰。唯天監下典厥義。降年有永有不永。非天夭民。中絕其命。民有不若德。不聽罪。天既附命正厥德。乃曰其奈何。嗚呼。王嗣敬民。罔非天繼。常祀毋禮於棄道。武丁修政行德。天下咸驩。殷道復興。—殷道五興帝武丁崩。子帝祖庚立。祖己嘉武丁之以祥雉爲德。立其廟爲高宗。遂作高宗肜日及訓。—高宗肜日虛帝祖庚崩。弟祖甲立。是爲帝甲。帝甲淫亂。殷復衰。—殷道五衰帝甲崩。子帝廩辛立。帝廩辛崩。弟庚丁立。是爲帝庚丁。帝庚丁崩。子帝武乙立。殷復去亳。徙河北。—帝武乙無道。爲偶人。謂之天神。與之博。令人爲行。天神不勝。乃僇辱之。爲革囊盛血。仰而射之。命曰射天。—武乙獵于河渭之間。暴

雷。武乙震死。一子帝太丁立。帝太丁崩。子帝乙立。帝乙立。殷益衰。一殷道五衰之帝後竟不復振

乙長子曰微子啓。啓母賤。不得嗣。少子辛。辛母正后。辛爲嗣。帝乙崩。子辛立。是爲帝辛。天下謂之紂。一帝紂資辨捷疾。聞見甚敏。材力過人。手格猛獸。知足以拒諫。言足以飾非。矜人臣以能。高天下以聲。奇句以爲皆出己之下。好酒淫樂。嬖於婦人。愛妲己。妲己之言是從。於是使師涓作新淫聲。北里之舞。靡靡之樂。厚賦稅以實鹿臺之錢。而盈鉅橋之粟。益收狗馬奇物。充牣宮室。益廣沙丘苑臺。多取野獸蜚鳥置其中。慢於鬼神。大最樂戲於沙丘。以酒爲池。縣肉爲林。使男女倮相逐其閒。爲長夜之飲。百姓怨望。而諸侯有畔者。於是紂乃重辟刑。有炮烙之法。一中以許多之字長短錯落掩映○紂事先虛序下乃實序以西伯昌。九侯。鄂侯。爲三公。九侯有好女。入之紂。九侯女不憙淫。紂怒殺之。而醢九侯。鄂侯爭之彊。辨之疾。并脯鄂侯。西伯昌聞之。竊歎。崇侯虎知之。以告紂。紂囚西伯羑里。西伯之臣閎夭之徒。求美女奇物善馬以獻紂。紂乃赦西伯。西伯出而獻洛西之地。以請除炮烙之刑。紂乃許之。賜弓矢斧鉞。使得征伐。爲西伯。一而用費中爲政。費中善諛。好利。殷人弗親。紂又用惡來。惡來善毀讒。諸侯以此益疏。一西伯歸乃

陰修德行善。諸侯多叛紂而往歸西伯。西伯滋大。紂由是稍失權重。王子比干諫弗聽。商容賢者。百姓愛之。紂廢之—及西伯伐飢國。滅之。紂之臣祖伊聞之而咎周。恐奔告紂曰。天既訖我殷命。假人元龜。無敢知吉。非先王不相我後人。維王淫虐用自絕。故天棄我。不有安食。不虞知天性。不迪率典。今我民罔不欲喪。曰天曷不降威。大命胡不至。今王其奈何。紂曰。我生不有命在天乎。祖伊反曰。紂不可諫矣—西伯既卒。周武王之東伐。至盟津。諸侯叛殷會周者八百。諸侯皆曰。紂可伐矣。武王曰。爾未知天命。乃復歸—紂愈淫亂不止。微子數諫不聽。乃與太師少師謀。遂去。比干曰。爲人臣者。不得不以死爭。迺強諫紂。紂怒曰。吾聞聖人心有七竅。剖比干。觀其心。箕子懼。乃佯狂爲奴。紂又囚之。殷之太師少師乃持其祭器奔周—周武王於是遂率諸侯伐紂。紂亦發兵距之牧野。甲子日。紂兵敗。紂走入登鹿臺。衣其寶玉衣。赴火而死。周武王遂斬紂頭。縣之白旗。殺妲己。釋箕子之囚。封比干之墓。表商容之閭。封紂子武庚祿父。以續殷祀。令修行盤庚之政。殷民大說。於是周武王爲天子。其後世貶帝號。號爲王。（周以前俱稱帝稱王當自文王始也）而封殷後爲諸侯。屬周—周武王崩。武庚與管叔蔡叔作亂。成王命周公誅之。而立微子於宋。以續殷後焉。

太史公曰、余以頌次契之事。自成湯以來。采于書詩。契爲子姓。其後分封。以國爲姓。有殷氏。來氏。宋氏。空桐氏。稚氏。北殷氏。目夷氏。孔子曰。殷路車爲善。而色尚白。

殷本紀以興衰二字作眼目中以五興五衰一起一伏經緯通篇中則簡質明晰收束淨盡無瑕可指亦是一篇好文字

周本紀

周后稷。名棄。其母有邰氏女。曰姜原。姜原爲帝嚳元妃。姜原出野。見巨人跡。心忻然說。句 欲踐之。句 踐之而身動。句 如孕者。句 居期而生子。以爲不祥。棄之隘巷。馬牛過者皆辟不踐。徙置之林中。適會山林多人。句 遷之。句 而棄渠中冰上。飛鳥以其翼覆薦之。姜原以爲神。遂收養長之。初欲棄之。因名曰棄。句法錯落古峭以七之字作致 棄爲兒時。屹如巨人之志。其游戲。好種樹麻菽。麻菽美。及爲成人。遂好耕農。相地之宜。宜穀者稼穡焉。民皆法則之。帝堯聞之。舉棄爲農師。天下得其利。有功。帝舜曰。棄。黎民始飢。爾后稷播時百穀。封棄于邰。號曰后稷。別姓姬氏。后稷之興。在陶唐虞夏之際。皆有令德。后稷頂陶唐虞夏以下逐節追頂作序法○作一小束 后稷卒。子不窋立。不窋末年。夏后氏政衰。去稷不務。不窋以失其官而犇戎狄之間。一不窋卒。子鞠立。鞠卒。子公劉立。公劉雖在戎狄之間。復修后稷之業。公劉頂后稷務耕種。行地宜。自漆沮渡渭。取材用。行者有資。居者有畜積。民賴其慶。百姓懷之。多徙而保歸焉。周道之興自此始。故詩人歌樂思其德。一作東一公劉卒。子慶節立。國於豳。一慶節卒。子皇僕立。皇僕卒。子差弗立。差弗卒。子毀隃立。毀隃卒。子公非立。公非卒。子高圉立。高圉卒。子亞圉立。亞圉卒。子公叔祖類立。公叔祖類卒。子古公亶父立。古公亶父復修后稷公劉之業。古公亶父又頂后稷公劉積德行義。國人皆戴之。薰育戎狄攻之。欲得財物。予之。已復攻。欲得地與民。民皆怒欲戰。作民怒欲戰添倍色澤一古公曰。有民立君。將以利之。今戎狄所為攻戰。以吾地與民。民之在我與其在彼何異。民欲以我故戰。殺人父子而君之。予不忍為。左氏佳句乃與私屬遂去豳。渡漆沮。踰梁山。止於岐下。豳人舉國扶老攜弱。盡復歸古公於岐下。及他旁國聞古公仁。亦多歸之。於是古公乃貶戎狄之俗。而營築城郭室屋。而邑別居之。作五官有司。民皆歌樂之。頌其德。一作東一古公有長子曰太伯。次曰虞仲。太姜生少子季歷。季歷娶太任。皆賢婦人。生昌。有聖瑞。古公曰。我世當有興者。其在昌乎。長子太伯虞仲知古公欲立季歷。以傳昌。乃二人亡。如荊蠻。文身斷髮。以讓季歷。一古公卒。季歷立。是爲公季。公季修古公遺道。公季頂古公篤于行義。諸侯順之。一公季卒。子昌立。是爲西伯。西伯曰文王。遵后稷公劉之業。則古公公季之法。西伯又頂后稷公劉古公公季篤仁。敬老。慈少。禮下賢者。日中不暇食以待士。士以此多歸之。伯夷叔齊在孤竹。聞西伯善養老。盍往歸之。太顚閎夭散宜生鬻子辛甲大夫之徒。皆往歸之。一崇侯虎譖西伯於殷紂曰。西伯積善累德。諸侯皆嚮之。將不利於帝。帝紂乃囚西伯於羑里。閎夭之徒患之。乃求有莘氏美女。驪戎之文馬。有熊九駟。他奇怪物。因殷嬖臣費仲而獻之紂。紂大說曰。此一物。足以釋西伯。況其多乎。乃赦西伯。賜之弓矢斧鉞。使西伯得征伐。曰譖西伯者。崇侯虎也。西伯乃獻洛西之地。以請紂去炮烙之刑。紂許之。一西伯陰行善。諸侯皆來決平。於是虞芮之人有獄不能決。乃如周。入界。耕者皆讓畔。民俗皆讓長。虞芮之人未見西伯。作未見西伯妙潛移默奪又勝在朝讓列一層皆慙相謂曰。吾所爭。周人所恥。何往爲。秖取辱耳。遂還俱讓而去。諸侯聞之曰。西伯蓋受命之君。輕輕點出受命二字爲下文作引勢已積機已動遙遙挑逗事勢如此文勢如此明年。伐犬戎。一明年。伐密須。一明年。敗耆國。一殷之祖伊聞之懼。以告帝紂。紂曰。不有天命乎。是何能爲。一明年。伐邘。明年。伐崇侯虎。而作豐邑。自岐下而徙都豐。一明年。西伯崩。太子發立。是爲武王。西伯蓋卽位五十年。其囚羑里。蓋益易之八卦。爲六十四卦。詩人道西伯。蓋受命之年稱王而斷虞芮之訟。後十年而崩。謚爲文王。改法度。制正朔矣。追尊古公爲太王。公季爲王季。蓋王瑞自太王興。一就文王總序一

遍借追王事結到太王王季是前一段大收束處。武王卽位。太公望爲師。周公旦爲輔。召公畢公之徒左右王師。修文王緒業。一武王又頂文王、九年。武王上祭于畢。東觀兵至于盟津。爲文王木主。載以車中軍。武王自稱太子發。言奉文王以伐。不敢自專。乃告司馬司徒司空諸節。齋栗。信哉。予無知。以先祖有德臣。小子受先功。畢力賞罰。以定其功。遂興師。師尙父號曰。總爾衆庶。與爾舟楫。後至者斬。武王渡河。中流。白魚躍入王舟中。武王俯取以祭。旣渡。有火自上復於下。至于王屋。流爲烏。其色赤。其聲魄云。是僞太誓文法雋永可觀是時諸侯不期而會盟津者。八百諸侯。諸侯皆曰。紂可伐矣。武王曰。女未知天命。未可也。乃還師歸。一一頓伐紂作兩層寫。居二年。聞紂昏亂暴虐滋甚。殺王子比干。囚箕子。太師疵少師彊抱其樂器而犇周。於是武王徧告諸侯曰。殷有重罪。不可以不畢伐。乃遵文王。遂率

戎車三百乘。虎賁三千人。甲士四萬五千人。以東伐紂。十一年十二月戊午、師畢渡盟津。諸侯咸會。曰孳孳無怠。武王乃作太誓。太誓虛下乃隱括太誓牧誓而自爲章法告於衆庶。今殷王紂。乃用其婦人之言。自絕于天。毀壞其三正。離逷其王父母弟。乃斷棄其先祖之樂。乃爲淫聲。用變亂正聲。怡說婦人。故今予發。維共行天罰。勉哉夫子。不可再。不可三。一二月甲子昧爽、武王朝至于商郊牧野。乃誓。下乃牧誓全文武王左杖黃鉞。右秉白旄。以麾。曰遠矣西土之人。武王曰。嗟。我有國冢君。司徒。司馬。司空。亞旅。師氏。千夫長。百夫長。及庸蜀羌髳微纑彭濮人。稱爾戈。比爾干。立爾矛。予其誓。起如風雨亦有千人萬人之勢如見當日軍容王曰。古人有言。牝雞無晨。牝雞之晨。惟家之索。今殷王紂。維婦人言是用。自棄其先祖肆祀不答。昏棄其家國。遺其王父母弟不用。乃惟四方之多罪逋逃。是崇是長。是信是使。四是字俊俾暴虐於百姓。以姦軌于商國。今予發。維共行天之罰。今日之事。不過六步七步。乃止齊焉。夫子勉哉。不過於四伐五伐六伐七伐。乃止齊焉。勉哉、、夫子、夫子兩句顚倒成法尚桓桓。如虎如羆。如豺如離。于商郊。不禦克犇。以役西土。六步七步四伐五伐如虎如羆等俱以疊句應還前段勉哉、、夫子。又疊一句精神之極爾所不勉。其于爾身有戮。誓已。諸侯兵會者車四千乘。陳師牧野。帝紂聞武王來。亦發兵七十萬人。距武王。武王使師尚父。與百夫致師。以大卒馳帝紂師。紂師雖衆。皆無戰之心。心欲武王亟入。紂師皆倒兵以戰。以開武王。（忙處偏用閒筆）武王馳之。紂兵皆崩畔紂。紂走反入。登于鹿臺之上。蒙衣其珠玉。自燔于火而死。（紂事完。）武王持太白旗以麾諸侯。諸侯畢拜武王。武王乃揖諸侯。諸侯畢從武王至商國。商國百姓咸待於郊。（一路四諸侯兩商國字連絡而下）於是武王使羣臣告語商百姓曰。上天降休。商人皆再拜稽首。武王亦答拜。（太白至此一氣是一樣文法）遂入至紂死所。武王自射之。三發而後下車。以輕劍擊之。以黃鉞斬紂頭。縣太白之旗。已而至紂之嬖妾二女。二女皆經自殺。武王又射三發。擊以劍。斬以玄鉞。縣其頭小白之旗。（又用對法句法變）武王已乃出復軍。其明日。除道修社及商紂宮。及期。百夫荷罕旗以先驅。武王弟叔振鐸奉陳常車。周公旦把大鉞。畢公把小鉞。以夾武王。散宜生太顛閎夭。皆執劍以衞武王。（一段是外邊鹵簿輔衞）既入。立于社南大卒之左。右畢從。毛叔鄭奉明水。衞康叔封布茲。召公奭贊采。師尚父牽牲。尹佚筴祝。（一段是裏邊奔走贊襄）曰。殷之末孫季紂。殄廢先王明德。侮蔑神祇不祀。昏暴商邑百姓。其章顯聞於天皇上帝。於是武王再拜稽首曰。膺更大命。

革殷受天明命武王又再拜稽首乃出（拜稽作兩層寫讀祝至上帝句武王拜稽又讀完武王又拜稽也是夾序法）封商紂子祿父殷之餘民武王爲殷初定未集乃使其弟管叔鮮蔡叔度相祿父治殷（先提封祿父不與下同序）已而命召公釋箕子之囚命畢公釋百姓之囚表商容之閭命南宮括散鹿臺之財發鉅橋之粟以振貧弱萌隸命南宮括史佚展九鼎寶玉命閎夭封比干之墓命宗祝享祠于軍乃罷兵西歸（多少命字層虛句寫○自陳師牧野至此本汲冢書）行狩記政事作武成

一（插武成虛）封諸侯班賜宗彝作分殷之器物武王追思先聖王乃褒封神農之後於焦黃帝之後於祝帝堯之後於薊帝舜之後於陳大禹之後於杞於是封功臣謀士而師尙父爲首封封尙父於營丘曰齊封弟周公旦於曲阜曰魯封召公奭於燕封弟叔鮮於管弟叔度於蔡餘各以次受封

一（以上四段一段翼衛一段贊襄一段命召公一段分封皆逐人點次一樣文法濟濟）（楚楚班次而前）武王徵九牧之君登豳之阜以望商邑武王至於周自夜不寐周公旦即王所曰曷爲不寐王曰告女維天不饗殷自發未生於今六十年麋鹿在牧蜚鴻滿野（忽用奇雋句）天不饗殷乃今有成維天建殷其登名民三百六十夫不顯亦不賓滅以至今我未定天保何暇寐王曰定天保依天室（六字佳）悉求夫惡貶從殷王受日夜勞來

我西土。我維顯服及德方明。自洛汭延於伊汭。居易無固其有夏之居。我南望三塗。北望嶽鄙。顧詹有河。粵詹雒伊。毋遠天室。（兩天室正指前邑）營周居于雒邑而後去。一（自九牧至此本汲冢書）縱馬于華山之陽。放牛於桃林之虛。偃干戈。振兵釋旅。示天下不復用也。一（借縱馬放牛事結完觀兵盟津至此一大段）武王已克殷後二年。問箕子殷所以亡。箕子不忍言殷惡。以存亡國宜告。武王亦醜。故問以天道。（洪範虛寫）武王病。天下未集。羣公懼。穆卜。周公乃祓齋。自爲質。欲代武王。武王有瘳。（金縢事虛寫）後而崩。太子誦代立。是爲成王。成王少。周初定天下。周公恐諸侯畔。周公乃攝行政當國。管叔蔡叔羣弟疑周公。與武庚作亂畔周。周公奉成王命。伐誅武庚管叔。放蔡叔。以微子開代殷後。國於宋。頗收殷餘民。以封武王少弟封爲衞康叔。晉唐叔得嘉穀。獻之成王。成王以歸周公于兵所。周公受禾東土。魯天子之命。一（魯尚書序作旅）初管蔡畔周。周公討之。三年而畢定。故初作大誥。次作微子之命。次歸禾。次嘉禾。次康誥。酒誥。梓材。其事在周公之篇。一（大誥微子命歸禾嘉禾康誥酒誥梓材虛）周公行政十年。成王長。周公反政成王。成王北面就羣臣之位。一成王在豐。使召公復營洛邑。如武王之意。（應前）周公復卜申視。卒營築。居九鼎焉。曰此天下之中。四方入貢道里均作召誥洛誥（召誥洛誥以下七段皆以書名序）成王既遷殷遺民周公以王命告作多士無佚一（多士無佚虛）召公爲保周公爲師東伐淮夷殘奄遷其君薄姑成王自奄歸在宗周作多方（多方虛）既絀殷命襲淮夷歸在豐作周官一（周官虛）興正禮樂度制於是改而民和睦頌聲興成王既伐東夷息愼來賀王賜榮伯作賄息愼之命（息愼之命虛）成王將崩懼太子釗之不任乃命召公畢公率諸侯以相太子而立之成王既崩二公率諸侯以太子釗見於先王廟申告以文王武王之所以爲王業之不易務在節儉毋多欲以篤信臨之作顧命一（顧命虛）太子釗遂立是爲康王康王卽位偏告諸侯宣告以文武之業以申之作康誥一（康誥虛）故成康之際天下安寧刑錯四十餘年不用康王命作策畢公分居里成周郊作畢命一（畢命虛）康王卒子昭王瑕立昭王之時王道微缺昭王南巡狩不返卒于江上其卒不赴告諱之也一立昭王子滿是爲穆王穆王卽位春秋已五十矣王道衰微穆王閔文武之道缺乃命伯臩申誡太僕國之政作臩命復寧（臩命虛以下用國語）穆王將征犬戎祭公謀父諫曰不可先王耀德不觀兵（一句主）夫兵戢而時動（一句頂）動則威觀則玩（兩句雙承）玩則無震是故周文公之頌曰載戢干戈載櫜

弓矢。我求懿德。肆于時夏。允王保之。先王之於民也。茂正其德。而厚其性。阜其財求。而利其器用。明利害之鄉。以文修之。使之務利而辟害。懷德而畏威。故能保世以滋大。頂周頌再提先王總序一段 昔我先王世后稷。以服事虞夏。及夏之衰也。棄稷不務。我先王不窋用失其官。而自竄於戎狄之間。不敢怠業。時序其德。遵修其緒。修其訓典。朝夕恪勤。守以敦篤。奉以忠信。奕世載德。不忝前人。至于文王武王。昭前之光明。而加之以慈和。事神保民。無不欣喜。此是耀德不觀兵 商王帝辛。大惡於民。庶民不忍。訢戴武王。以致戎于商牧。是故先王非務武也。勤恤民隱而除其害也。此是兵以時動 夫先王之制。邦內甸服。邦外侯服。侯衛賓服。夷蠻要服。戎翟荒服。一層 甸服者祭。侯服者祀。賓服者享。要服者貢。荒服者王。二層 日祭。月祀。時享。歲貢。終王。三層 先王之順祀也。有不祭則修意。有不祀則修言。有不享則修文。有不貢則修名。有不王則修德。序成而有不至則修刑。四層 於是有刑不祭。伐不祀。征不享。讓不貢。告不王。五層 於是有刑罰之辟。有攻伐之兵。有征討之備。有威讓之命。有文告之辭。六層一層頂一層有排句有變句有長句有短句逐段脫卸不覺其煩重是千古妙文 布令陳辭而有不至。則增修于德。無勤民於遠。頂耀德不觀兵 是以近無不聽。遠無不服。頂甸服一

段　今自大畢伯士之終也。犬戎氏以其職來王。天子曰。（天子應先王）予必以不享征之。且
觀之兵。無乃廢先王之訓。而王幾頓乎。（凡四段四呼先王至此結穴）吾聞犬戎樹敦。率舊德而守
終純固。其有以禦我矣。（說實事只此一掉出不實說）王遂征之。得四白狼四白鹿以歸。自是荒服
者不至。一諸侯有不睦者。甫侯言於王。作修刑辟。王曰。吁來。有國有土。告汝祥刑。在
今爾安百姓。何擇非其人。何敬非其刑。何居非其宜。與兩造具備。師聽五辭。五辭簡
信。正於五刑。五刑不簡。正於五罰。五罰不服。正於五過。五過之疵。官獄內獄。閱實其
罪。惟鈞其過。（上一段頂一段此一句頂一句一樣文心偏作兩樣用法）五刑之疑有赦。五罰之疑有赦。其審克之。
簡信有衆。惟訊有稽。無簡不疑。共嚴天威。黥辟疑赦。其罰百率。閱實其罪。劓辟疑赦。
其罰倍灑。閱實其罪。臏辟疑赦。其罰倍差。閱實其罪。宮辟疑赦。其罰五百率。閱實其
罪。大辟疑赦。其罰千率。閱實其罪。（排五段句法不換）墨罰之屬千。劓罰之屬千。臏罰之屬五
百。宮罰之屬三百。大辟之罰其屬二百。五刑之屬三千。（又排五句）命曰甫刑。一（甫刑畧）穆王
立五十五年崩。子共王緊扈立。共王游于涇上。密康公從。有三女犇之。其母曰。必致
之王。（先立一句下承明）夫獸三爲羣。人三爲衆。女三爲粲。王田不取羣。公行不下衆。（國語無不字是）

王御不參一族。夫粲美之物也。衆以美物歸女。而何德以堪之。王猶不堪。況爾之小醜乎。小醜備物。終必亡。康公不獻。一年。共王滅密。━共王崩。子懿王囏立。懿王之時王室遂衰。詩人作刺。━（詩刺虛）懿王崩。共王弟辟方立。是爲孝王。孝王崩。諸侯復立懿王太子燮。是爲夷王。夷王崩。子厲王胡立。厲王卽位三十年。好利。近榮夷公。大夫芮良夫諫厲王曰。王室其將卑乎。夫榮公好專利而不知大難。（先立一句同前）夫利百物之所生也。天地之所載也。而有專之。其害多矣。天地百物皆將取焉。何可專也。所怒甚多。而不備大難。以是敎王。王其能久乎。（轉）夫王人者。將導利而布之上下者也。使神人百物無不得極。猶曰怵惕。懼怨之來也。故頌曰。思文后稷。克配彼天。立我蒸民。莫匪爾極。大雅曰。陳錫載周。是不布利而懼難乎。故能載周以至于今。今王學專利。其可乎。（又轉）匹夫專利。猶謂之盜。王而行之。其歸鮮矣。榮公若用。周必敗也。厲王不聽。卒以榮公爲卿士。用事。━王行暴虐侈傲。國人謗王。召公諫曰。民不堪命矣。王怒。得衞巫使監謗者。以告則殺之。其謗鮮矣。諸侯不朝。━三十四年。王益嚴。國人莫敢言。道路以目。厲王喜。告召公曰。吾能弭謗矣。乃不敢言。召公曰。是鄣之也。防民之口。甚於防水。水壅而潰傷人必多民亦如之是故爲水者決之使導爲民者宣之使言（忽作一譬兩掉）（意義已完下乃再作莊語起法好）故天子聽政使公卿至于列士獻詩瞽獻典史獻書師箴瞍賦矇誦百工諫庶人傳語近臣盡規親戚補察瞽史教誨耆艾修之而後王斟酌焉（多少短句錯落可聽）是以事行而不悖民之有口也猶土之有山川也財用於是乎出猶其有原隰衍沃也衣食於是乎生口之宣言也善敗於是乎興（上有防川一喻此又作山川原隰兩喻上反下此三平文法佳勝）行善而備敗所以產財用衣食者也夫民慮之于心而宣之于口成而行之若壅其口其與能幾何（作商量語結不說煞意味無盡）王不聽於是國莫敢出言三年乃相與畔襲厲王厲王出奔於彘—厲王太子靜匿召公之家國人聞之乃圍之召公曰昔吾驟諫王王不從以及此難也今殺王太子王其以我爲讎而懟怒乎夫事君者險而不讎懟怨而不怒況事王乎乃以其子代王太子太子竟得脫召公周公二相行政號曰共和（明說周召二相行政故名共和汲冢竹書魯連何聚訟也）共和十四年厲王死于彘太子靜長于召公家二相乃共立之爲王是爲宣王宣王即位二相輔之修政法文武成康之遺風諸侯復宗周—十二年魯武公來朝—宣王不修籍于千畝虢文公諫曰不可王弗聽（籍千畝虛寫）

三十九年、戰于千畝。王師敗績於姜氏之戎。一宣王既亡南國之師。乃料民于太原。仲山甫諫曰。民不可料也。宣王不聽。卒料民。一料民事亦虛寫四十六年。宣王崩。子幽王宮湦立。幽王二年、西周三川皆震。伯陽甫曰。周將亡矣。先立一句國語多用此法夫天地之氣。不失其序。若過其序。民亂之也。一層陽伏而不能出。陰迫而不能蒸。於是有地震。二層今三川實震。是陽失其所而塡陰也。陽失而在陰。原必塞。原塞。國必亡。三層夫水土演而民用也。土無所演。民乏財用。不亡何待。四層昔伊洛竭而夏亡。河竭而商亡。今周德若二代之季矣。其川原又塞。塞必竭。五層夫國必依山川。山崩川竭。亡國之徵也。川竭必山崩。六層若國亡不過十年。數之紀也。天之所棄。不過其紀。七層逐層說入平序無淩駕又是一法是歲也。三川竭。岐山崩。一三年。幽王嬖愛襃姒。襃姒生子伯服。幽王欲廢太子。太子母申侯女而爲后。後幽王得襃姒。愛之。欲廢申后。幷去太子宜臼。以襃姒爲后。以伯服爲太子。周太史伯陽讀史記曰。周亡矣。先點襃姒伯服後乃補入史記夏后事妙矣乃借伯陽一歎亦曰周亡矣禍成無可奈何只一句耳乃分作兩半中嵌史記夏后氏一段作夾序法關鎖前後不益奇邪昔自夏后氏之衰也。有二神龍止於夏帝庭而言曰。余襃之二君。夏帝卜殺之與去之與止之。三疊句法好莫吉。卜請其漦而藏之。乃吉。於是布幣而策告之龍亡而漦在櫝而去之夏亡傳此器殷殷亡又傳此器周比三代莫敢發之至厲王之末發而觀之漦流於庭不可除厲王使婦人裸而譟之漦化爲玄黿以入王後宮後宮之童妾既齔而遭之既笄而孕無夫而生子懼而棄之宣王之時童女謠曰檿弧箕服實亡周國於是宣王聞之有夫婦賣是器者宣王使執而戮之逃于道而見嚮者後宮童妾所棄妖子出於路者聞其夜啼哀而收之夫婦遂亡犇于褒褒人有罪請入童妾所棄女子者于王以贖罪棄女子出于褒是爲褒姒當幽王三年王之後宮見而愛之一段文法另出手裁似史記原文殺之去之止之藏之告之去之發之觀之譟之遭之棄之聞之戮之收之愛之十五之字住句以爲章法生子伯服竟廢申后及太子以褒姒爲后伯服爲太子太史伯陽曰禍成矣無可奈何接前句作章法褒姒不好笑幽王欲其笑萬方故不笑幽王爲烽燧大鼓有寇至則舉烽火諸侯悉至至而無寇褒姒乃大笑幽王說之爲數舉燧火其後不信諸侯益亦不至先提案且頓住幽王以虢石父爲卿又起一頭用事國人皆怨石父爲人佞巧善諛好利王用之補明國人怨之之故又廢申后去太子也歸到申后接前申侯怒與繒西夷犬戎攻幽王幽王舉烽火徵兵兵莫至應前遂殺幽王驪山下虜褒姒盡取周賂而去

於是諸侯乃卽申侯而共立故幽王太子宜臼是爲平王以奉周祀。—平王立東遷於雒邑辟戎寇平王之時周室衰微諸侯彊并弱齊楚秦晉始大政由方伯。—四十九年、魯隱公卽位。—借春秋爲提綱後世家同　五十一年平王崩太子洩父蚤死立其子林是爲桓王桓王平王孫也。—找明一句　桓王三年、鄭莊公朝桓王不禮五年、鄭怨與魯易許田許田天子之用事太山田也。—八年魯殺隱公立桓公。弒君附見周政從此不綱矣　十三年、伐鄭鄭射傷桓王桓王去歸二十三年、桓王崩子莊王佗立莊王四年周公黑肩欲殺莊王而立王子克辛伯告王王殺周公王子克奔燕。—十五年、莊王崩子釐王胡齊立釐王三年、齊桓公始霸。—插齊桓事王衰而霸起世運變易之大端也　五年、釐王崩子惠王閬立惠王二年、初莊王嬖姬姚生子穨穨有寵及惠王卽位奪其大臣園以爲囿故大夫邊伯等五人作亂謀召燕衛師伐惠王惠王犇溫已居鄭之櫟立釐王弟穨爲王樂及徧舞鄭虢君怒四年、鄭與虢君伐殺王穨復入惠王。—惠王十年、賜齊桓公爲伯。—二十五年、惠王崩子襄王鄭立襄王母蚤死後母曰惠后惠后生叔帶有寵於惠王襄王畏之三年、叔帶與戎翟謀伐襄王襄王欲誅叔帶叔帶奔齊。—叔帶事作三節寫此叔帶奔　齊桓公

使管仲平戎於周。使隰朋平戎於晉。王以上卿禮管仲。管仲辭曰、臣賤有司也。有天
子之二守國高在。若節春秋來承王命。何以禮焉。陪臣敢辭。詞命佳 王曰。舅氏。余嘉乃
勳。毋逆朕命。管仲卒受下卿之禮而還。— 九年、齊桓公卒。— 十二年、叔帶復歸於周。
叔帶復歸 十三年、鄭伐滑。王使游孫伯服請滑。鄭人囚之。鄭文公怨惠王之入不與厲公
爵。又怨襄王之與衞滑。以滑與衞事補出 故囚伯服。王怒。將以翟伐鄭。富辰諫曰。凡我周之
東徙。晉鄭焉依。子穨之亂。又鄭之由定。今以小怨棄之。王不聽。十五年、王降翟師以
伐鄭 — 王德翟人。將以其女為后。富辰諫曰。平桓莊惠皆受鄭勞。王棄親親翟。不可
從。王不聽 — 十六年、王絀翟后。翟人來誅。殺譚伯。富辰曰。吾數諫不從。如是不出。王
以我為懟乎。乃以其屬死之。初惠后欲立王子帶。故以黨開翟人。此叔帶乃亂 翟人遂入
周。襄王出奔鄭。鄭居王於氾。子帶立為王。取襄王所絀翟后與居溫。— 十七年、襄王
告急於晉。晉文公納王而誅叔帶。襄王乃賜晉文公珪鬯弓矢。為伯。以河內地與晉。
二十年、晉文公召襄王。襄王會之河陽踐土。諸侯畢朝。書諱曰。天王狩於河陽。— 二
十四年、晉文公卒。— 三十一年、秦穆公卒。— 插晉秦事 三十二年、襄王崩。子頃王壬臣立。

頃王六年、崩。子匡王班立。匡王六年、崩。弟瑜立。是爲定王。—定王元年、楚莊王伐陸渾之戎。次洛。使人問九鼎。王使王孫滿應設以辭。楚兵乃去。（問鼎事虛寫）十年、楚莊王圍鄭。鄭伯降。已而復之。十六年、楚莊王卒。—二十一年、定王崩。子簡王夷立。簡王十三年、晉殺其君厲公。（弑君附見）迎子周於周。立爲悼公。十四年、簡王崩。子靈王泄心立。靈王二十四年、齊崔杼弑其君莊公。（弑君附見）二十七年、靈王崩。子景王貴立。景王十八年、后太子聖而早卒。二十年、景王愛子朝。欲立之。（一節）會崩。子丐之黨與爭立。國人立長子猛爲王。（二節）子朝攻殺猛。猛爲悼王。（三節）晉人攻子朝而立丐。是爲敬王。（四節）敬王元年、晉人入敬王。子朝自立。敬王不得入。居澤。（五節）四年、晉率諸侯入敬王於周。子朝爲臣。諸侯城周。（六節）十六年、子朝之徒復作亂。敬王犇於晉。（七節）十七年、晉定公遂入敬王於周。（八節 八節事序得詳明簡淨）三十九年、齊田常殺其君簡公。（弑君附見）四十一年、楚滅陳。（插楚事）孔子卒。（插魯事）四十二年、敬王崩。子元王仁立。元王八年、崩。子定王介立。定王十六年、三晉滅智伯。分有其地。（插晉事）二十八年、定王崩。長子去疾立。是爲哀王。哀王立三月、弟叔襲殺哀王而自立。是爲思王。思王立五月、少弟嵬攻殺思王而自立。是爲考王。此三王。

皆定王之子。━註一句明考王十五年崩。子威烈王午立。考王封其弟於河南。是爲桓公。以續周公之官職。桓公卒。子威公代立。威公卒。子惠公代立。乃封其少子於鞏。以奉王。號東周惠公。━威烈王二十三年。九鼎震。命韓魏趙爲諸侯。━二十四年。崩。子安王驕立。是歲盜殺楚聲王。━插楚事 安王立二十六年崩。子烈王喜立。烈王二年、周太史儋見秦獻公曰。始周與秦國合而別。別五百載復合。合十七歲而霸王者出焉。━十年。烈王崩。弟扁立。是爲顯王。顯王五年、賀秦獻公。獻公稱霸。九年、致文武胙于秦孝公。二十五年、秦會諸侯于周。二十六年、周致伯于秦孝公。三十三年、賀秦惠王。三十五年、致文武胙於秦惠王。四十四年、秦惠王稱王。其後諸侯皆爲王。━四十八年、顯王崩。子愼靚王定立。愼靚王立六年崩。子赧王延立。王赧時。東西周分治。王赧徙都西周。西周武公之共太子死。有五庶子。毋適立。司馬翦謂楚王曰。不如以地資公子咎。爲請太子。左成曰。不可。周不聽。是公之知困。而交疏於周也。不如請周君孰欲立。以微告翦。翦請令楚賀之以地。果立公子咎爲太子。即美珥之智文法亦俊提 八年、秦攻宜陽。楚救之。而楚以周爲秦故。將伐之。蘇代爲周說楚王曰。何以周爲秦之禍也。一掉言周之爲秦。甚於楚者。欲令周入秦也。故謂周秦也。二掉周知其不可解。必入于秦。此爲秦取周之精者也。三掉爲王計者。周於秦因善之。不於秦亦言善之。以疏之於秦。周絕於秦。必入郢矣。一結得委蛇與上一樣文法秦借道兩周之間。將以伐韓。周恐借之畏於韓。不借畏於秦。史厭謂周君曰。何不令人謂韓公叔曰。秦之敢絕周而伐韓者。信東周也。公何不與周地。發質使之楚。秦必疑楚不信周。是韓不伐也。又謂秦曰。韓彊與周地。將以疑周於秦也。周不敢不受。秦必無辭而令周不受。是受地于韓而聽于秦。住語孤峭秦召西周君。西周君惡往。故令人謂韓王曰。秦召西周君。將以使攻王之南陽也。王何不出兵於南陽。周君將以爲辭於秦。周君不入秦。秦必不敢踰河而攻南陽矣。一短盡簡俊是一篇小文字東周與西周戰。韓救西周。或謂東周說韓王曰。西周故天子之國。多名器重寶。王按兵毋出。可以德東周。而西周之寶必可以盡矣。一與上節一樣文法王赧謂成君楚圍雍氏。韓徵甲與粟於東周。東周君恐。召蘇代而告之。代曰。君何患於是。臣能使韓毋徵甲與粟於周。又能爲君得高都。一先作一縱周君曰。子苟能請以國聽子。代見韓相國曰。楚圍雍氏。期三月也。今五月不能拔。是楚病也。今相國乃徵甲與粟於周。是告楚病也。兩楚病也激轉相應韓相國曰。善。使者已行矣。代曰。何不與周高都。又作一縱韓相國大怒曰。吾毋徵甲與粟於周。亦已多矣。何故與周高都也。代曰。與周高都。是周折而入於韓也。秦聞之。必大怒忿周。即不通周使。是以弊高都得完周也。曷爲不與。相國曰。善。果與周高都。兩縱之後分兩層寫兩山迤邐一起一伏峯回岫轉各成奇觀三十四年、蘇厲謂周君曰。秦破韓魏。扑師武。北取趙藺離石者。皆白起也。是善用兵。又有天命。今又將兵出塞攻梁。梁破則周危矣。君何不令人說白起乎。曰。楚有養由基者。善射者也。去柳葉百步而射之。百發而百中之。左右觀者數千人。皆曰善射。有一夫立其旁曰。善。可教射矣。養由基怒。釋弓搤劍曰。客安能教我射乎。客曰。非吾能教子支左詘右也。夫去柳葉百步而射之。百發而百中之。不以善息。少焉氣衰力倦。弓撥矢鉤。一發不中者。百發盡息。今破韓魏。扑師武。北取趙藺離石者。公之功多矣。今又將兵出塞。過兩周。倍韓。攻梁。一舉不得。前功盡棄。公不如稱病而無出。養由基事虛寫說白起事亦虛寫即此便住妙四十二年、秦破華陽約。馬犯謂周君曰。請令梁城周。乃謂梁王曰。周王病若死。則犯必死矣。犯請以九鼎自入於王。王受九鼎而圖犯。梁王曰。善。遂與之卒。言戍周。亦先作一縱因謂秦王曰。梁非戍周也。將伐周也。王試出兵境以觀之。秦果出兵。又謂梁王曰。周王病甚矣。犯請後可而復之。今王使卒之周。諸侯皆生心。後舉事且不信。不若令卒爲周城。以匿事端。梁王曰。善。遂使城周。先一縱此一挽與前一樣文法 四十五年。周君之秦。客謂周最曰。公不若譽秦王之孝。因以應爲太后養地。秦王必喜。是公有秦交。交善。周君必以爲公功。交惡。勸周君入秦者必有罪矣。秦攻周。而周最謂秦王曰。爲王計者不攻周。先立一句下以轉勝 攻周實不足以利。聲畏天下。一轉 天下以聲畏秦。必東合於齊。二轉 兵弊於周。合天下於齊。則秦不王矣。三轉 天下欲弊秦。勸王攻周。四轉 秦與天下弊。則令不行矣。數句中多少轉折 五十八年。三晉距秦。周令其相國之秦。以秦之輕也。還其行。客謂相國曰。秦之輕重未可知也。秦欲知三國之情。公不如急見秦王曰。請爲王聽東方之變。秦王必重公。一折 重公是秦重周。周以取秦也。二折 齊重則固有周聚以收齊。是周常不失重國之交也。秦信周。發兵攻三晉。五十九年。秦取韓陽城負黍。西周恐。倍秦。與諸侯約從。將天下銳師出伊闕攻秦。令秦無得通陽城。秦昭王怒。使將軍摎攻西周。西周君奔秦。頓首受罪。盡獻其邑三十六口三萬。秦受其獻。歸其君於周。周君王赧卒。周民遂東亡。

秦取九鼎寶器而遷西周公於𢠸狐。後七歲、秦莊襄王滅東西周。東西周皆入於秦。周既不祀。

太史公曰、學者皆稱周伐紂。居洛邑。綜其實不然。武王營之。成王使召公卜居。居九鼎焉。而周復都豐鎬。至犬戎敗幽王。周乃東徙於洛邑。所謂周公葬我畢。畢在鎬東南杜中。秦滅周。漢興九十有餘載。天子將封泰山。東巡狩至河南。求周苗裔。封其後嘉三十里地。號曰周子南君。比列侯。以奉其先祭祀。

世運至周文盛事煩矣乃八百餘年收入于丈尺之簡牘而或煩或簡或正說或倒序或自出己裁或泛引他書行自爲行隊自爲隊分之各爲一章合之共爲一篇摶控之妙有神力存焉豈非大手筆乎○前段引尚書古奥離奇後段引國策流利簡淨而刪裁之中自出手眼所當細看

秦本紀

秦之先。帝顓頊之苗裔孫曰女脩。女脩織。玄鳥隕卵。女脩吞之。生子大業。大業取少典之子。曰女華。女華生大費。與禹平水土。已成。帝錫玄圭。禹受曰。非予能成。亦大費爲輔。帝舜曰。咨爾費。贊禹功。其賜爾皁游。爾後嗣將大出。乃妻之姚姓之玉女。大費拜受。佐舜調馴鳥獸。鳥獸多馴服。爲後好馬畜伏案 是爲栢翳。舜賜姓嬴氏。大業至此一結 大費生

子二人。一曰大廉。實鳥俗氏。二曰若木。實費氏。秦世系自大業至此分作兩枝 其玄孫曰費昌。單頂費氏一枝
子孫或在中國。或在夷狄。費昌當夏桀之時。去夏歸商。爲湯御。以敗桀於鳴條。費氏
一枝至此止下單頂大廉一枝 大廉玄孫曰孟戲中衍。鳥身人言。帝太戊聞而卜之。使御。吉。遂致使
御而妻之。前有女脩女華姚姓玉女故以妻之接上下有造父之御故以使御啟下 自太戊以下。中衍之後。遂世有功。以
佐殷國。故嬴姓多顯。遂爲諸侯。━一結秦初盛 其玄孫曰中潏。在西戎。保西垂。━此二句一篇之
根 生蜚廉。蜚廉生惡來。惡來有力。蜚廉善走。父子俱以材力事殷紂。周武王之伐紂。
幷殺惡來。是時蜚廉爲紂石北方。還。無所報。爲壇霍太山而報。得石棺。銘曰。帝令處
父不與殷亂。賜爾石棺以華氏。句 死。句 遂葬於霍太山。蜚廉復有子曰季勝。━又分出一枝
季勝生孟增。孟增幸於周成王。是爲宅皋狼。皋狼生衡父。衡父生造父。造父以善御。
幸於周繆王。得驥溫驪驊騮騄耳之駟。西巡狩。樂而忘歸。徐偃王作亂。造父爲繆王
御。長驅歸周。以救亂。繆王以趙城封造父。造父族由此爲趙氏。自蜚廉生季勝已下
五世至造父。別居趙。趙衰其後也。━自季勝以下一枝至此收另作一段 惡來革者。蜚廉子也。間接 蚤死。
有子曰女防。女防生旁皋。旁皋生太几。太几生大駱。大駱生非子。以造父之寵。皆蒙

趙城。姓趙氏。非子居犬丘。好馬及畜。善養息之。犬丘人言之周孝王。孝王召使主馬于汧渭之間。高大蕃息。孝王欲以爲大駱適嗣。申侯之女爲大駱妻。生子成爲適。申侯乃言孝王曰。昔我先酈山之女。爲戎胥軒妻。生中潏。以親故歸周。保西垂。西垂以其故和睦。今我復與大駱妻。生適子成。申駱重婚。西戎皆服。所以爲王。王其圖之。於是孝王曰。昔伯翳爲舜主畜。畜多息。故有土。賜姓嬴。今其後世亦爲朕息馬。朕其分土爲附庸。邑之秦。使復續嬴氏祀。號曰秦嬴。亦不廢申侯之女子爲駱適者。以和西戎。—女防至此又分出一枝〇秦再盛 秦嬴生秦侯。秦侯立十年卒。生公伯。公伯立三年卒。生秦仲。秦仲立三年。周厲王無道。諸侯或叛之。西戎反王室。滅犬丘大駱之族。—完大駱一枝 周宣王卽位。乃以秦仲爲大夫。誅西戎。西戎殺秦仲。秦仲立二十三年。死於戎。—有子五人。其長者曰莊公。周宣王乃召莊公昆弟五人。與兵七千人。使伐西戎。破之。於是復與秦仲後。及其先大駱地犬丘。幷有之。爲西垂大夫。—一結〇秦三盛 莊公居其故西犬丘。生子三人。其長男世父。世父曰。戎殺我大父仲。我非殺戎王。則不敢入邑。遂將擊戎。讓其弟襄公。襄公爲太子。莊公立四十四年卒。太子襄公代立。—襄公元年。以女弟繆嬴爲豐王妻襄公二年戎圍犬丘世父世父擊之爲戎人所虜歲餘復歸世父七年春周幽王用褒姒廢太子立褒姒子爲適數欺諸侯諸侯叛之西戎犬戎與申侯伐周殺幽王酈山下而秦襄公將兵救周戰甚力有功周避犬戎難東徙雒邑襄公以兵送周平王平王封襄公爲諸侯賜之岐以西之地曰戎無道侵奪我岐豐之地秦能攻逐戎卽有其地與誓封爵之襄公於是始國與諸侯通使聘享之禮乃用駵駒黃牛羝羊各三祠上帝西畤一（秦四盛一結）〇十二年伐戎而至岐（句）卒（句）生文公文公元年居西垂宮一三年文公以兵七百人東獵四年至汧渭之會曰昔周邑我先秦嬴於此後卒獲爲諸侯乃卜居之占曰吉卽營邑之十年初爲鄜畤用三牢一十三年初有史以紀事民多化者十六年文公以兵伐戎戎敗走於是文公遂收周餘民有之地至岐岐以東獻之周一（秦五盛一結）〇十九年得陳寶一二十年法初有三族之罪一二十七年伐南山大梓豐大特四十八年文公太子卒賜諡爲竫公（未立而諡公故曰賜也）竫公之長子爲太子是文公孫也五十年文公卒葬西山竫公子立是爲寧公一寧公二年公徙居平陽一遣兵伐蕩社三年與亳戰亳王奔戎遂滅蕩社四年魯公子翬弑

其君隱公。（弒君附見同世家體）十二年。伐蕩氏。取之。寧公生十歲立。立十二年卒。葬西山。生子三人。長男武公爲太子。武公弟德公。同母魯姬子。生出子。（因下有三人事先於此總提法好）寧公卒。大庶長弗忌威壘三父廢太子而立出子爲君。一 出子六年。三父等復共令人賊殺出子。出子生五歲立。立六年卒。三父等乃復立故太子武公。武公元年。伐彭戲氏。至于華山下。居平陽。封宮。三年。誅三父等。而夷三族。以其殺出子也。鄭高渠眯殺其君昭公。（弒君附見）十年。伐邽冀戎。初縣之。十一年。初縣杜鄭。滅小虢。十三年。齊人管至父連稱等殺其君襄公。（弒君附見）而立公孫無知。晉滅霍魏耿。齊雍廩殺無知管至父等。而立齊桓公。齊晉爲彊國。十九年。晉曲沃始爲晉侯。齊桓公伯於鄄。（齊晉事插序）二十年。武公卒。葬雍平陽。初以人從死。從死者六十六人。有子一人。名曰白。白不立。封平陽。立其弟德公。德公元年。初居雍城大鄭宮。以犧三百牢祠鄜畤。卜居雍。後子孫飲馬於河。一（一結○秦六盛）梁伯芮伯來朝。二年。初伏。以狗禦蠱。德公生三十三歲而立。立二年卒。生子三人。長子宣公。中子成公。少子穆公。長子宣公立。一（總提法與前同）宣公元年。衛燕伐周。出惠王。立王子穨。三年。鄭伯虢叔殺子穨而入惠王。（周事插序）四年。作密畤。與晉戰河陽。

勝之。十二年。宣公卒。生子九人。莫立。立其弟成公。成公元年。梁伯芮伯來朝。齊桓公伐山戎。次于孤竹。（齊事插序）成公立四年卒。子七人。莫立。立其弟繆公。繆公任好元年。自將伐茅津。勝之。四年。迎婦於晉。晉太子申生姊也。其歲。齊桓公伐楚。至邵陵。（齊事插序）五年。晉獻公滅虞虢。虜虞君與其大夫百里傒。以璧馬賂於虞故也。既虜百里傒。以爲秦繆公夫人媵於秦。百里傒亡秦走宛。楚鄙人執之。繆公聞百里傒賢。欲重贖之。恐楚人不與。乃使人謂楚曰。吾媵臣百里傒在焉。請以五羖羊皮贖之。楚人遂許與之。當是時。百里傒年已七十餘。繆公釋其囚。與語國事。謝曰。臣亡國之臣。何足問。繆公曰。虞君不用子。故亡。非子罪也。固問語三日。繆公大說。授之國政。號曰五羖大夫。百里傒讓曰。臣不及臣友蹇叔。蹇叔賢而世莫知。臣常游困於齊。而乞食銍人。蹇叔收臣。臣因而欲事齊君無知。蹇叔止臣。臣得脫齊難。遂之周。周王子頹好牛。臣以養牛干之。及頹欲用臣。蹇叔止臣。臣去得不誅。事虞君。蹇叔止臣。臣知虞君不用臣。臣誠私利祿爵。且留。再用其言。得脫。一不用。及虞君難。（上三段此以兩語結文精淨）是以知其賢。於是穆公使人厚幣迎蹇叔。以爲上大夫。一秋。繆公自將伐晉。戰於河曲。晉驪姬作亂。太子中生死新城。重耳夷吾出犇。因伐晉帶序晉即起下送夷吾等事文法神化 九年。齊桓公會諸侯於葵丘。齊事插序。晉獻公卒。立驪姬子奚齊。間接 其臣里克殺奚齊。荀息立卓子。克又殺卓子及荀息。夷吾使人請秦。求入晉。於是繆公許之。使百里傒將兵送夷吾。夷吾謂曰。誠得立。請割晉之河西八城與秦。及至已立。而使丕鄭謝秦。背約不與河西城。而殺里克。簡序處文法嚴淨 丕鄭聞之。句 恐。句 因與繆公謀曰。晉人不欲夷吾。實欲重耳。今背秦約。而殺里克。皆呂甥郤芮之計也。願君以利急召呂郤。呂郤至。則更入重耳。句 便。句 繆公許之。使人與丕鄭歸召呂郤。呂郤等疑丕鄭有間。乃言夷吾殺丕鄭。丕鄭子丕豹犇秦。說繆公曰。晉君無道。百姓不親。可伐也。繆公曰。百姓苟不便。何故能誅其大臣。能誅其大臣。此其調也。不聽。而陰用豹。一 十二年。齊管仲隰朋死。晉旱。來請粟。丕豹說繆公勿與。因其饑而伐之。繆公問公孫支。支曰。饑穰更事耳。不可不與。問百里傒。傒曰。夷吾得罪於君。其百姓何罪。於是用百里傒公孫支言。卒與之粟。以船漕車轉。自雍相望至絳。倒句好 十四年。秦饑。請粟於晉。晉君謀之羣臣。虢射曰。因其饑伐之。可有大功。晉君從之。十五年。興兵將攻秦。繆公發兵。使丕豹將。自往擊之。九月壬戌。與晉惠公夷吾合戰於韓地晉君棄其軍與秦爭利還而馬鷙繆公與麾下馳追之不能得晉君反爲晉軍所圍晉擊繆公繆公傷於是岐下食善馬者三百人馳冒晉軍晉軍解圍遂脫繆公而反生得晉君（繁冗之處序得簡妙）初繆公亡善馬岐下野人共得而食之者三百餘人（食善馬一句不明而忙時不及回筆故於此插入一段史記正於此等處見才）吏逐得欲法之繆公曰君子不以畜產害人吾聞食善馬肉不飲酒傷人乃皆賜酒而赦之三百人者聞秦擊晉皆求從從而見繆公窘亦皆推鋒爭死以報食馬之德（結完食馬事）於是繆公虜晉君以歸（間接卽以於是二字兜轉何等敏捷）令於國齊宿吾將以晉君祠上帝周天子聞之曰晉我同姓爲請晉君夷吾姊亦爲繆公夫人夫人聞之乃衰絰跣曰妾兄弟不能相救以辱君命繆公曰我得晉君以爲功今天子爲請夫人是憂乃與晉君盟許歸之更舍上舍而饋之七牢十一月歸晉君夷吾夷吾獻其河西地使太子圉爲質於秦秦妻子圉以宗女是時秦地東至河（一結秦七盛）〇十八年齊桓公卒（齊事插序）二十年秦滅梁芮二十二年晉公子圉聞晉君病曰梁我母家也而秦滅之我兄弟多卽君百歲後秦必留我而晉輕亦更立他子（而晉輕者蓋曰晉以我無母家而輕我也映上方有情）子圉乃亡歸晉二十三年晉惠公

卒。子圉立爲君。秦怨圉亡去。乃迎晉公子重耳於楚。而妻以故子圉妻。重耳初謝。後乃受。繆公益禮厚遇之。二十四年春。秦使人告晉大臣。欲入重耳。晉許之。於是人送重耳。序事簡淨 二月。重耳立爲晉君。是爲文公。文公使人殺子圉。子圉是爲懷公。— 其秋。周襄王弟帶以翟伐王。王出居鄭。二十五年。周王使人告難於晉秦。秦繆公將兵助晉文公。入襄王。殺王弟帶。— 二十八年。晉文公敗楚於城濮。— 晉事插序晉之盛乃秦之力也且與上下文照映 三十年。繆公助晉文公圍鄭。鄭使人言繆公曰。亡鄭厚晉。於晉而得矣。而秦未有利。晉之强。秦之憂也。繆公乃罷兵歸。晉亦罷。— 三十二年冬。晉文公卒。— 晉事插序伏下滅滑事 鄭人有賣鄭於秦曰。我主其城門。鄭可襲也。繆公問蹇叔百里傒。對曰。徑數國千里而襲人。希有得利者。且人賣鄭。庸知我國人不有以我情告鄭者乎。不可。繆公曰。子不知也。吾已決矣。遂發兵。使百里傒子孟明視。蹇叔子西乞術及白乙丙將兵。行日。百里傒蹇叔二人哭之。繆公聞。怒曰。孤發兵而子沮哭吾軍。何也。二老曰。臣非敢沮君軍。軍行。臣子與往。臣老。遲還恐不相見。故哭耳。二老退。謂其子曰。汝軍卽敗必於殽阨矣。三十三年春。秦兵遂東。更晉地。過周北門。周王孫滿曰。秦師無禮。不敗何待。兵至滑。鄭販賣賈人弦高。持十二牛。將賣之周。見秦兵。恐死虜。因獻其牛。曰聞大國將誅鄭。鄭君謹修守禦備。使臣以牛十二勞軍士。秦三將軍相謂曰。將襲鄭。鄭今已覺之。往無及矣。用近調全不襲左收束簡淨 滅滑。滑晉之邊邑也。當是時。晉文公喪尙未葬。太子襄公怒曰。秦侮我孤。因喪破我滑。遂墨衰絰。發兵遮秦兵於殽。擊之。大破秦軍。無一人得脫者。虜秦三將以歸。文公夫人。秦女也。爲秦三囚將請曰。繆公之怨此三人入於骨髓。願令此三人歸。令我君得自快烹之。晉君許之。歸秦三將。三將至。繆公素服郊迎。嚮三人哭曰。孤以不用百里傒蹇叔言。以辱三子。三子何罪乎。子其悉心雪恥。毋怠。遂復三人官秩如故。愈益厚之。同上收束簡淨 三十四年。楚太子商臣弒其父成王代立。楚事插序 繆公於是復使孟明視等將兵伐晉。戰於彭衙。秦不利。引兵歸。且頓住下 插由余事 戎王使由余於秦。由余其先晉人也。亡入戎。能晉言。由余附傳 聞繆公賢。故使由余觀秦。秦繆公示以宮室積聚。由余曰。使鬼爲之。則勞神矣。使人爲之。亦苦民矣。繆公怪之。問曰。中國以詩書禮樂法度爲政。然尙時亂。今戎夷無此。何以爲治。不亦難乎。由余笑曰。此乃中國所以亂也。夫自上聖黃帝作爲禮樂法度。身以先之。僅以小治及其後世。日以驕淫。阻法度之威。以責督於下。下罷極。則以仁義怨望於上。上下交爭怨。而相篡弒。至於滅宗。皆以此類也。夫戎夷不然。上含淳德以遇其下。下懷忠信以事其上。一國之政。猶一身之治。不知所以治。此眞聖人之治也。於是繆公退而問內史廖曰。孤聞鄰國有聖人。敵國之憂也。今由余賢。寡人之害。將奈之何。內史廖曰。戎王處僻匿。未聞中國之聲。君試遺其女樂。以奪其志。爲由余請。以疏其間。留而莫遣。以失其期。戎王怪之。必疑由余。君臣有間。乃可虜也。且戎王好樂。必怠於政。繆公曰善。因與由余曲席而坐。傳器而食。問其地形與其兵勢盡詧。而後令內史廖以女樂二八遺戎王。戎王受而說之。終年不還。於是秦乃歸由余。由余數諫不聽。繆公又數使人間要由余。由余遂去降秦。繆公以客禮禮之。問伐戎之形。一（由余事又頓住）三十六年。繆公復益厚孟明等。使將兵伐晉。（間接孟明事）渡河焚船。大敗晉人。取王官及鄗。以報殽之役。晉人皆城守不敢出。於是繆公乃自茅津渡河。封殽中尸。爲發喪。哭之三日。乃誓於軍曰。嗟士卒。聽無譁。余誓告汝。古之人謀黃髮番番。則無所過。以申思不用蹇叔百里傒之謀。故作此誓。令後世以記余過。君子聞之。皆爲垂涕曰。嗟乎。秦繆公之與人周也。卒得孟明之慶。（序法簡淨）三十七年。秦用由余謀。（間接由余事）伐戎王。益國十二。開地千里。遂霸西戎。天子使召公過賀繆公以金鼓。（一結秦盛）○三十九年。繆公卒。葬雍。從死者百七十七人。秦之良臣子輿氏三人名曰奄息仲行鍼虎。亦在從死之中。秦人哀之。爲作歌黃鳥之詩。君子曰。秦繆公廣地益國。東服彊晉。西霸戎夷。然不爲諸侯盟主。亦宜哉。死而棄民。收其良臣而從死。且先王崩。尚猶遺德垂法。況奪之善人良臣百姓所哀者乎。是以知秦不能復東征也。（間入論贊一段結上起下）穆公子四十人。其太子罃代立。是爲康公。康公元年。往歲繆公之卒。晉襄公亦卒。襄公之弟名雍。秦出也。在秦。晉趙盾欲立之。使隨會來迎雍。秦以兵送至令狐。晉立襄公子而反擊秦師。秦師敗。隨會來奔。二年。秦伐晉。取武城。報令狐之役。四年。晉伐秦。取少梁。六年。秦伐晉。取羈馬。戰於河曲。大敗晉軍。晉人患隨會在秦爲亂。乃使魏讎餘詳反。合謀會。詐而得會。會遂歸晉。康公立十二年卒。子共公立。共公二年。晉趙穿弒其君靈公。（弒君附見）三年。楚莊王彊。北兵至雒。問周鼎。（楚事插序）共公立五年卒。子桓公立。桓公三年。晉敗我一將。十年。楚莊王服鄭。北敗晉兵於河上。當是之時。楚霸。爲會盟合諸侯。（楚事）

（插序）二十四年。晉厲公初立。與秦桓公夾河而盟。歸而秦倍盟。與翟合謀擊晉。二十六年。晉率諸侯伐秦。秦軍敗走。追至涇而還。桓公立二十七年卒。子景公立。景公四年。晉欒書弒其君厲公。（弒君附見）十五年。救鄭。敗晉兵於櫟。是時晉悼公爲盟主。十八年。晉悼公彊。數會諸侯。率以伐秦。敗秦軍。秦軍走。晉兵追之。遂渡涇。至棫林而還。二十七年。景公如晉。與平公盟。已而背之。三十六年。楚公子圍弒其君而自立。是爲靈王。（弒君附見）景公母弟后子鍼有寵。景公母弟富。或譖之。恐誅。乃奔晉。車重千乘。晉平公曰。后子富如此。何以自亡。對曰。秦公無道。畏誅。欲待其後世乃歸。三十九年。楚靈王彊。會諸侯於申。爲盟主。殺齊慶封。（楚事插序）景公立四十年卒。子哀公立。后子復來歸。秦哀公八年。楚公子棄疾弒靈王而自立。是爲平王。（弒君附見）十一年。楚平王來求秦女爲太子建妻。至國。女好而自娶之。十五年。楚平王欲誅建。建亡。伍子胥奔吳。一晉公室卑而六卿彊。欲內相攻。是以久秦晉不相攻。一（結上秦晉相伐之案）三十一年。吳王闔閭與伍子胥伐楚。楚王亡奔隨。吳遂入郢。楚大夫申包胥來告急。七日不食。日夜哭泣。於是秦乃發五百乘救楚。敗吳師。吳師歸。楚昭王乃得復入郢。哀公立三十六年卒。太子夷公。

夷公蚤死。不得立。立夷公子。是爲惠公。━惠公元年。孔子行魯相事。以孔子相魯提綱後諸世家皆然五年。晉卿中行范氏反晉。晉使智氏趙簡子攻之。范中行氏亡。奔齊。晉事插序惠公立十年卒。子悼公立。━悼公二年。齊臣田乞弑其君孺子。立其兄陽生。爲悼公。六年。吳敗齊師。齊人弑悼公。立其子簡公。弑君附見九年。晉定公與吳王夫差盟。爭長於黃池。卒先吳。吳彊陵中國。吳事插序十二年。齊田常弑簡公。立其弟平公。常相之。弑君附見十三年。楚滅陳。楚事插序秦悼公立十四年卒。子厲共公立。孔子以悼公十二年卒。插序法變厲共公二年。蜀人來賂。十六年。塹河傍。以兵二萬伐大荔。取其王城。二十一年。初縣頻陽。晉取武成。二十四年。晉亂。殺智伯。分其國與趙韓魏。晉事插序二十五年。智開與邑人來奔。三十三年。伐義渠。虜其王。三十四年。日食。厲共公卒。子躁公立。躁公二年。南鄭反。十三年。義渠來伐至渭南。十四年。躁公卒。立其弟懷公。懷公四年。庶長鼂與大臣圍懷公。懷公自殺。懷公太子曰昭子。蚤死。大臣乃立太子昭子之子。是爲靈公。靈公。懷公孫也。━靈公六年。晉城少梁。秦擊之。十三年。城籍姑。靈公卒。子獻公不得立。立靈公季父悼子。是爲簡公。簡公。昭子之弟而懷公子也。━世系明白簡公六年。令吏初帶劍。塹洛城重泉。十六年卒。子惠公立。惠公十二年。子出子生。十三年。伐蜀取南鄭。惠公卒。出子立。出子二年。庶長改迎靈公之子獻公于河西而立之。殺出子及其母。沈之淵旁。秦以往者數易君。君臣乖亂。故晉復彊。奪秦河西地。（秦晉事又作一束）獻公元年。止從死。二年。城櫟陽。四年正月庚寅。孝公生。十一年。周太史儋見獻公曰。周故與秦國合而別。別五百歲復合。合七十七歲而霸王出。十六年。桃冬花。十八年。雨金櫟陽。二十一年。與晉戰於石門。斬首六萬。天子賀以黼黻。二十三年。與魏晉戰少梁。虜其將公孫痤。二十四年。獻公卒。子孝公立。年已二十一歲矣。孝公元年。河山以東彊國六。與齊威楚宣魏惠燕悼韓哀趙成侯並。淮泗之間小國十餘。楚魏與秦接界。魏築長城。自鄭濱洛以北有上郡。楚自漢中。南有巴黔中。周室微。諸侯力政。爭相併。秦僻在雍州。不與中國諸侯之會盟。彝翟遇之。（另作議論一段起下）孝公於是布惠。振孤寡。招戰士。明功賞。下令國中曰。昔我穆公自岐雍之間。修德行武。東平晉亂。以河爲界。西霸戎翟。廣地千里。天子致伯。諸侯畢賀。爲後世開業。甚光美。會往者厲躁簡公出子之不寧。國家內憂。未遑外事。三晉攻奪我先君河西地。諸侯卑秦。醜莫大焉。獻公卽位。鎮撫邊境。

徙治櫟陽且欲東伐復穆公之故地修穆公之政令寡人思念先君之意常痛於心賓客羣臣有能出奇計彊秦者吾且尊官與之分土於是乃出兵東圍陝城西斬戎之獂王衛鞅聞是令下〔間接〕西入秦因景監求見孝公—二年天子致胙三年衛鞅說孝公變法修刑內務耕稼外勸戰死之賞罰孝公善之甘龍杜摯等弗然相與爭之卒用鞅法百姓苦之居三年百姓便之乃拜鞅爲左庶長其事在商君語中—七年與魏惠王會杜平八年與魏戰元里有功十年衛鞅爲大良造將兵圍魏安邑降之十二年作爲咸陽築冀闕秦徙都之幷諸小鄉聚集爲大縣縣一令四十一縣爲田開阡陌東地渡洛十四年初爲賦十九年天子致伯二十年諸侯畢賀秦使公子少官率師會諸侯逢澤朝天子—〔一結〇秦九盛自繆公卒不復能東征至此又盛〕二十一年齊敗魏馬陵〔齊事〕〔插序〕二十二年衛鞅擊魏虜魏公子卬封鞅爲列侯號商君二十四年與晉戰鴈門虜其將魏錯孝公卒子惠文君立是歲誅衛鞅〔先提綱下倒序又是一法〕鞅之初爲秦施法法不行太子犯禁鞅曰法之不行自於貴戚君必欲行法先於太子太子不可黥黥其傅師於是法大用秦人治及孝公卒太子立宗室多怨鞅鞅亡因以爲反而卒車裂以殉

中華書局印行

秦國一惠文君元年。楚韓趙蜀人來朝。二年。天子賀。三年。王冠。四年。天子致文武胙。齊魏爲王。（齊魏事插序下即稱齊王魏王矣）五年。陰晉人犀首爲大良造。六年。魏納陰晉。陰晉更名寧秦。七年。公子卬與魏戰。虜其將龍賈。斬首八萬。八年。魏納河西地。九年。渡河取汾陰皮氏。與魏王會應。圍焦降之。十年。張儀相秦。魏納上郡十五縣。十一年。縣義渠。歸魏焦曲沃。義渠君爲臣。更名少梁曰夏陽。十二年。初臘。十三年四月戊午。魏君爲王。韓亦爲王。（魏韓事插序魏前已爲王矣因韓而重序也）使張儀伐取陜。出其人與魏。十四年。更爲元年。一二年。張儀與齊楚大臣會齧桑。三年。韓魏太子來朝。張儀相魏。五年。王游至北河。七年。樂池相秦。韓趙魏燕齊帥匈奴共攻秦。秦使庶長疾與戰修魚。虜其將申差。敗趙公子渴。韓太子奐。斬首八萬二千。八年。張儀復相秦。九年。司馬錯伐蜀。滅之。伐取趙中都西陽。十年。韓太子蒼來質。伐取韓石章。伐敗趙將泥。伐取義渠二十五城。十一年。樗里疾攻魏焦。降之。敗韓岸門。斬首萬。其將犀首走。公子通封於蜀。燕君讓其臣子之。（燕事插序）十二年。王與梁王會臨晉。庶長疾攻趙。虜趙將莊。張儀相楚。十三年。庶長章擊楚於丹陽。虜其將屈匄。斬首八萬。又攻楚漢中。取地六百里。置漢中郡。楚圍雍氏。秦使庶長疾助韓而東攻齊。到滿助魏攻燕。十四年。伐楚取召陵。丹犂臣。蜀相壯殺蜀侯來降。惠王卒。子武王立。韓魏齊楚越皆賓從。武王元年。與魏惠王會臨晉。誅蜀相壯。張儀魏章皆東出之魏。伐義渠丹犂。二年。初置丞相。樗里疾甘茂爲左右丞相。張儀死於魏。三年。與韓襄王會臨晉外。南公揭卒。樗里疾相韓。武王謂甘茂曰。寡人欲容車通三川。窺周室。死不恨矣。其秋。使甘茂庶長封伐宜陽。四年。拔宜陽。斬首六萬。涉河城武遂。魏太子來朝。武王有力好戲。力士任鄙烏獲孟說皆至大官。王與孟說舉鼎。絕臏。八月。武王死。族孟說。武王取魏女爲后。無子。立異母弟。是爲昭襄王。昭襄母楚人。姓芊氏。號宣太后。武王死時。昭襄王爲質於燕。燕人送歸。得立。補序明淨

昭襄王元年。嚴君疾爲相。甘茂出之魏。二年。彗星見。庶長壯與大臣諸侯公子爲逆。皆誅。及惠文后皆不得良死。悼武王后出歸魏。三年。王冠。與楚王會黃棘。與楚上庸。四年。取蒲坂。彗星見。五年。魏王來朝應亭。復與魏蒲坂。六年。蜀侯輝反。司馬錯定蜀。庶長奐伐楚。斬首二萬。涇陽君質於齊。日食。晝晦。七年。拔新城。樗里子卒。八年。使將軍芊戎攻楚。取新市。齊使章子。魏使公孫喜。韓使暴鳶共攻楚方城。取唐昧。趙破中

山其君亡竟死。齊魏公子勁。韓公子長爲諸侯。（齊魏韓趙等事插序）九年。孟嘗君薛文來相秦。奐攻楚。取八城。殺其將景快。十年。楚懷王入朝秦。秦留之。薛文以金受免。樓緩爲丞相。十一年。齊韓魏趙宋中山五國共攻秦。至鹽氏而還。秦與韓魏河北及封陵以和。彗星見。楚懷王走之趙。趙不受。還之秦。卽死。歸葬。十二年。樓緩免。穰侯魏冄爲相。予楚粟五萬石。十三年。向壽伐韓。取武始。左更白起攻新城。五大夫禮出亡奔魏。任鄙爲漢中守。十四年。左更白起攻韓魏於伊闕。斬首二十四萬。虜公孫喜。拔五城。十五年。大良造白起攻魏。取垣。復予之。攻楚取宛。十六年。左更錯取軹及鄧。冄免。封公子市宛。公子悝鄧。魏冄陶。爲諸侯。十七年。城陽君入朝。及東周君來朝。秦以垣爲蒲坂皮氏。王之宜陽。十八年。錯攻垣河雍。決橋取之。十九年。王爲西帝。齊爲東帝。皆復去之。呂禮來自歸。齊破宋。宋王在魏。死溫。（齊事插序）任鄙卒。二十年。王之漢中。又之上郡北河。二十一年。錯攻魏河內。魏獻安邑。秦出其人。募徙河東。賜爵。赦罪人遷之。涇陽君封宛。二十二年。蒙武伐齊。河東爲九縣。與楚王會宛。與趙王會中陽。二十三年。尉斯離與三晉燕伐齊。破之濟西。王與魏王會宜陽。與韓王會新城。二十四年。與楚王會鄢。又會穰。秦取魏安城。至大梁。燕趙救之。秦軍去。魏冉免相。二十五年。拔趙二城。與韓王會新城。與魏王會新明邑。二十六年。赦罪人遷之穰。侯冉復相。二十七年。錯攻楚。赦罪人遷之南陽。白起攻趙。取代光狼城。又使司馬錯發隴西。因蜀攻楚黔中。拔之。二十八年。大良造白起攻楚。取鄢鄧。赦罪人遷之。二十九年。大良造白起攻楚。取郢。爲南郡。楚王走。周君來。王與楚王會襄陵。白起爲武安君。三十年。蜀守若伐取巫郡。及江南爲黔中郡。三十一年。白起伐魏。取兩城。楚人反我江南。三十二年。相穰侯攻魏。至大梁。破暴鳶。斬首四萬。鳶走。魏入三縣請和。三十三年。客卿胡傷攻魏卷蔡陽長社。取之。擊芒卯華陽。破之。斬首十五萬。魏入南陽以和。三十四年。秦與魏韓上庸地爲一郡。南陽免臣遷居之。三十五年。佐韓魏楚伐燕。初置南陽郡。三十六年。客卿竈攻齊。取剛壽。予穰侯。三十八年。中更胡傷攻趙閼與。不能取。四十年。悼太子死魏。歸葬芷陽。四十一年夏。攻魏。取邢丘懷。四十二年。安國君爲太子。十月。宣太后薨。葬芷陽酈山。九月。穰侯出之陶。四十三年。武安君白起攻韓。拔九城。斬首五萬。四十四年。攻韓南郡。取之。四十五年。五大夫賁攻韓。取十城。葉陽君悝出之國。未至而

中華書局印行

死。四十七年。秦攻韓上黨。上黨降趙。秦因攻趙。趙發兵擊秦。相距。秦使武安君白起擊。大破趙於長平。四十餘萬盡殺之。四十八年十月。韓獻垣雍。秦軍分爲三軍。武安君歸。王齕將伐趙。武安皮牢拔之。司馬梗北定太原。盡有韓上黨。正月兵罷。復守上黨。其十月。五大夫陵攻趙邯鄲。四十九年正月。益發卒佐陵。陵戰不善。免。王齕代將。其十月。將軍張唐攻魏。爲蔡尉捐弗守。還斬之。五十年十月。武安君白起有罪。爲士伍。遷陰密。張唐攻鄭。拔之。十二月。益發卒軍汾城旁。武安君白起有罪死。齕攻邯鄲不拔。去。還奔汾軍。二月餘。攻晉軍。斬首六千。晉楚流死河二萬人。攻汾城。即從唐拔寧新中。寧新中更名安陽。初作河橋。五十一年。將軍摎攻韓。取陽城負黍。斬首四萬。攻趙。取二十餘縣。首虜九萬。西周君背秦。與諸侯約從。將天下銳兵出伊闕攻秦。令秦毋得通陽城。於是秦使將軍摎攻西周。西周君走來自歸。頓首受罪。盡獻其邑三十六城。口三萬。秦王受獻。歸其君於周。五十二年。周民東亡。其器九鼎入秦。周初亡。五十三年。天下來賓。魏後。秦使摎伐魏。取吳城。韓王入朝。魏委國聽令。五十四年。王郊見上帝於雍。五十六年秋。昭襄王卒。子孝文王立。尊唐八子爲唐太后。而合其葬於先王。韓王衰絰入弔祠。諸侯皆使其將相來弔祠。視喪事。一孝文王元年。赦罪人。修先王功臣。褒厚親戚。弛苑囿。孝文王除喪。十月己亥卽位。三日辛丑卒。子莊襄王立。莊襄王元年。大赦罪人。修先王功臣。施德厚骨肉。而布惠於民。東周君與諸侯謀秦。秦使相國呂不韋誅之。盡入其國。秦不絕其祀。以陽人地賜周君。奉其祭祀。使蒙驁伐韓。韓獻成皋鞏。秦界至大梁。初置三川郡。二年。使蒙驁攻趙。定太原。三年。蒙驁攻魏高都汲。拔之。攻趙榆次新城狼孟。取三十七城。四月日食。四年。王齕攻上黨。初置太原郡。魏將無忌率五國兵擊秦。秦卻於河外。蒙驁敗解而去。五月丙午。莊襄王卒。子政立。是爲秦始皇帝。秦王政立二十六年。初幷天下爲三十六郡。號爲始皇帝。一一結秦十盛○始皇帝五十一年而崩。子胡亥立。是爲二世皇帝。三年。諸侯並起叛秦。趙高殺二世。立子嬰。子嬰立月餘。諸侯誅之。遂滅秦。其語在始皇本紀中。另作一段小結

太史公曰。秦之先爲嬴姓。其後分封。以國爲姓。有徐氏。郯氏。莒氏。終黎氏。運奄氏。菟裘氏。將梁氏。黃氏。江氏。修魚氏。白冥氏。蜚廉氏。秦氏。然秦以其先造父封趙城。爲趙氏。

本紀是提綱之體法不得詳序詳序便累墜矣其中必插列國事相照映者正以與周紀諸世家扭成一片也然近秦而與秦爲難者無如晉與秦同大而足以難秦者無如楚故插晉楚之事爲多○篇首序世系分支派處極其明晰逐節逐段所宜細看○秦之自微而盛凡作十結至始皇并天下號皇帝已極盛矣而偏作一小段以極敗與數語結之盛極而衰亡也忽焉使英雄之心灰冷○秦與始皇紀原應作一篇止因事太多篇牘太長不能盡收故分作兩篇耳諸先生以爲不應爲秦立本紀者未免太泥

秦始皇本紀

秦始皇帝者。秦莊襄王子也。莊襄王爲秦質子於趙。見呂不韋姬。說而取之。生始皇。以秦昭王四十八年正月。生於邯鄲。及生。名爲政。姓趙氏。年十三歲。莊襄王死。政代立爲秦王。當是之時。秦地已并巴蜀漢中。越宛有郢。置南郡矣。北收上郡以東。有河東太原上黨郡、東至滎陽。滅二周。置三川郡。（總敘一段接上篇單敘南北東者秦在西偏也）呂不韋爲相。封十萬戶。號曰文信侯。招致賓客游士。欲以并天下。（先提一句爲并天下總領）李斯爲舍人。蒙驁王齮麃公等爲將軍。王年少。初即位。委國事大臣。晉陽反。元年。將軍蒙驁擊定之。二年。麃公將卒攻卷。斬首三萬。三年。蒙驁攻韓。取十三城。王齮死。十月。將軍蒙驁攻魏氏暘。有詭。歲大饑。四年。拔暘有詭。三月。軍罷。秦質子歸自趙。

趙太子出歸國。十月庚寅。蝗蟲從東方來。蔽天。天下疫。百姓內粟千石。拜爵一級。五年。將軍驁攻魏。定酸棗。燕。虛。長平。雍丘。山陽城。皆拔之。取二十城。初置東郡。冬雷。六年。韓魏趙衛楚共擊秦。取壽陵。秦出兵。五國兵罷。拔衛。迫東郡。其君角率其支屬徙居野王。阻其山以保魏之河內。（因迫東郡衛所以徙而近魏也）七年。彗星先出東方。見北方。五月見西方。將軍驁死。以攻龍。孤。慶都。還兵攻汲。彗星復見西方十六日。夏太后死。八年。王弟長安君成蟜將軍擊趙。句反。句死屯留。軍吏皆斬死。遷其民於臨洮。將軍壁死。卒屯留蒲鶮反。戮其屍。（卒在屯留與蒲鶮者以反而戮其尸也）河魚大上。輕車重馬東就食。嫪毐封爲長信侯。予之山陽地。令毐居之。宮室車馬。衣服苑囿。馳獵恣毐。事無大小皆決於毐。又以河西太原郡更爲毐國。九年。彗星見。或竟天。攻魏垣蒲陽。四月。上宿雍。己酉。王冠。帶劍。長信侯毐作亂而覺。矯王御璽及太后璽以發縣卒。及衛卒。官騎。戎翟君公。舍人。將欲攻蘄年宮爲亂。王知之。令相國昌平君昌文君發卒攻毐。戰咸陽。斬首數百。皆拜爵。及宦者皆在戰中。亦拜爵一級。毐等敗走。即令國中。有生得毐。賜錢百萬。殺之五十萬。盡得毐等。衛尉竭。內史肆。佐弋竭。中大夫令齊等二十人。皆梟首車裂以殉。滅其宗。及其舍人輕者爲鬼薪。及奪爵遷蜀。四千餘家。家房陵。一（此亦舍人之吏輕者奪爵遷蜀而使之家於房陵也）四月。寒凍有死者。一楊端和攻衍氏。一彗星見西方。又見北方。從斗以南八十日。一十年。相國呂不韋坐嫪毐免。一桓齮爲將軍。一齊趙來置酒。一齊人茅焦說秦王曰。秦方以天下爲事。而大王有遷母太后之名。恐諸侯聞之。由此倍秦也。秦王乃迎太后於雍。而入咸陽。復居甘泉宮。一大索逐客。李斯上書說。乃止逐客令。一李斯因說秦王。請先取韓以恐他國。於是使斯下韓。韓王患之。與韓非謀弱秦。一大梁人尉繚來。說秦王曰。以秦之彊。諸侯譬如郡縣之君。臣但恐諸侯合從。翕而出不意。此乃智伯夫差湣王之所以亡也。願大王毋愛財物。賂其豪臣。以亂其謀。不過亡三十萬金。則諸侯可盡。秦王從其計。見尉繚亢禮。衣服食飲與繚同。繚曰。秦王爲人。蜂準長目。摯鳥膺。豺聲。少恩而虎狼心。居約易出人下。得志亦輕食人。我布衣。然見我常身自下我。誠使秦王得志於天下。天下皆爲虜矣。不可與久游。乃亡去。秦王覺。固止。以爲秦國尉。卒用其計策。而李斯用事。（尉繚無傳故於此詳之仍帶李斯一句者并天下之謀出於李斯而不專是尉繚之謀也）十一年。王翦桓齮楊端和攻鄴。取九城。王翦攻閼與橑楊。皆幷爲一軍。翦將十八日。軍歸斗食以下。什推二人從軍。斗食官名斗食十人推二人從軍耳索隱注是取鄴安陽。桓齮將。一十二年。文信侯不韋死。竊葬。其舍人臨者。晉人也逐出之。秦人六百石以上奪爵遷。五百石以下不臨。遷。勿奪爵。舍人之臨喪者晉人逐秦人奪爵是一樣五百石以下官小雖臨亦與不臨者遷而不奪爵也是一樣自今以來。操國事不道如嫪毐不韋者。籍其門。視此。一秋。復嫪毐舍人遷蜀者。一當是之時。天下大旱。六月至八月乃雨。一十三年。桓齮攻趙平陽。殺趙將扈輒。斬首十萬。一王之河南。一正月。彗星見東方。一十月。桓齮攻趙。十四年。攻趙軍於平陽。取宜安。破之。殺其將軍。桓齮定平陽武城。一韓非使秦。秦用李斯謀。留非。非死雲陽。一應前謀弱秦句韓王請爲臣。一十五年。大興兵。一軍至鄴。一軍至太原。取狼孟。地動。十六年九月。發卒受地韓南陽假守騰。一初令男子書年。一魏獻地於秦。秦置麗邑。一十七年。內史騰攻韓。得韓王安。盡納其地。以其地爲郡。命曰潁川。地動。一華陽太后卒。一民大饑。一十八年。大興兵攻趙。王翦將上地。下井陘。端和將河內。羌瘣伐趙。端和圍邯鄲城。十九年。王翦羌瘣盡定取趙地東陽。得趙王。三路伐趙端和圍城翦瘣定地而於東陽得趙王也引兵欲攻燕。屯中山。秦王之邯鄲。諸嘗與王生趙時母家有仇怨。皆阬之。秦王還。從太原上郡歸。—始皇帝母太后崩。—趙公子嘉率其宗數百人之代。自立爲代王。東與燕合兵軍上谷。大饑。—二十年燕太子丹患秦兵至國。恐使荆軻刺秦王。秦王覺之。體解軻以狥。而使王翦辛勝攻燕。燕代發兵擊秦軍。秦軍破燕易水之西。二十一年王賁攻薊。乃益發卒詣王翦軍。遂破燕太子軍。取燕薊城。得太子丹之首。燕王東收遼東而王之。—王翦謝病老歸。—新鄭反。—昌平君徙於郢。—大雨雪。深二尺五寸。—二十二年王賁攻魏。引河溝灌大梁。大梁城壞。其王請降。盡取其地。二十三年秦王復召王翦。彊起之。使將擊荆。取陳以南至平輿。虜荆王。秦王游至郢陳。荆將項燕立昌平君爲荆王。反秦於淮南。—昌平君秦所立故稱反 二十四年王翦蒙武攻荆。破荆軍。昌平君死。項燕遂自殺。—二十五年大興兵。使王賁將。攻燕遼東。得燕王喜。—還攻代。虜代王嘉。—王翦遂定荆江南地。降越君。置會稽郡。—五月。天下大酺。—二十六年齊王建與其相后勝發兵守其西界。不通秦。秦使將軍王賁從燕南攻齊。得齊王建。—秦初幷天下。六國既畢一句總收 令丞相御史曰。異日韓王納地效璽。請爲藩臣。已而倍約。與趙魏合從畔秦。故興兵誅之。虜其王。一段定韓 寡人以爲善。庶幾息兵革。（中頓一句）趙王使其相李牧來約盟。故歸其質子。已而倍盟。反我太原。故興兵誅之。得其王。趙公子嘉乃自立爲代王。故舉兵擊滅之。（一段定趙）魏王始約服入秦。已而與韓趙謀襲秦。秦兵吏誅。遂破之。（一段定魏）荊王獻青陽以西。已而畔約。擊我南郡。故發兵誅。得其王。遂定其荊地。（一段定楚）燕王昏亂。其太子丹乃陰令荊軻爲賊。兵吏誅。滅其國。（一段定燕）齊王用后勝計。絕秦使。欲爲亂。兵吏誅。虜其王。平齊地。（一段定齊六段文法一樣中句法變換）寡人以眇眇之身。興兵誅暴亂。賴宗廟之靈。六王咸伏其辜。天下大定。今名號不更。無以稱成功。傳後世。其議帝號。（幷天下後借此一令收完六國事）丞相綰。御史大夫劫。廷尉斯等皆曰。昔者五帝地方千里。其外侯服夷服。諸侯或朝或否。天子不能制。今陛下興義兵。誅殘賊。平定天下。海內爲郡縣。法令由一統。自上古以來未嘗有。五帝所不及。臣等謹與博士議曰。古有天皇。有地皇。有泰皇。泰皇最貴。臣等昧死上尊號。王爲泰皇。命爲制。令爲詔。天子自稱曰朕。王曰。去泰。著皇。采上古帝位號。號曰皇帝。他如議。制曰。可。（文字簡古有法其推崇始皇處只一言功業不言德政○一段尊號）追尊莊襄王爲太上皇。制曰。朕聞太古有號毋謚。中古有號。死而以行爲謚。如此。則子議父。臣議君也。甚無謂。朕弗取焉。自今以來。

除謚法。朕爲始皇帝。後世以計數。二世三世。至於萬世。傳之無窮。（一段謚議）始皇推終始五德之傳。以爲周得火德。秦代周德。從所不勝。方今水德之始。改年始。朝賀皆自十月朔。衣服旄旌節旗皆上黑。數以六爲紀。符法冠皆六寸。而輿六尺。六尺爲步。乘六馬。更名河曰德水。以爲水德之始。剛毅戾深。事皆決於法。刻削毋仁恩和義。然後合五德之數。於是急法。久者不赦。（一段正朔服色法令）丞相綰等言。諸侯初破。燕齊荊地遠。不爲置王。毋以塡之。請立諸子。唯上幸許。始皇下其議於羣臣。羣臣皆以爲便。廷尉李斯議曰。周文武所封子弟同姓甚衆。然後屬疏遠。相攻擊如仇讎。諸侯更相誅伐。周天子弗能禁止。今海內賴陛下神靈一統。皆爲郡縣。諸子功臣。以公賦稅重賞賜之。甚足易制。天下無異意。則安寧之術也。置諸侯不便。始皇曰。天下共苦戰鬬不休。以有侯王。賴宗廟。天下初定。又復立國。是樹兵也。而求其寧息。豈不難哉。廷尉議是。分天下以爲三十六郡。郡置守尉監。（一段郡縣）更名民曰黔首。大酺。收天下兵。聚之咸陽。銷以爲鐘鐻金人十二。重各千石。置廷宮中。一法度衡石丈尺。車同軌。書同文字。地東至海暨朝鮮、西至臨洮羌中、南至北嚮戶。北據河爲塞。並陰山至遼東。徙天下豪富於咸陽。十二萬戶。諸廟及章臺上林。皆在渭南。秦每破諸侯。寫放其宮室。作之咸陽北阪上。南臨渭。自雍門以東至涇渭。殿屋複道周閣相屬。所得諸侯美人鍾鼓。以充入之。━（又快寫一段極言秦之盛篇首至此作一結）二十七年。始皇巡隴西北地。出雞頭山。過回中。焉作信宮渭南。已更命信宮為極廟。象天極。自極廟道通酈山。作甘泉前殿。築甬道自咸陽屬之。是歲賜爵一級。治馳道。━二十八年。始皇東行郡縣。上鄒嶧山。立石與魯諸儒生議。刻石頌秦德。（先提立石後乃著詞）議封禪望祭山川之事。乃遂上泰山。立石。（句）封。（句）祠祀。（句）下。（句）風雨暴至。休於樹下。因封其樹為五大夫。禪梁父。刻所立石。（應前）其辭曰。

皇帝臨位。作制明法。臣下脩飭。二十有六年。初并天下。罔不賓服。親巡遠方黎民。登茲泰山。周覽東極。從臣思迹。本原事業。祗誦功德。治道運行。諸產得宜。皆有法式。大義休明。垂于後世。順承勿革。（一章）皇帝躬聖。既平天下。不懈於治。夙興夜寐。建設長利。專隆教誨。訓經宣達。遠近畢理。咸承聖志。貴賤分明。男女禮順。愼遵職事。昭隔內外。靡不清淨。施于後嗣。化及無窮。遵奉遺詔。永承重戒。━（二章碑詞古質三句一韻）於是乃並勃海以東。過黃腄。窮成山。登之罘。立石頌秦德焉而去。━（此立石頌秦德乃成山之罘亦皆有石而不著其詞也）南

登琅邪。（此南字蓋之罘之南亦東陲也）大樂之。留三月。乃徙黔首三萬戶琅邪臺下。復十二歲。作琅
邪臺。立石。刻頌秦德。明得意。曰。維二十六年。皇帝作始。端平法度。萬物之紀。以明人
事。合同父子。聖智仁義。顯白道理。東撫東土。以省卒士。事已大畢。乃臨于海。（一章）皇帝
之功。勤勞本事。上農除末。黔首是富。普天之下。摶心揖志。器械一量。同書文字。日月
所照。舟輿所載。皆終其命。莫不得意。應時動事。是維皇帝。匡飭異俗。陵水經地。憂恤
黔首。朝夕不懈。除疑定法。咸知所辟。方伯分職。諸治經易。舉錯必當。莫不如畫。（二章）皇
帝之明。臨察四方。尊卑貴賤。不踰次行。姦邪不容。皆務貞良。細大盡力。莫敢怠荒。遠
邇辟隱。專務肅莊。端直敦忠。事業有常。（三章）皇帝之德。存定四極。誅亂除害。興利致福。
節事以時。諸產繁殖。黔首安寧。不用兵革。六親相保。終無寇賊。驩欣奉敎。盡知法式。（四章）
六合之內。皇帝之土。西涉流沙。南盡北戶。東有東海。北過大夏。人迹所至。無不臣
者。功蓋五帝。澤及牛馬。莫不受德。各安其宇。（五章凡用五韻兩句一韻）維秦王兼有天下。立名爲
皇帝。乃撫東土。至于琅邪。列侯武城侯王離。列侯通武侯王賁。倫侯建成侯趙亥。倫
侯昌武侯成。倫侯武信侯馮毋擇。丞相隗林。丞相王綰。卿李斯。卿王戊。五大夫趙嬰。

五大夫楊樛。從。與議於海上。曰。又散序一段法變古之帝者。地不過千里。諸侯各守其封域。或朝或否。相侵暴亂。殘伐不止。猶刻金石。以自爲紀。又一章兩句一韻古之五帝三王。知教不同。法度不明。假威鬼神。以欺遠方。實不稱名。故不久長。其身未沒。諸侯倍叛。法令不行。二章首一句一韻明方長兩句一韻行字三句一韻法變古韻明音芒行音杭也今皇帝并一海內。以爲郡縣。天下和平。昭明宗廟。體道行德。尊號大成。羣臣相與誦皇帝功德。刻于金石。以爲表經。—三章三句一韻既已。東巡之事完也齊人徐市等上書言。海中有三神山。名曰蓬萊。方丈。瀛洲。僊人居之。請得齋戒。與童男女求之。於是遣徐市發童男女數千人。入海。求僊人。—此東巡之餘事始皇還。過彭城。頂東巡之事已而還也齋戒禱祠。欲出周鼎泗水。使千人沒水求之。弗得。乃西南渡淮水。自東而至西南也之衡山南郡。浮江。至湘山祠。逢大風。幾不得渡。上問博士曰。湘君何神。博士對曰。聞之。堯女舜之妻而葬此。於是始皇大怒。使刑徒三千人皆伐湘山樹。赭其山。上自南郡由武關歸。結東巡事二十九年。始皇東游。又東游至陽武博狼沙中。爲盜所驚。句求。句弗得。乃令天下大索十日。—登之罘。刻石。其辭曰。維二十九年。時在中春。陽和方起。皇帝東游。巡登之罘。臨照於海。從臣嘉觀。原念休烈。追誦本始。大

聖作治建定法度。顯著綱紀。外教諸侯。光施文惠。明以義理。六國回辟。貪戾無厭。虐
殺不已。一章 皇帝哀衆。遂發討師。奮揚武德。義誅信行。威燀旁達。莫不賓服。烹滅彊暴。
振救黔首。周定四極。普施明法。經緯天下。永爲儀則。大矣哉。宇縣之中。承順聖意。羣
臣頌功。請刻於石。表垂於常式。二章三句一韻 其東觀曰。維二十九年。皇帝春遊。覽省遠方。
逮於海隅。遂登之罘。昭臨朝陽。觀望廣麗。從臣咸念。原道至明。聖法初興。清理疆內。
外誅暴彊。武威旁暢。振動四極。禽滅六王。闡幷天下。菑害絕息。永偃戎兵。一章 皇帝明
德。經理宇內。視聽不怠。作立大義。昭設備器。咸有章旗。職臣遵分。各知所行。事無嫌
疑。黔首改化。遠邇同度。臨古絕尤。常職既定。後嗣循業。長承聖治。羣臣嘉德。祗誦聖
烈。請刻之罘。二章俱三句一韻 旋。遂之琅邪。道上黨入。完東游之罘事 三十年。無事。無事而書
者爲始皇紀異也 三十一年十二月。更名臘曰嘉平。賜黔首里六石米。二羊。始皇爲微行
咸陽。與武士四人俱。夜出逢盜蘭池。見窘。武士擊殺盜。關中大索二十日。米石千
六百。三十二年。始皇之碣石。又東游 使燕人盧生求羨門高誓。刻碣石門。壞城
郭。決通隄防。其辭曰。遂興師旅。誅戮無道。爲逆滅息。武殄暴逆。文復無罪。庶心咸服。

惠論功勞。賞及牛馬。恩肥土域。一章 皇帝奮威。德幷諸侯。初一泰平。墮壞城郭。決通川防。夷去險阻。地勢既定。黎庶無繇。天下咸撫。男樂其疇。女修其業。事各有序。惠被諸產。久未來田。莫不安所。羣臣誦烈。請刻此石。垂著儀矩—二章俱三句一韻 因使韓終侯公石生求仙人不死之藥。—始皇巡北邊。從上郡入。—燕人盧生使入海。句 還。句 以鬼神事。因奏錄圖書曰。亡秦者胡也。始皇乃使將軍蒙恬發兵三十萬人。北擊胡。畧取河南地。—用兵北方 三十三年。發諸嘗逋亡人。贅壻賈人。畧取陸梁地。爲桂林象郡南海。以適遣戍。—用兵南方 西北斥逐匈奴。自榆中並河以東。屬之陰山。以爲三十四縣。城河上爲塞。—用兵西北方 又使蒙恬渡河。取高闕陶山北假中。築亭障以逐戎人。徙謫實之初縣。—禁不得祠。—明星出西方。—三十四年。適治獄吏不直者。築長城及南越地。—始皇置酒咸陽宮。博士七十人前爲壽。僕射周青臣進頌曰。他時秦地不過千里。賴陛下神靈明聖。平定海內。放逐蠻夷。日月所照。莫不賓服。以諸侯爲郡縣。人人自安樂。無戰爭之患。傳之萬世。自上古不及陛下威德。始皇悅。正一段 博士齊人淳于越進曰。臣聞殷周之王千餘歲。封子弟功臣。自爲枝輔。今陛下有海內。而子弟爲匹夫。

卒有田常六卿之臣。無輔拂。何以相救哉。事不師古。而能長久者。非所聞也。今靑臣
又面諛以重陛下之過。非忠臣。（一段反歸到李斯）始皇下其議。丞相李斯曰。五帝不相復。三
代不相襲。各以治。非其相反。時變異也。（應殷周之王）今陛下創大業。建萬世之功。固非愚
儒所知。（指淳于越也）且越言乃三代之事。何足法也。異時諸侯竝爭。厚招遊學。今天下已
定。法令出一。百姓當家則力農工。士則學習法令辟禁。今諸生不師今而學古。以非
當世。惑亂黔首。（頓住下又起覺古質是章奏體）丞相斯昧死言。古者天下散亂。莫之能一。是以諸侯
竝作。語皆道古以害今。飾虛言以亂實。人善其所私學。以非上之所建立。今皇帝幷
有天下。別黑白而定一尊。私學而相與非法敎。人聞令下。則各以其學議之。入則心
非。出則巷議。夸主以爲名。異取以爲高。率羣下以造謗。如此弗禁。則主勢降乎上。黨
與成乎下。禁之便。（通篇不說建諸侯單說禁古學止破淳于越三代之王一句也）臣請史官非秦記皆燒之。非博士
官所職。天下敢有藏詩書百家語者。悉詣守尉雜燒之。有敢偶語詩書。棄市。以古非
今者。族。吏見知不舉者。與同罪。令下三十日不燒。黥爲城旦。所不去者。醫藥卜筮種
樹之書。若欲有學法令。以吏爲師。制曰可。—（一段文移一體亦古湛）三十五年。除道。道九原抵雲

陽塹山堙谷直通之。於是始皇以爲咸陽人多先王之宮廷小吾聞周文王都豐武王都鎬豐鎬之間帝王之都也乃營作朝宮渭南上林苑中先作前殿阿房東西五百步南北五十丈上可以坐萬人下可以建五丈旗周馳爲閣道自殿下直抵南山表南山之顚以爲闕爲復道自阿房渡渭屬之咸陽（句）以象天極閣道絕漢抵營室也（句長句好馳道大道也複道夾道兩邊築墻人行其中也）阿房宮未成（句）成（句）欲更擇令名名之作宮阿房故天下謂之阿房宮（又注句詳）。隱宮徒刑者七十餘萬人乃分作阿房宮或作麗山發北山石槨（頂麗山）乃寫蜀荊地材皆至（頂阿房）關中計宮三百關外四百餘於是立石東海上朐界中以爲秦東門因徙三萬家麗邑五萬家雲陽皆復不事十歲。盧生說始皇曰臣等求芝奇藥仙者常弗遇類物有害之者方中人主時爲微行以辟惡鬼惡鬼辟眞人至人主所居而人臣知之則害於神眞人者入水不濡入火不爇陵雲氣與天地久長今上治天下未能恬淡願上所居宮毋令人知然後不死之藥殆可得也。於是始皇曰吾慕眞人自謂眞人不稱朕。乃令咸陽之旁二百里內宮觀二百七十復道甬道相連幃帳鐘鼓美人充之各案署不移徙行所幸有言其處者罪死。乃令以下皆弗令人知之號令也始皇帝幸梁山宮。從山上見丞相車騎衆。弗善也。中人或告丞相。丞相後損車騎。始皇怒曰。此中人泄吾語。案問莫服。當是時。詔捕諸時在旁者。皆殺之。自是後。莫知行之所在。—此段是弗令人知注腳聽事。羣臣受決事。悉於咸陽宮。侯生盧生相與謀。曰。始皇爲人。天性剛戾自用。起諸侯。并天下。意得欲從。以爲自古莫及已。—詳數始皇之過性情暴戾一事專任獄吏。獄吏得親幸。—專任獄吏一事博士雖七十人。特備員。弗用。不用博士一事丞相諸大臣皆受成事。倚辦于上。上樂以刑殺爲威。天下畏罪持祿。莫敢盡忠。上不聞過而日驕。下懾伏謾欺以取容。—臣下持祿取容一事秦法不得兼方。不驗輒死。不得兼方一事然候星氣者至三百人。皆良士。畏忌諱。句諛。句不敢端言其過。—星占忌諛一事天下之事。無大小。皆決於上。上至以衡石量書。日夜有呈。不中呈不得休息。—法令苛細一事而神仙不與焉貪于權勢至如此。未可爲求仙藥。於是乃亡去。—始皇聞亡。乃大怒曰。吾前收天下書。不中用者。盡去之。悉召文學方術士甚衆。欲以興太平。方士欲練以求奇藥。今聞韓衆去不報。徐市等費以巨萬計。終不得藥。徒姦利相告日聞。韓衆徐市補盧生等。吾尊賜之甚厚。今乃誹謗我。以重吾不德也。諸生在咸陽者。吾使人廉問。或爲訞言。

以亂黔首。於是使御史悉案問諸生。諸生傳相告引。乃自除犯禁者四百六十餘人。皆阬之咸陽。使天下知之。以懲後。益發謫徙邊。—始皇長子扶蘇諫曰。天下初定。遠方黔首未集。諸生皆誦法孔子。今上皆重法繩之。臣恐天下不安。唯上察之。始皇怒。使扶蘇北監蒙恬於上郡。—三十六年。熒惑守心。有墜星下東郡。至地爲石。黔首或刻其石曰。始皇帝死而地分。始皇聞之。遣御史逐問。莫服。盡取石旁居人誅之。因燔銷其石。始皇不樂。使博士爲仙眞人詩。及行所游天下。傳令樂人謌弦之。—秋。使者從關東夜過華陰平舒道。有人持璧遮使者曰。爲吾遺滈池君。因言曰。今年祖龍死。使者問其故。因忽不見。置其璧去。使者奉璧具以聞。始皇默然良久。曰。山鬼固不過知一歲事也。退言曰。祖龍者。人之先也。使御府視璧。乃二十八年行渡江所沉璧也。於是始皇卜之。卦得游徙吉。遷北河榆中三萬家。拜爵一級。—三十七年十月癸丑。始皇出遊。接上游徙吉左丞相斯從。右丞相去疾守。少子胡亥愛慕請從。上許之。十一月。行至雲夢。望祀虞舜於九疑山。浮江下。觀籍柯。渡海渚。過丹陽。至錢唐。臨浙江。水波惡。乃西百二十里。從狹中渡。上會稽。祭大禹。望于南海。而立石刻頌秦德。其文曰。皇帝休烈。平一字內。德惠修長。三十有七年。親巡天下。周覽遠方。遂登會稽。宣省習俗。黔首齋莊。羣臣誦功。本原事迹。追首高明。秦聖臨國。始定刑名。顯陳舊章。初平法式。審別職任。以立恆常。一章 六王專倍。貪戾慠猛。率衆自彊。暴虐恣行。負力而驕。數動甲兵。陰通間使。以事合從。行爲辟方。內飾詐謀。外來侵邊。遂起禍殃。義威誅之。殄熄暴悖。亂賊滅亡。聖德廣密。六合之中。被澤無疆。二章 皇帝幷宇。兼聽萬事。遠近畢清。運理羣物。考驗事實。各載其名。貴賤竝通。善否陳前。靡有隱情。飾省宣義。有子而嫁。倍死不貞。防隔內外。禁止淫泆。男女絜誠。夫爲寄猳。殺之無罪。男秉義程。妻爲逃嫁。子不得母。咸化廉清。大治濯俗。天下承風。蒙被休經。皆遵度軌。和安敦勉。莫不順令。黔首修潔。人樂同則。嘉保太平。後敬奉法。常治無極。輿舟不傾。從臣誦烈。請刻此石。光垂休銘。三章俱三句一韻 還過吳。從江乘渡。竝海上。北至瑯邪。從吳而來故自南至北也 方士徐市等入海求神藥。數歲不得。費多。恐譴。乃詐曰。蓬萊藥可得。然常爲大鮫魚所苦。故不得至。願請善射與俱。句 見。句 則以連弩射之。一 始皇夢與海神戰。如人狀。問占夢。博士曰。水神不可見。以大魚鮫龍爲候。今上禱祠備謹。而有此惡神。當除去。而善神可致。乃令入海者。齎捕巨魚具。而自以連弩候大魚出射之。自琅邪北至榮成山。弗見。至之罘。見巨魚。射殺一魚。遂並海西至平原津而病。（從琅邪而北後從海而西歸也。）始皇惡言死。羣臣莫敢言死事。上病益甚。乃爲璽書賜公子扶蘇曰。與喪會咸陽而葬。書已。（句）封在中車府令趙高行符璽事所。（句）未授使者。七月丙寅。始皇崩於沙丘平臺。丞相斯爲上崩在外。恐諸公子及天下有變。乃秘之。不發喪。棺載轀涼車中。故幸宦者參乘。所至上食。百官奏事如故。宦者輒從轀涼車中可其奏事。獨子胡亥趙高及所幸宦者五六人知上死。一趙高故嘗教胡亥書及獄律令法事。胡亥私幸之。高乃與公子胡亥丞相斯陰謀。（句）破去始皇所封書賜公子扶蘇者。（句）而更詐爲丞相斯受始皇遺詔沙丘。（句）立子胡亥爲太子。更爲書賜公子扶蘇蒙恬。數以罪。其賜死語具在李斯傳中。（只數長句法簡而事盡）行。（句）遂從井陘抵九原。會暑。上轀車臭。乃詔從官令車載一石鮑魚。以亂其臭。行。（句）從直道至咸陽。發喪。一太子胡亥襲位。爲二世皇帝。九月。葬始皇酈山。始皇初卽位。穿治酈山。及幷天下。天下徒送詣七十餘萬人。穿三泉。下銅而致椁。宮觀百官奇器珍怪徙臧滿之。令匠作機弩矢。有所穿近者輒射之。以水銀爲百川江河大海機相灌輸。上具天文。下具地理。以人魚膏爲燭。度不滅者久之。一段補序酈山乃始皇時事二世曰。先帝後宮非有子者出焉不宜。皆令從死。死者甚衆。葬既已下。或言工匠爲機藏皆知之。藏重卽泄。大事畢。已藏。閉中羨。下外羨門。盡閉工匠藏者。無復出者。樹草木以象山。一此段乃葬始皇時事也二世皇帝元年。年二十一。趙高爲郞中令。任用事。二世下詔。增始皇寢廟犧牲及山川百祀之禮。令羣臣議尊始皇廟。羣臣皆頓首言曰。古者天子七廟。諸侯五。大夫三。雖萬世世不軼毀。今始皇爲極廟。四海之內皆獻貢職。增犧牲。禮咸備。毋以加。先王廟或在西雍。或在咸陽。天子儀當獨奉酌祠始皇廟。自襄公以下軼毀。所置凡七廟。羣臣以禮進祠。以尊始皇廟爲帝者祖廟。皇帝復自稱朕。一以始皇稱眞人也二世與趙高謀曰。朕年少。初卽位。黔首未集附。先帝巡行郡縣。以示彊威服海內。今晏然不巡行。卽見弱。毋以臣畜天下。春。二世東行郡縣。李斯從。到碣石。竝海。南至會稽。而盡刻始皇所立刻石。石旁著大臣從者名。以章先帝成功盛德焉。一此是二世自刻石著始皇石傍也。皇帝曰。金石刻盡始皇帝所爲也。今襲號而金石刻辭不稱始皇帝。其於久遠也。如後嗣爲之者。不稱成功盛德。丞相臣斯。臣去疾。御史大夫臣德昧死言臣請具刻詔書刻石因明白矣臣昧死請制曰可（此乃改刻始皇石也）遂至遼東而還於是二世乃遵用趙高申法令乃陰與趙高謀曰大臣不服官吏尙彊及諸公子必與我爭爲之柰何高曰臣固願言而未敢也先帝之大臣皆天下累世名貴人也積功勞世以相傳久矣今高素小賤陛下幸稱舉令在上位管中事大臣鞅鞅特以貌從臣其心實不服今上出不因此時案郡縣守尉有罪者誅之上以振威天下下以除去上生平所不可者今時不師文而決於武力願陛下遂從時毋疑卽羣臣不及謀明主收舉餘民賤者貴之貧者富之遠者近之則上下集而國安矣二世曰善乃行誅大臣及諸公子以罪過連逮少近官三郎無得立者而六公子戮死於杜公子將閭昆弟三人囚於內宮議其罪獨後二世使使令將閭曰公子不臣罪當死吏致法焉將閭曰闕廷之禮吾未嘗敢不從賓贊也廊廟之位吾未嘗敢失節也受命應對吾未嘗敢失辭也何謂不臣願聞罪而死（國策調好）使者曰臣不得與謀奉書從事將閭乃仰天大呼天者三曰天乎吾無罪昆弟三人皆流涕拔劍自殺宗室振恐羣臣諫者以爲誹謗大吏持祿取容黔首振恐　四月二世還至咸陽曰先帝爲咸陽朝

廷小。故營阿房宮爲室堂。未就。會上崩。罷其作者。復土酈山。（因上崩故停阿房作者。使之蓋土酈山也。）酈山事大畢。今釋阿房宮弗就。則是章先帝舉事過也。復作阿房宮。外撫四夷。如始皇計。（以上是始皇舊事。以下乃二世新政也。）盡徵其材士五萬人。爲屯衛咸陽。令教射狗馬禽獸。當食者多。度不足。下調郡縣轉輸菽粟芻藁。皆令自賫糧食。咸陽三百里內不得食其穀。用法益刻深。（只數語寫胡亥暴虐之甚。下便接陳涉起兵矣。）七月。戍卒陳勝等反故荊地。爲張楚。勝自立爲楚王。居陳。遣諸將徇地。山東郡縣少年苦秦吏。皆殺其守尉令丞反。以應陳涉。相立爲侯王。合從西鄉。名爲伐秦。不可勝數也。謁者使東方來。（秦居西陲。凡天下皆東方也。）以反者聞二世。二世怒。下吏。後使者至。上問。對曰。群盜。郡守尉方逐捕。今盡得。不足憂。上悅。武臣自立爲趙王。魏咎爲魏王。田儋爲齊王。沛公起沛。項梁舉兵會稽郡。二年。冬。陳涉所遣周章等將西至戲。兵數十萬。二世大驚。與羣臣謀曰。奈何。少府章邯曰。盜已至。衆彊。今發近縣不及矣。酈山徒多。請赦之。授兵以擊之。二世乃大赦天下。使章邯將。擊破周章軍而走。遂殺章曹陽。二世益遣長史司馬欣董翳佐章邯擊盜。殺陳勝城父。破項梁定陶。滅魏咎臨濟。楚地盜名將已死。章邯乃北渡河。擊趙王歇

等於鉅鹿。（正可為之時頓住下接趙高以著權臣在內而大將不能立功于外也○一段外事）。趙高說二世曰。先帝臨制天下
久。故羣臣不敢為非進邪說。今陛下富於春秋。初卽位。柰何與公卿廷決事。事卽有
誤。示羣臣短也。天子稱朕。固不聞聲。於是二世常居禁中。與高決諸事。其後公卿希
得朝見。（頓住下又接盜賊事此正是盜賊之病根也○一段外事）盜賊益多。而關中卒發東擊盜者無已。（一段外事）右
丞相去疾。左丞相斯。將軍馮劫進諫曰。關東羣盜並起。秦發兵誅擊。所殺亡甚衆。然
猶不止。盜多皆以戍漕轉作事苦。賦稅大也。請且止阿房宮作者。減省四邊戍轉。（言簡
而事盡文法高老）二世曰。吾聞之韓子曰。堯舜采椽不刮。茅茨不翦。飯土增。啜土形。雖監門
之養。不觳於此。禹鑿龍門。通大夏。決河亭水。放之海。身自持築臿。脛毋毛。臣虜之勞
不烈於此矣。凡所為貴有天下者。得肆意極欲。主重明法。下不敢為非。以制御海內
矣。夫虞夏之主。貴為天子。親處窮苦之實。以徇百姓。尚何於法。朕尊萬乘。毋其實。吾
欲造千乘之駕。萬乘之屬。充吾號名。且先帝起諸侯。兼天下。天下已定。外攘四夷。以
安邊境。作宮室以章得意。而君觀先帝功業有緒。今朕卽位二年之間。羣盜並起。君
不能禁。又欲罷先帝之所為。是上毋以報先帝。次不為朕盡忠力。何以在位。下去疾

斯劫吏案責他罪去疾劫曰將相不辱自殺斯卒囚就五刑一段內事三年章邯等將其卒圍鉅鹿楚上將軍項羽將楚卒往救鉅鹿一段外事冬趙高爲丞相竟案李斯殺之明趙高殺之也○一段外事夏章邯等戰數却二世使人讓邯邯恐使長史欣請事趙高弗見又弗信欣恐亡去高使人捕追不及欣見邯曰趙高用事於中將軍有功亦誅無功亦誅項羽急擊秦軍虜王離邯等遂以兵降諸侯一段外事八月己亥趙高欲爲亂恐羣臣不聽乃先設驗持鹿獻于二世曰馬也二世笑曰丞相誤邪謂鹿爲馬問左右左右或默或言馬以阿順趙高或言鹿者高因陰中諸言鹿者以法後羣臣皆畏高一段內事高前數言關東盜毋能爲也及項羽虜秦將王離等鉅鹿下而前章邯等軍數却上書請益助燕趙齊楚韓魏皆立爲王自關以東大氐盡畔秦吏應諸侯諸侯咸率其衆西鄉沛公將數萬人已屠武關使人私於高一段外事高恐二世怒誅及其身乃謝病不朝見二世夢白虎齧其左驂馬殺之心不樂怪問占夢卜曰涇水爲祟二世乃齋於望夷宮欲祠涇沈四白馬使使責讓高以盜賊事高懼乃陰與其壻咸陽令閻樂其弟趙成謀曰上不聽諫今事急欲歸禍於吾宗吾欲易置上更立公子嬰子嬰仁

儉。百姓皆載其言。使郎中令爲內應。郎中令趙成詐爲有大賊。令樂召吏發卒。追劫樂母。置高舍。遣樂將吏卒千餘人至望夷宮殿門。縛衛令僕射。曰。賊入此。何不止。衛令曰。周廬設卒甚謹。安得賊敢入宮。樂遂斬衛令。直將吏入。行射郎宦者。大驚。或走或格。格者輒死。死者數十人。郎中令與樂俱入。射上幄坐幃。二世怒。召左右。左右皆惶擾不鬬。旁有宦者一人。侍不敢去。二世入內。謂曰。公何不早告我。乃至於此。宦者曰。臣不敢言。故得全。使臣早言。皆已誅。安得至今。閻樂前卽二世。數曰。足下驕恣。誅殺無道。天下共畔足下。足下其自爲計。二世曰。丞相可得見否。樂曰。不可。二世曰。吾願得一郡爲王。弗許。又曰。願爲萬戶侯。弗許。曰。願與妻子爲黔首。比諸公子。閻樂曰。臣受命於丞相。爲天下誅足下。足下雖多言。臣不敢報。麾其兵進。二世自殺。閻樂歸報趙高。趙高乃悉召諸大臣公子。告以誅二世之狀。曰。秦故王國。始皇君天下。故稱帝。今六國復自立。秦地益小。乃以空名爲帝。不可。宜爲王如故。便。立二世之兄子公子嬰爲秦王。以黔首葬二世杜南宜春苑中。令子嬰齋。當廟見。受玉璽。齋五日。子嬰與其子二人謀曰。丞相高殺二世望夷宮。恐羣臣誅之。乃詳以義立我。我聞趙高乃與楚約。滅秦宗室而王關中。今使我齋見廟。此欲因廟中殺我。我稱病不行。丞相必自來。來則殺之。高使人請子嬰數輩。子嬰不行。高果自往曰。宗廟重事。王奈何不行。子嬰遂刺殺高於齋宮。三族高家以狗咸陽。一子嬰爲秦王四十六日。楚將沛公破秦軍。入武關。遂至霸上。使人約降子嬰。子嬰卽係頸以組。白馬素車。奉天子璽符。降軹道傍。沛公遂入咸陽。封宮室府庫。還軍霸上。居月餘。諸侯兵至。項籍爲從長。殺子嬰及秦諸公子宗族。遂屠咸陽。燒其宮室。虜其子女。收其珍寶貨財。諸侯共分之。一段內事〇自陳涉起兵以來與趙高之事內外段夾寫以至秦亡皆趙高之罪也 逐滅秦之後。各分其地爲三。名曰雍王。塞王。翟王。號曰三秦。項羽爲西楚霸王。主命分天下王諸侯。秦竟滅矣。只四字結完兩篇秦之蠶食諸侯暴虐黔首提喝一句爲天下吐氣也。後五年。天下定於漢。

太史公曰。秦之先伯翳。嘗有勳於唐虞之際。受土賜姓。及殷夏之間微散。至周之衰。秦興。邑於西垂。自繆公以來。稍蠶食諸侯。竟成始皇。始皇自以爲功過五帝。地廣三王。而羞與之侔。只此頓住好孰知萬世有公論哉 善哉乎賈生推言之也。一曰。過秦論第三篇起 秦幷兼諸侯山東三十餘郡。繕津關。據險塞。修甲兵而守之。然陳涉以戍卒散亂之衆。數百奮臂大呼。不用弓戟之兵。鉏櫌白梃。望屋而食。橫行天下。秦人阻險不守。關梁不闔。長戟不刺。彊弩不射。楚師深入。戰于鴻門。曾無藩籬之艱。於是山東大擾。諸侯並起。豪俊相立。秦使章邯將而東征，章邯因以三軍之衆要市於外。以謀其上。羣臣之不信。可見於此矣。子嬰立。遂不寤。藉使子嬰有庸主之材。僅得中佐。山東雖亂。秦之地可全而有。宗廟之祀未當絕也。秦地被山帶河以爲固。四塞之國也。自繆公以來至於秦王。二十餘君。常爲諸侯雄。豈世世賢哉。其勢居然也。且天下嘗同心幷力而攻秦矣。當此之世。賢智並列。良將行其師。賢相通其謀。然困於阻險而不能進。秦乃延入戰而爲之開關。百萬之徒。逃北而遂壞。豈勇力智慧不足哉。形不利。勢不便也。秦小邑幷大城。守險塞而軍。高壘毋戰。閉關據阨。荷戟而守之。諸侯起於匹夫。以利合。非有素王之行也。其交未親。其下未附。名爲亡秦。其實利之也。彼見秦阻之難犯也。必退師。安土息民。以待其敝。收弱扶罷。以令大國之君。不患不得意于海內。貴爲天子。富有天下。而身爲禽者。其救敗非也。秦王足己不問。遂過而不變。二世受之。因而不改。暴虐以重禍。子嬰孤立無親。危弱無輔。三主惑而終身不悟。亡不亦宜乎。當此時也。世非無深慮知化之士也。然所以不敢盡忠拂過者。秦俗多忌諱之禁。忠言未卒於口。而身為戮沒矣。故使天下之士。傾耳而聽。重足而立。拑口而不言。是以三主失道。忠臣不敢諫。智士不敢謀。天下已亂。奸不上聞。豈不哀哉。先王知雍蔽之傷國也。故置公卿大夫士。以飾法設刑。而天下治。其彊也。禁暴誅亂。而天下服。其弱也。五伯征。而諸侯從。其削也。內守外附。而社稷存。故秦之盛也。繁法嚴刑。而天下振。及其衰也。百姓怨望。而海內畔矣。故周五序得其道。而千餘歲不絕。秦本末並失。故不長久。由此觀之。安危之統。相去遠矣。野諺曰。前事之不忘。後事之師也。是以君子為國。觀之上古。驗之當世。參以人事。察盛衰之理。審權勢之宜。去就有序。變化有時。故曠日長久。而社稷安矣。第一篇起

秦孝公據殽函之固。擁雍州之地。君臣固守。而窺周室。有席卷天下。包舉宇內。囊括四海之意。并吞八荒之心。當是時。商君佐之。內立法度。務耕織。修守戰之備。外連衡而鬭諸侯。於是秦人拱手而取西河之外。孝公既沒。惠王武王。蒙故業。因遺册。南兼漢中。西舉巴蜀。東割膏腴之地。收要害之郡。諸侯恐懼。會盟而謀弱秦。不愛珍器重寶肥美之地。以致天下之士。合從締交。相與為一。當是時。齊

有孟嘗。趙有平原。楚有春申。魏有信陵。此四君者。皆明知而忠信。寬厚而愛人。尊賢重士。約從離衡。幷韓魏燕楚齊趙宋衛中山之衆。於是六國之士有甯越徐尙蘇秦杜赫之屬。爲之謀。齊明周最陳軫昭滑樓緩翟景蘇厲樂毅之徒。通其意。吳起孫臏帶佗兒良王廖田忌廉頗趙奢之朋。制其兵。常以十倍之地。百萬之衆。叩關而攻秦。秦人開關延敵。九國之師。逡巡遁逃而不敢進。秦無亡矢遺鏃之費。而天下諸侯已困矣。於是從散約解。爭割地而奉秦。秦有餘力而制其敝。追亡逐北。伏尸百萬。流血漂鹵。因利乘便。宰割天下。分裂河山。彊國請服。弱國入朝。延及孝文王莊襄王。享國日淺。國家無事。及至秦王。續六世之餘烈。振長策而御宇內。吞二周而亡諸侯。履至尊而制六合。執棰拊以鞭笞天下。威振四海。南取百越之地。以爲桂林象郡。百越之君。俛首係頸。委命下吏。乃使蒙恬北築長城而守藩籬。却匈奴七百餘里。胡人不敢南下而牧馬。士不敢彎弓而報怨。於是廢先王之道。焚百家之言。以愚黔首。隳名城。殺豪俊。收天下之兵。聚之咸陽。銷鋒鑄鐻。以爲金人十二。以弱黔首之民。然後斬華爲城。因河爲津。據億丈之城。臨不測之谿。以爲固。良將勁弩。守要害之處。信臣精卒。

陳利兵而誰何。天下以定。秦王之心。自以爲關中之固。金城千里。子孫帝王萬世之業也。秦王既沒。餘威振於殊俗。陳涉甕牖繩樞之子。甿隸之人。而遷徙之徒。才能不及中人。非有仲尼墨翟之賢。陶朱猗頓之富。躡足行伍之間。而倔起什伯之中。率罷散之卒。將數百之衆。而轉攻秦。斬木爲兵。揭竿爲旗。天下雲集響應。贏糧而景從。山東豪俊。遂並起而亡秦族矣。且夫天下非小弱也。雍州之地。殽函之固。自若也。陳涉之位。非尊於齊楚燕趙韓魏宋衛中山之君。鉏櫌棘矜。非銛於句戟長鎩也。適戍之衆。非抗於九國之師。深謀遠慮。行軍用兵之道。非及鄉時之士也。然而成敗異變。功業相反也。試使山東之國。與陳涉度長絜大。比權量力。則不可同年而語矣。然秦以區區之地。千乘之權。招八州而朝同列。百有餘年矣。然後以六合爲家。殽函爲宮。一夫作難。而七廟隳。身死人手。爲天下笑者何也。仁義不施。而攻守之勢異也。（第二篇起）秦幷海內。兼諸侯。南面稱帝。以養四海。天下之士。斐然鄉風。若是者何也。曰。近古之無王者久矣。周室卑微。五霸既歿。令不行於天下。是以諸侯力政。彊侵弱。衆暴寡。兵革不休。士民罷敝。今秦南面而王天下。是上有天子也。既元元之民。冀得安其性命。莫不虛心而仰上。當此之時。守威定功。安危之本在於此矣。秦王懷貪鄙之心。行自奮之智。不信功臣。不親士民。廢王道。立私權。禁文書而酷刑法。先詐力而後仁義。以暴虐爲天下始。夫并兼者高詐力。安定者貴順權。此言取與守不同術也。秦離戰國而王天下。其道不易。其政不改。是其所以取之守之者異也。孤獨而有之。故其亡可立而待。借使秦王計上世之事。並殷周之迹。以制御其政。後雖有淫驕之主。而未有傾危之患也。故三王之建天下。名號顯美。功業長久。今秦二世立。天下莫不引領而觀其政。夫寒者利裋褐。而饑者甘糟糠。天下之嗷嗷。新主之資也。此言勞民之易爲仁也。鄉使二世有庸主之行。而任忠賢。臣主一心。而憂海內之患。縞素而正先帝之過。表地分民。以封功臣之後。建國立君。以禮天下。虛囹圄而免刑戮。除去收帑汙穢之罪。使各返其鄉里。發倉廩。散財幣。以振孤獨窮困之士。輕賦少事。以佐百姓之急。約法省刑。以持其後。使天下之人皆得自新。更節修行。各慎其身。塞萬民之望。而以威德與天下。天下集矣。卽四海之內。皆讙然各自安樂其處。唯恐有變。雖有狡猾之民。無離上之心。則不軌之臣。無以飾其智。而暴亂之奸止矣。二世不行此術。而重之以無道。壞宗廟。與民更始作阿房宮。繁刑嚴誅。吏治刻深。賞罰不當。賦斂無度。天下多事。吏弗能紀。百姓困窮而主弗收恤。然後姦僞並起。而上下相遁。蒙罪者衆。刑戮相望於道。而天下苦之。自君卿以下至于衆庶。人懷自危之心。親處窮苦之實。咸不安其位。故易動也。是以陳涉不用湯武之賢。不藉公侯之尊。奮臂於大澤而天下嚮應者。其民危也。故先王見始終之變。知存亡之機。是以牧民之道。務在安之而已。天下雖有逆行之臣。必無嚮應之助矣。故曰安民可與行義。而危民易與爲非。此之謂也。貴爲天子。富有天下。身不免於戮殺者。正傾非也。是二世之過也

襄公立。享國十二年。初爲西畤。葬西垂。生文公。文公立。居西垂宮。五十年。死葬西垂。生靜公。靜公不享國而死。生憲公。憲公享國十二年。居西新邑。死葬衙。生武公德公出子。出子享國六年。居西陵。庶長弗忌威累參父三人率賊賊出子鄙衍。葬衙。武公立。武公享國二十年。居平陽封宮。葬宣陽聚東南。三庶長伏其罪。德公立。德公享國二年。居雍大鄭宮。生宣公成公繆公。葬陽。初伏以御蠱。宣公享國十二年。居陽宮。葬陽。初志閏月。成公享國四年。居雍之宮。葬陽。齊伐山戎孤竹。繆公享國三十九年。天

子致霸。葬雍。繆公學著人。生康公。康公饗國十二年。居雍高寢。葬竘社。生共公。共公饗國五年。居雍高寢。葬康公南。生桓公。桓公饗國二十七年。居雍太寢。葬義里丘北。生景公。景公饗國四十年。居雍高寢。葬丘里南。生畢公。畢公饗國三十六年。葬居里北。生夷公。夷公不饗國。死。葬左宮。生惠公。惠公饗國十年。葬車里康景。生悼公。悼公饗國十五年。葬僖公西。城雍。生剌龔公。剌龔公饗國三十四年。葬入里。生躁公。懷公。其十年。彗星見。躁公饗國十四年。居受寢。葬悼公南。其元年。彗星見。懷公從晉來。饗國四年。葬櫟圉氏。生靈公。諸臣圍懷公。懷公自殺。肅靈公。昭子子也。居涇陽。饗國十年。葬悼公西。生簡公。簡公從晉來。饗國十五年。葬僖公西。生惠公。其七年。百姓初帶劍。惠公饗國十三年。葬陵圉。生出公。出公饗國二年。出公自殺。葬雍。獻公饗國二十三年。葬嚻圉。生孝公。孝公饗國二十四年。葬弟圉。生惠文王。其十三年。始都咸陽。惠文王饗國二十七年。葬公陵。生悼武王。悼武王饗國四年。葬永陵。昭襄王饗國五十六年。葬茝陽。生孝文王。孝文王饗國一年。葬壽陵。生莊襄王。莊襄王饗國三年。葬茝陽。生始皇帝。呂不韋相。獻公立七年。初行爲市。十年。爲戸籍相伍。孝公立十六年。時桃李冬華。惠文王生十九年而立。立二年。初行錢。有新生嬰兒曰秦且王。悼武王生十九年而立。立三年。渭水赤三日。昭襄王生十九年而立。立四年。初爲田開阡陌。孝文王生五十三年而立。莊襄王生三十二年而立。立二年。取太原地。莊襄王元年。大赦。修先王功臣。施德厚骨肉。布惠于民。東周與諸侯謀秦。秦使相國不韋誅之。盡入其國。秦不絶其祀。以陽人地賜周君。奉其祭祀。始皇饗國三十七年。葬酈邑。生二世皇帝。始皇生十三年而立。二世皇帝饗國三年。葬宜春。趙高爲丞相。安武侯。二世生十二年而立。右秦襄公至二世。六百一十歲。

孝明皇帝十七年十月十五日乙丑日。周曆已移。仁不代母。秦直其位。呂政殘虐。然以諸侯十三。幷兼天下。極情縱欲。養育宗親。三十七年。兵無所不加。制作政令。施于後王。蓋得聖人之威。河神授圖。據狼狐。蹈參伐。佐攻驅除。距之稱始皇。始皇既沒。胡亥極愚。酈山未畢。復作阿房。以遂前策。云凡所爲貴有天下者。肆意極欲。大臣至欲罷先君所爲。誅斯去疾。任用趙高。痛哉言乎。人頭畜鳴。不威不伐。惡不篤。不虛亡。距之不得留。殘虐以促期。雖居形便之國。猶不得存。子嬰度次得嗣。冠玉冠。佩華紱。車黃屋。從百司。謁七廟。小人乘非位。莫不怳忽失守。偸安日日。獨能長念却慮。父子作權。近取于戶牖之間。竟誅猾臣。爲君討賊。高死之後。賓婚未得盡相勞。餐未及下咽。酒未及濡脣。楚兵已屠關中。眞人翔霸上。素車嬰組。奉其符璽。以歸帝者。鄭伯茅旌鸞刀。嚴王退舍。河決不可復壅。魚爛不可復全。賈誼司馬遷曰。向使嬰有庸主之才。僅得中佐。山東雖亂。秦之地可全而有。宗廟之祀未當絕也。秦之積衰。天下土崩瓦解。雖有周旦之材。無所復陳其巧。而以責一日之孤。誤哉。俗傳秦始皇起罪惡。胡亥極。得其理矣。復責小子。云秦地可全。所謂不通時變者也。紀季以酅。春秋不名。吾讀秦紀。至于子嬰車裂趙高。未嘗不健其決。憐其志。嬰死生之義備矣。

編年序事固本紀體而中間繆毒反叛處并天下後改制易服處置酒咸陽宮處作阿房處盧生說始皇處陳涉起兵後與趙高夾序處俱極精神○紀中載諸詔書石刻奏辭俱極古雅渾樸足爲篇中生色○秦始皇爲人性情篇中不序前借尉繚後借盧生口中補出尤爲神妙○太史公以賈生推言一句全載過秦三論另是一格其先載第三篇者論始皇興衰應贊中始皇自以爲三句次載第一篇者論秦之先公應贊中興邑于西垂等句末載第二篇者總論其大勢歸到二世結其三論文法另有批本茲不具○後襄公立一段不過載諸公生卒葬地想係秦紀偶編于此不足重輕而孝明一段傳係班固之論久附于末故不去也

項羽本紀

項籍者下相人也、字羽、初起時、年二十四。一其季父項梁。梁父卽楚將項燕。爲秦將王翦所戮者也。一（項籍項梁並提以下互序）項氏世世爲楚將。（立義帝之案）封於項。故姓項氏。一（雙頂項籍）（項梁此下單承項籍）項籍少時、學書不成（句）去（句）學劍又不成。項梁怒之。籍曰、書（句）足以記名姓而已（句）劍（句）一人敵不足學。學萬人敵。於是項梁乃敎籍兵法。籍大喜。略知其意。又不肯竟學。一（頓住以下單序項梁）項梁嘗有櫟陽逮。乃請蘄獄掾曹咎書（伏）抵櫟陽獄掾司馬欣（伏）以故事得已。一項梁殺人。與籍避讎於吳中。吳中賢士大夫皆出項梁下。每吳中有大繇役及喪。項梁常爲主辦。陰以兵法部勒賓客及子弟。以是知其能。一（吳中賢士大夫吳中子弟此舉事之資也〇以下又單序項籍）秦始皇帝游會稽。渡浙江。梁與籍俱觀。籍曰、彼可取而代也。梁掩其口曰、毋妄言。族矣。梁以此奇籍。一籍長八尺餘。力能扛鼎。才氣過人。雖吳中子弟皆已憚籍矣。（忽於此序出籍之才力亦從奇籍二字帶下〇以上極寫梁籍處語雖不多而神采煥發）秦二世元年七月、陳涉等起大澤中。（以下入事梁與籍合序）其九月、會稽守通（殷通）謂梁曰、江西皆反。此亦天亡秦之時也。吾聞先卽制人。後則爲人所制。吾欲發兵。使公及桓楚將。（又折出一事）是時桓楚亡在澤中梁曰桓楚亡人莫知其處獨籍知之耳梁乃出誡籍持劍居外待梁復入與守坐曰請召籍使受命召桓楚守曰諾梁召籍入（序事曲折詳盡）須臾梁眴籍曰可行矣於是籍遂拔劍斬守頭項梁持守頭佩其印綬門下大驚擾亂籍所擊殺數十百人一府中皆慴伏莫敢起（皆慴服足矣又加莫敢起三字一時慴伏神情乃見）梁乃召故所知豪吏諭以所爲起大事遂舉吳中兵使人收下縣得精兵八千人梁部署吳中豪傑爲校尉候司馬（所知豪吏及吳中豪傑吳中兵應吳中賢士大夫吳中子弟）有一人不得用自言於梁梁曰前時某喪使公主某事不能辦以此不任用公（應部勒知其能）衆乃皆服（皆慴服皆已憚籍衆乃皆服照應成文）於是梁爲會稽守（接法）籍爲裨將狥下縣—廣陵人召平（忽分出一頭是召平狥廣陵）於是爲陳王狥廣陵未能下聞陳王敗走秦兵又且至乃渡江矯陳王命拜梁爲楚王上柱國（召平與項梁合）曰江東已定急引兵西擊秦項梁乃以八千人渡江而西—（自此一路往西擊秦篇中東西二字是眼目）聞陳嬰已下東陽（又分出一頭是陳嬰下東陽）使使與連和俱西陳嬰者故東陽令史居縣中素信謹稱爲長者東陽少年殺其令相聚數千人欲置長無適用乃請陳嬰嬰謝不能遂彊立嬰爲長縣中從者得二萬人少年欲立嬰便爲王（便字妙爲王如此之易極寫一時草草）異軍倉頭特

起。（六字疑有脫悞諸解恐未確）陳嬰母謂嬰曰。自我爲汝家婦。未嘗聞汝先古之有貴者。今暴得大名不祥。不如有所屬。事成猶得封侯。事敗易以亡。非世所指名也。嬰乃不敢爲王。謂其軍吏曰。項氏世世將家。有名於楚。今欲舉大事。將非其人不可。（陳嬰與項梁合）我倚名族。亡秦必矣。於是衆從其言。以兵屬項梁。—項梁渡淮。黥布蒲將軍亦以兵屬焉。（黥布蒲將事省）軍凡六七萬人。（初八千今六七萬）軍下邳。—當是時。秦嘉已立景駒爲楚王。（又分出一頭是秦嘉立景駒）軍彭城東。欲距項梁。項梁謂軍吏曰。陳王先首事。戰不利。未聞所在。今秦嘉倍陳王而立景駒。逆無道。乃進兵擊秦嘉。（秦嘉與項梁事合）秦嘉軍敗走。追之至胡陵。嘉還戰一日。嘉死。軍降。景駒走死梁地。—項梁已并秦嘉軍。（直接）軍胡陵。將引軍而西。章邯軍至栗。項梁使別將朱鷄石餘樊君與戰。餘樊君死。朱鷄石軍敗。亡走胡陵。（項梁軍胡陵也）項梁乃引兵入薛。誅鷄石。—項梁前使項羽別攻襄城。襄城堅守不下。已拔。皆阬之。還報項梁。—（上二節項梁項羽分序）項梁聞陳王定死。（應上聞陳王敗未聞所在遙接）召諸別將會薛計事。此時沛公亦起沛。往焉。—（沛公乘便一句卽插入〇沛公項羽合）居鄛人范增。（又分出一頭范增好奇計）是年七十。素居家。好奇計。往說項梁曰。陳勝敗固當。夫秦滅六國。楚最無罪。自懷王入秦不返。楚人

憐之至今。故楚南公曰楚雖三戶。亡秦必楚也。今陳勝首事不立楚後而自立其勢
不長。今君起江東。楚蠭起之將。皆爭附君者。以君世世楚將。爲能復立楚之後也。於
是項梁然其言。范增與項梁合乃求楚懷王孫心民間爲人牧羊。立以爲楚懷王。孫冒祖號生襲死謚
寫一時草草可笑從。民。所。望。也。以見非項氏本意陳嬰爲楚上柱國。封五縣。與懷王都盱台。項梁自
號爲武信君。一居數月。引兵攻亢父。與齊田榮。又分出一頭是田榮起齊其前事不序司馬龍且軍救
東阿。大破秦軍於東阿。田榮卽引兵歸。逐其王假。假亡走楚。假相田角亡走趙。角弟
田閒故齊將。居趙不敢歸。田榮立田儋子市爲齊王。帶序齊事項梁已破東阿下軍。接閒遂
追秦軍。數使使趣齊兵。欲與俱西。田榮與項梁事合田榮曰。楚殺田假。趙殺田角田閒。乃發
兵。項梁曰。田假爲與國之王。窮來從我。不忍殺之。趙亦不殺田角田閒以市於齊。齊
遂不肯發兵助楚。一項梁使沛公及項羽別攻城陽。沛公項羽合屠之。西破秦軍濮陽東。
秦兵收入濮陽。沛公項羽乃攻定陶。定陶未下。句去。句西略地至雝丘。大破秦軍。斬
李由。還攻外黃。外黃未下。一又別序項羽時項羽尙在外黃未去項梁起東阿。閒接東阿事西北至定陶。再
破秦軍。此下單序項梁項羽等又斬李由。又點一句是項梁心上事益輕秦有驕色。宋義乃諫項梁曰。戰

勝而將驕卒惰者敗。今卒少惰矣。（本言將驕諱而言卒辭令之妙）秦兵日益。臣爲君畏之。（又忽插一宋義筆墨便捷）項梁弗聽。乃使宋義使於齊。道遇齊使者高陵君顯。（又插一高陵君遙遙伏脈）曰公將見武信君乎。曰然。曰臣論武信君軍必敗。公徐行則免死。疾行則及禍。秦果悉起兵益章邯。（應秦兵日益）擊楚軍。大破之定陶。項梁死。—（完項梁事前以項梁作主項羽附序分序此後乃主項羽）沛公項羽去外黃。（不問接向攻外黃不在定陶也）攻陳留。陳留堅守不能下。沛公項羽相與謀曰今項梁軍破士卒恐。乃與呂臣軍俱引兵而東。（一路向西引而東暫也以兵敗而退）呂臣軍彭城東。項羽軍彭城西。沛公軍碭。—（頓住）章邯已破項梁軍。（提句下雙接一接章邯擊趙一接懷王并軍）則以爲楚地兵不足憂。乃渡河擊趙。大破之。當此時。（百忙中又分出一頭序趙事）趙歇爲王。陳餘爲將。張耳爲相。皆走入鉅鹿城。章邯令王離涉閒圍鉅鹿。章邯軍其南。築甬道而輸之粟。陳餘爲將。將卒數萬人而軍鉅鹿之北。此所謂河北之軍也。—楚兵已破於定陶。（又提一句接懷王并軍）懷王恐。從盱台之彭城。并項羽呂臣軍自將之。以呂臣爲司徒。以其父呂靑爲令尹。以沛公爲碭郡長。封爲武安侯。將碭郡兵。—（頓住）初宋義所遇齊使者高陵君顯。（遙接宋義）在楚軍。見楚王曰宋義論武信君之軍必敗。居數日。軍果敗。兵未戰而先見敗徵。此可謂知兵矣。王召宋義與計事而大說之。因置以爲上將軍。項羽爲魯公。爲次將。范增爲末將。救趙。突出救趙二字間接圍鉅鹿後乃序救趙事奇文 諸別將皆屬宋義。號爲卿子冠軍。行至安陽。留四十六日不進。項羽曰。吾聞秦軍圍趙王鉅鹿。疾引兵渡河。楚擊其外。趙應其內。破秦軍必矣。宋義曰。不然。夫搏牛之蝱。不可以破蟣蝨。言欲破秦者不可以救趙挫其鋒也 今秦攻趙。戰勝則兵罷。我承其敝。不勝。則我引兵鼓行而西。必舉秦矣。故不如先鬬秦趙。夫被堅執銳。義不如公。坐而運策。公不如義。只此住寫得驕恣不堪 因下令軍中曰。猛如虎。狠如羊。貪如狼。彊不可使者。皆斬之。接手又下一令使人不堪之極然令語自奇爲項羽先留一像贊 乃遣其子宋襄相齊。身送之至無鹽。飲酒高會。天寒大雨。士卒凍饑。寫宋義不堪 項羽曰。項羽不答宋義而序於高會之下蓋一腔怨憤皆猶耐住至此便難耐也 將僇力而攻秦。久留不行。今歲饑民貧。士卒食芋菽。漢書作半菽 軍無見糧。前士卒凍饑天寒大凍雨止說得凍字此又找饑字一字之間何可輕放不及悉舉幸讀者詳之 乃飲酒高會。不引兵渡河。因趙食。與趙併力攻秦。乃曰承其敝。一轉 夫以秦之彊。攻新造之趙。其勢必舉趙。趙舉而秦彊。何敝之承。二轉 且國兵新破。王坐不安席。埽境內而專屬於將軍。國家安危。在此一舉。三轉 今不恤士卒而狥其私。非社稷之臣。詞氣侃侃可使宋義無詞 項羽晨朝上將軍宋義。又寫一句正名定分 卽其帳中。

斬宋義頭出令軍中（應前令軍中）曰宋義與齊謀反楚楚王陰令羽誅之（此時猶推戴楚王）當是
時諸將（諸別將屬宋義也）皆慴服莫敢枝梧（與前莫敢起同）皆曰首立楚者將軍家也今將軍誅亂
（只一句妙絕想當時誅亂之下所以立羽者必更有辭因匆匆中只聽得此一句下雖有言不及盡不及聽矣○只說立楚誅亂並不言楚王明知其不然也）乃相
與共立羽爲假上將軍（假字猶有楚王）使人追宋義子及之齊殺之使桓楚報命於
懷王懷王因使項羽爲上將軍當陽君蒲將軍皆屬項羽一（楚王遣沛公并羽軍置宋義亦能有爲自此則
項羽日彊懷王失勢以至於亡）項羽已殺卿子冠軍（先提一句）威震楚國名聞諸侯（又贊兩句）乃遣當陽君蒲
將軍將卒二萬渡河救鉅鹿（下有一篇大文先出兩句作引）戰少利陳餘復請兵項羽乃悉引兵渡
河（自此復一路向西）皆沈船破釜甑燒廬舍持三日糧以示士卒必死無一還心於是至則
圍王離與秦軍遇九戰絕其甬道（應築甬道輸粟）大破之殺蘇角虜王離涉間不肯降自燒
殺（正忙時忽截住於空處總寫四面俱動）當是時楚兵冠諸侯（又提一句）諸侯軍救鉅鹿下者十餘壁莫敢
縱兵（一層）及楚擊秦諸將皆從壁上觀（二層）楚戰士無不一以當十楚兵呼聲動天（三層）諸
侯軍無不人人惴恐（四層○一面寫楚兵一面寫諸軍分作四層逐層寫來方爲盡致）於是已破秦軍（又總一句）項羽召
見諸侯將入轅門無不膝行而前莫敢仰視（又寫諸侯將一句以上兩莫敢三無不淋漓頓挫妙甚）項羽由是

始爲諸侯上將軍。諸侯皆屬焉。一又總收一句應上三提　章邯軍棘原。項羽軍漳南。相持未戰。一語頓住接入。章邯事　秦軍數卻。二世使人讓章邯。章邯恐。使長史欣請事。至咸陽。留司馬門三日。趙高不見。有不信之心。長史欣恐。還走其軍。不敢出故道。趙高果使人追之。不及。欣至軍。報曰。趙高用事於中。下無可爲者。今戰能勝。高必嫉妒吾功。戰不能勝。不免於死。願將軍孰計之。陳餘亦遺章邯書曰。章邯事後即接陳餘一書情事適奏　白起爲秦將。南征鄢郢。北阬馬服。攻城畧地。不可勝計。而竟賜死。蒙恬爲秦將。北逐戎人。開榆中地數千里。竟斬陽周。何者。功多。秦不能盡封。因以法誅之。有功尚然況無功乎　今將軍爲秦將三歲矣。所亡失以十萬數。而諸侯並起滋益多。彼趙高素諛日久。今事急。亦恐二世誅之。故欲以法誅將軍。以塞責。使人更代將軍。以脫其禍。夫將軍居外久。多內卻。有功亦誅。無功亦誅。又說趙高句句是章邯心上語句句是司馬欣口中語寫得章邯心動　且天之亡秦。無愚智皆知之。今將軍內不能直諫。外爲亡國將。孤特獨立而欲常存。豈不哀哉。將軍何不還兵與諸侯爲從。約共攻秦。分王其地。南面稱孤。此孰與身伏鈇質。妻子爲僇乎。章邯狐疑。一頓　陰使侯始成。使項羽。欲約。約未成。又一頓　項羽使蒲將軍日夜引兵渡三戶。三戶亡秦之讖　軍漳南。

與秦戰再破之項羽悉引兵擊秦軍汙水上大破之章邯使人見項羽欲約項羽召軍吏謀曰糧少欲聽其約軍吏皆曰善項羽乃與期洹水南殷墟上已盟章邯見項羽而流涕爲言趙高 流涕二字寫羞慚在此驁鈍亦在此爲言趙高即司馬欣陳餘所云也 項羽乃立章邯爲雍王置楚軍中使長史欣爲上將軍將秦軍爲前行一到新安 前破秦一段奇妙今伐秦必更有一段奇妙文字乃又插入阬卒一事而畧定秦地函谷守關只一句點以成奇觀 諸侯吏卒異時故繇使屯戍過秦中秦中吏卒遇之多無狀及秦軍降諸侯諸侯吏卒乘勝多奴虜使之輕折辱秦吏卒 疊一句 秦吏卒多竊言曰章將軍等詐吾屬降諸侯今能入關破秦大善即不能諸侯虜吾屬而東秦必盡誅吾父母妻子諸將微聞其計以告項羽項羽乃召黥布蒲將軍計曰秦吏卒尚衆其心不服至關中不聽事必危不如擊殺之而獨與章邯長史欣都尉翳入秦於是楚軍夜擊阬秦卒二十餘萬人新安城南行畧定秦地函谷關有兵守關不得入 只一句省盡頓精神寫鴻門一段也 又聞沛公已破咸陽項羽大怒 沛公項羽至此分 使當陽君等擊關項羽遂入至於戲西沛公軍霸上未得與項羽相見 先提一句 沛公左司馬曹無傷使人言於項羽曰沛公欲王關中使子嬰爲相珍寶盡有之項羽大怒曰旦日享士卒爲擊

破沛公軍又提一句危急之甚當是時項羽兵四十萬在新豐鴻門沛公兵十萬在霸上又提兩句校兵力是萬萬不敵者正寫危急范增說項羽曰沛公居山東時貪於財貨好美姬今入關財物無所取婦女無所幸此其志不在小吾令人望其氣皆爲龍虎成五采此天子氣也急擊勿失又添范增一促若必不可解者下乃徐徐颺入項伯用多少層疊楚左尹項伯者項羽季父也項梁配素善留侯張良張良是時從沛公項伯乃夜馳之沛公軍私見張良具告以事欲呼張良與俱去曰毋從俱死也張良曰臣爲韓王送沛公沛公今事有急亡去不義不可不語良乃入具告沛公沛公大驚曰爲之奈何張良曰誰爲大王爲此計者一邊驚惶一邊埋怨寫得十分危急其妙乃爾曰鯫生說我曰距關毋內諸侯秦地可盡王也故聽之良曰料大王士卒足以當項王乎四十萬十萬前已提明沛公默然曰固不如也且爲之奈何兩爲之奈何寫惶急之甚張良曰請往謂項伯言沛公不敢背項王也沛公曰君安與項伯有故張良曰秦時與臣游項伯殺人臣活之今事有急故幸來告良素善留侯至此說明沛公曰孰與君少長良曰長於臣沛公曰君爲我呼入吾得兄事之正急時說閒話非閒話也正寫其惶急之態張良出要項伯項伯卽入見沛公沛公奉卮酒爲壽約爲婚姻曰吾入關秋毫不敢有所近籍吏民封

府庫。而待將軍。所以遣將守關者。備他盜之出入與非常也。情事已盡 日夜望將軍至。豈
敢反乎。接一句足見其急 願伯具言臣之不敢倍德也。又叮嚀一句足見其急 項伯許諾。謂沛公曰。旦
日不可不蚤自來謝項王。沛公曰諾。於是項伯復夜去。至軍中。具以沛公言報項王。
因言曰。沛公不先破關中。公豈敢入乎。今人有大功而擊之。不義也。不如因善遇之。
項王許諾。沛公旦日從百餘騎來見項王。旦日享士夜馳旦日自謝夜去旦日見項王一夜一旦序得歷歷 至鴻門。
謝曰。臣與將軍僇力而攻秦。將軍戰河北。臣戰河南。然不自意能先入關破秦。得復
見將軍於此。今者有小人之言。令將軍與臣有郤。一件驚天動地事數語說得雪淡若無意於此者故項羽死心塌地
曰籍何以至此也辭令之妙 項王曰。此沛公左司馬曹無傷言之。不然。籍何以至此。項王卽日。旦日
餘波 因留沛公與飲。項王項伯東嚮坐。是時東嚮爲尊見項王自大 亞父南嚮坐。亞父者。范增也。從未
有亞父字故注一筆然亦變法 沛公北嚮坐。張良西嚮侍。蓋項王上坐沛公客居右亞父陪居左是時尙右也張良侍朝上侍亦坐也下噲從
良坐可見四面楚楚如畫 范增數目項王。舉所佩玉玦以示之者三。項王默然不應。范增起出召
項莊謂曰。君王爲人不忍。若入前爲壽。壽畢。請以劍舞。因擊沛公於坐。殺之。不者。若
屬皆且爲所虜。莊則入爲壽。則字寫得快捷 壽畢曰。君王與沛公飲。軍中無以爲樂。請以劍

舞項王曰諾項莊拔劍起舞項伯亦拔劍起舞常以身翼蔽沛公莊不得擊於是張良至軍門見樊噲樊噲曰今日之事何如（噲先問妙寫得顒望急切）良曰甚急今者項莊拔劍舞其意常在沛公也噲曰此迫矣臣請入與之同命噲卽帶劍擁盾入軍門交戟之衞士欲止不內樊噲側其盾以撞衞士仆地噲遂入披帷西嚮立（向項王立良後也）瞋目視項王頭髮上指目眥盡裂（此段寫樊噲神色如生）項王按劍而跽曰客何爲者（寫項羽心驚）張良曰沛公之參乘樊噲者也（者者也句調矯健）項王曰壯士（只二字妙寫項王心折）賜之巵酒則與斗巵酒噲拜謝起立而飲之項王曰賜之彘肩則與一生彘肩（兩則字以但字解輕也）樊噲覆其盾於地加彘肩上拔劍切而啗之（寫樊噲神色俱動）項王曰壯士（兩壯士寫項王心折）能復飲乎樊噲曰臣死且不避巵酒安足辭（一路設色至此緊接入）夫秦王有虎狼之心殺人如不能舉刑人如恐不勝天下皆叛之懷王與諸將約曰先破秦入咸陽者王之今沛公先破秦入咸陽毫毛不敢有所近封閉宮室還軍霸上以待大王來故遣將守關者備他盜出入與非常也（此數語對項伯言之對項王未言也反從樊噲口中補出文情之妙）勞苦而功高如此未有封侯之賞而聽細說欲誅有功之人此亡秦之續耳（應前秦字）竊爲大王不取也項王未有以應（一片至理眞令項王無辭）

曰坐（前兩壯士字此一坐字別無他言寫項王心折之極）樊噲從良坐（前從良立此從良坐亦西向也）坐須臾沛公起如厠因招樊噲出沛公已出項王使都尉陳平召沛公沛公曰今者出未辭也爲之奈何樊噲曰大行不顧細謹大禮不辭小讓如今人方爲刀俎我爲魚肉何辭爲（妙語）於是遂去乃令張良留謝良問曰大王來何操曰我持白璧一雙欲獻項王玉斗一雙欲與亞父會其怒不敢獻公爲我獻之（寫一時匆匆情景神似）張良曰謹諾當是時項王軍在鴻門下沛公軍在霸上相去四十里（又提一句點出四十里關鎖前後）沛公則置車騎（應完從百餘騎此則字作且字解忙也）脫身獨騎與樊噲夏侯嬰靳彊紀信等四人持劍盾（應劍盾）步走從酈山下道芷陽間行沛公謂張良曰從此道至吾軍不過二十里耳度我至軍中公乃入（前點四十里爲此故耳安頓之妙）沛公已去間至軍中（一騎四步如風而行頃刻間耳）張良入謝曰沛公不勝桮杓不能辭謹使臣良奉白璧一雙再拜獻大王足下玉斗一雙再拜奉大將軍足下項王曰沛公安在良曰聞大王有意督過之脫身獨去已至軍矣項王則受璧置之坐上（此則字作就字解直也多少則字字不同用字之妙偶爲拈出餘不及悉）亞父受玉斗置之地（與坐上照）拔劍撞而破之曰唉豎子不足與謀奪項王天下者必沛公也吾屬今爲之虜矣（應若屬且爲所虜）沛公至軍立誅殺

曹無傷。一居數日。項羽引兵西屠咸陽。殺秦降王子嬰。燒秦宮室。火三月不滅。收其貨寶婦女而東。應婦女無幸財貨無取幷封府庫待將軍〇自此東歸人或說項王曰。關中阻山河四塞。東函谷關南武關西散關北蕭關地肥饒。可都以霸。項王見秦宮室皆以燒殘破。又心懷思欲東歸。曰。富貴不歸故鄉。如衣繡夜行。誰知之者。說者曰。人言楚人沐猴猴名而冠耳。果然。項王聞之烹說者一項王使人致命懷王。懷王曰。如約。乃尊懷王為義帝。項王欲自王。先王諸將相。點一句項羽心事謂曰。天下初發難時。假立諸侯後以伐秦。然身被堅執銳首事。暴露於野三年。滅秦定天下者。皆將相諸君與籍之力也。義帝雖無功。故當分其地而王之。諸將皆曰善。乃分天下。立諸將為侯王。項王范增疑沛公之有天下。業已講解。又惡負約。恐諸侯叛之。寫項羽心事四句四層添出范增其主謀也乃陰謀曰。巴蜀道險。秦之遷人皆居蜀。乃曰。巴蜀亦關中地也。兩乃曰寫陰謀心口商度之詞妙故立沛公為漢王。王巴蜀漢中。都南鄭。而三分關中。而字接上為漢王也王秦降將以距塞漢王。項王乃立章邯為雍王。王咸陽以西。都廢丘。新長史欣者。故為櫟陽獄掾。嘗有德於項梁。都尉董翳者。本勸章邯降楚。欣翳獨雙序故立司馬欣為塞王。王咸陽以東至河。都櫟陽。新立董翳為翟王。王上郡。都高奴。新 徙。魏王豹爲西魏王。王河東。都平陽。舊 瑕丘申陽者。張耳嬖臣也。先下河南郡。迎楚河上。故。立申陽爲河南王。都洛陽。新 韓王成。因故都。都陽翟。舊 趙將司馬卬定河內。數有功。故立卬爲殷王。王河內。都朝歌。新 徙。趙王歇爲代王。舊 趙相張耳素賢。又從入關。故。立耳爲常山王。王趙地。都襄國。新 當陽君黥布。爲楚將。常冠軍。故。立布爲九江王。都六。新 鄱君吳芮。率百越佐諸侯。又從入關。故。立芮爲衡山王。都邾。新 義帝柱國共敖。將兵擊南郡。功多。因立敖爲臨江王。都江陵。新 徙。燕王韓廣爲遼東王。舊 燕。將。臧荼從楚救趙。因從入關。故。立荼爲燕王。都薊。新 徙。齊王田市爲膠東王。舊 齊。將田都。從共救趙。因從入關。故立都爲齊王。都臨菑。新 故秦所滅齊王建孫田安。項羽方渡河救趙。田安下濟北數城。引其兵降項羽。故立安爲濟北王。都博陽。新 田榮者。數負項梁。又不肯將兵從楚擊秦。以。故。不。封。伏齊叛案 成安君陳餘。棄將印去。不從入關。然素聞其賢。有功於趙。聞其在南皮。故。因。環封三縣。伏趙叛案 番君將梅鋗。功多。故。封。十萬戶侯。項王自。立。爲西楚霸王。王九郡。都彭城。義帝先立而後序諸侯先序而後立序法極爲整齊亦極爲變化〇因立因封因其舊也餘自王自立故立乃立故不封只平序去而不平處自見〇徙趙而封張耳徙燕以封臧荼徙齊以封田都尤極不堪故兩兩相比以形容之

此作者眼目漢之元年四月。此後皆用漢之年月爲提綱諸侯罷戲下各就國。—分封事畢總結一句天下自此定矣而孰
知其不然也哉項王出之國使人徙義帝曰古之帝者地方千里必居上游乃使使徙義帝
長沙郴縣。義帝封地至此序出趣義帝行其羣臣稍稍背叛之乃陰令衡山吳芮臨江王。柱國共敖擊
殺之江中—韓王成無軍功項王不使之國與俱至彭城廢以爲侯已又殺之—臧
荼之國因逐韓廣之遼東廣弗聽荼擊殺廣無終幷王其地—分封後補出一事是臧荼幷燕田榮
聞項羽徙齊王市膠東而立齊將田都爲齊王乃大怒不肯遣齊王之膠東因以齊
反迎擊田都田都走楚齊王市畏項王乃亡之膠東就國田榮怒追擊殺之卽墨榮
因自立爲齊王而西擊殺濟北王田安幷王三齊榮與彭越將軍印令反梁地—又補
出一事是田榮反齊陳餘陰使張同夏說說齊王田榮曰項羽爲天下宰不平今盡王故王於
醜地而王其羣臣諸將善地逐其故主趙王乃北居代餘以爲不可聞大王起兵且
不聽不義願大王資餘兵請以擊常山以復趙王請以國爲扞蔽齊王許之因遣兵
之趙陳餘悉發三縣兵與齊幷力擊常山大破之張耳走歸漢陳餘迎故趙王歇於
代反之趙趙王因立陳餘爲代王—又補出一事是陳餘反趙是時漢還定三秦分封以後諸事紛紛幾與本文

隔絕故提一句斗接入而定三秦事反藏起在高祖紀中章法之妙 一項羽聞漢王皆已幷關中。且東。收歸項羽 齊趙叛之。又疊一句幷收上齊趙事。大怒。乃以故吳令鄭昌爲韓王。分封餘波 以距漢。令蕭公角等擊彭越。彭越敗蕭公角等一漢使張良狥韓。乃遺項王書曰。漢王失職。欲得關中。如約卽止。不敢東。又以齊梁反書遺項王曰。齊欲與趙幷滅楚。楚以此故無西意。而北擊齊。徵兵九江王布。布稱疾不往。使將將數千人行。項王由此怨布也一百忙中又挿一事頓住伏脈 一漢之二年冬。項羽遂北至城陽。田榮亦將兵會戰。田榮不勝。走至平原。平原民殺之。遂北燒夷齊城郭室屋。皆阬田榮降卒。係虜其老弱婦女。狥齊至北海。多所殘滅。齊人相聚而畔之。於是田榮弟田橫收齊亡卒得數萬人。反城陽。項王因留連戰未能下一又頓住疾接漢王事。春。漢因秦十月爲正朔故春在冬後 漢王部五諸侯兵。常山河南韓魏殷 凡五十六萬人。東伐楚。項王聞之。卽令諸將擊齊。而自以精兵三萬人南從魯出胡陵。四月。漢皆已入彭城。收其貨寶美人。應收秦貨寶婦女而東 日置酒高會。項王乃西從蕭。晨擊漢軍而東至彭城。日中。大破漢軍。漢軍皆走。相隨入穀泗水。殺漢卒十餘萬人。漢卒皆南走山。晨擊日中入水走山序得如畫 楚又追擊至靈壁東睢水上。漢軍卻。爲楚所擠。多殺漢卒十餘萬人。皆入睢水。睢水爲之不流。極寫項王氣勢圍漢王三匝。於是大風從西北而起。折木發屋。揚沙石。窈冥晝晦。逢迎楚軍。逢迎二字寫得風雨有意楚軍大亂。壞散。而漢王乃得與數十騎遁去。欲過沛。收家室而西。楚亦使人追之沛。取漢王家。家皆亡。不與漢王相見。漢王道逢得孝惠魯元。乃載行。楚騎追漢王。漢王急。推墮孝惠魯元車下。滕公常下收載之。滕公爲太僕御車如是者三。曰。雖急不可以驅。柰何棄之。於是遂得脫。求太公呂后不相遇。審食其從太公呂后。間行求漢王。反遇楚軍。楚軍遂與歸。報項王。項王常置軍中。一又頓住伏是時呂后兄周呂侯。呂澤爲漢將兵居下邑。又補出一事是周呂侯居下邑漢王間往從之。稍稍收其士卒。至滎陽。諸敗軍皆會。蕭何亦發關中老弱未傅悉詣滎陽。復大振。楚起於彭城。常乘勝逐北。與漢戰滎陽南京索間。漢敗楚。楚以故不能過滎陽而西。一又截住自此一路往西下雙接一接田橫分脈也一接漢王正脈也項王之救彭城。追漢王至滎陽。田橫亦得收齊。立田榮子廣爲齊王。一別將擊齊幾爲忘却乘便插入一筆漢王之敗彭城。諸侯皆復與楚而背漢。漢軍滎陽。築甬道屬之河。以取敖倉粟。漢之三年。項王數侵奪漢甬道。漢王食乏。恐。請和。割滎陽以西爲漢。項王欲聽之。歷陽侯范增曰。坐中補出亞父此處補出歷陽侯附傳必詳然穿插使人不覺漢易與耳。今釋弗取。後必

悔之項王乃與范增急圍滎陽━漢王患之乃用陳平計間項王項王使者來爲太
牢具舉欲進之見使者佯驚愕曰吾以爲亞父使者乃反項王使者（兩使者句調輕捷）更持
去以惡食食項王使者使者歸報項王項王乃疑范增與漢有私稍奪之權范增大
怒曰天下事大定矣君王自爲之願賜骸骨歸卒伍項王許之行未至彭城疽發背
而死━（便中序完范增事是附傳體）漢將紀信說漢王曰事已急矣（間接急圍滎陽）請爲王誑楚爲王（句法
奇然已詳盡）王可以間出於是漢王夜出女子滎陽東門被甲二千人楚兵四面擊之紀
信乘黃屋車傅左纛曰城中食盡漢王降楚軍皆呼萬歲漢王亦與數十騎從城西
門出走成皐（中有九江王事後補序）項王見紀信問漢王安在信曰漢王已出矣項王燒殺紀
信━（又截住）漢王使御史大夫周苛樅公魏豹守滎陽（又補出一事是周苛死節）周苛樅公謀曰反
國之王難與守城乃共殺魏豹楚下滎陽城生得周苛項王謂周苛曰爲我將我以
公爲上將軍封三萬戶周苛罵曰若不趣降漢漢今虜若若非漢敵也項王怒烹周
苛并殺樅公━漢王之出滎陽（間接）南走宛葉得九江王布行收兵復入保成皐━（此補
序出西門之後走成皐之前）漢之四年項王進兵圍成皐漢王逃獨與滕公出成皐北門渡河走

修武。從張耳韓信軍。諸將稍稍得出成皋。從漢王。楚遂拔成皋。欲西。漢使兵距之鞏。令其不得西。—是時。彭越渡河擊楚東阿。殺楚將軍薛公。又補出一事是彭越擊楚遙接上敗蕭公角事時事亂紛一手獨運而逐節寫來一絲不亂項王乃自東擊彭越。自西忽東暫也爲彭越也漢王得淮陰侯兵。欲渡河南。鄭忠說漢王。乃止壁河內。使劉賈將兵佐彭越。燒楚積聚。漢王彭越合序項王東擊破之。走彭越。漢王則引兵渡河。此則作遂字解復取成皋。軍廣武。就敖倉食。—又頓住項王已定東海。來。句西。復自東而西總提一句與漢俱臨廣武而軍。相守數月。當此時。彭越數反梁地。絕楚糧食。又插彭越項王患之。爲高俎。置太公其上。告漢王曰。今不急下。吾烹太公。漢王曰。吾與項羽俱北面受命懷王。曰約爲兄弟。約爲兄弟事補吾翁即若翁。必欲烹而翁。則幸分我一桮羹。則又作亦字解項王怒。欲殺之。項伯曰。天下事未可知。且爲天下者不顧家。雖殺之。無益。祇益禍耳。項伯前爲張良。此與漢王約爲婚姻也項王從之。—兵鈍糧絕項王爲此乃急著也已爲漢王窺破必不敢殺太公故爲大言而羽亦自止。上文明甚楚漢久相持未決。數葉以來事多文繁恐人未辨故又總提一句以見前後皆相持未決之事也丁壯苦軍旅。老弱罷轉漕。項王謂漢王曰。天下匈匈數歲者。徒以吾兩人耳。願與漢王挑戰。決雌雄。毋徒苦天下之民父子爲也。漢王笑謝曰。吾寧鬬智。不能鬬力。項王令壯士出挑。

戰。漢有善騎射者樓煩。楚挑戰三合。樓煩輙射殺之。（先寫樓煩所以反襯項羽）項王大怒。乃自被甲持戟挑戰。樓煩欲射之。項王瞋目叱之。樓煩目不敢視。手不敢發。遂走還入壁。不敢復出。（連用三不敢寫得生動）漢王使人間問之。乃項王也。漢王大驚。於是項王乃卽漢王相與臨廣武間而語。漢王數之。（畧）項王怒。欲一戰。漢王不聽。項王伏弩射中漢王。漢王傷。走入成皐。項王聞淮陰侯已舉河北。破齊趙。且欲擊楚。（又補出一事是淮陰侯舉河北）乃使龍且往擊之。淮陰侯與戰。騎將灌嬰擊之。大破楚軍。殺龍且。韓信因自立爲齊王。項王聞龍且軍破。則恐。（則又作乃字解）使盱台人武涉往說淮陰侯。淮陰侯弗聽。（不重說止寫項王窘急故畧）是時。彭越復反。下梁地。絕楚糧。（又遙接彭越千縷萬絲一毫不亂○凡三提彭越以見楚項之病根）項王乃謂海春侯大司馬曹咎等曰。謹守成皐。則漢欲挑戰。（則又作如字解）愼勿與戰。毋令得東而已。我十五日。必誅彭越。定梁地。復從將軍。乃東行。（自西復東爲彭越也）擊陳留外黃。外黃不下。數日。已降。項王怒。悉令男子年十五已上詣城東。（十五正爲十三作波）欲阬之。外黃令舍人兒年十三。往說項王曰。彭越彊劫外黃。外黃恐。故且降。待大王。大王至。又皆阬之。百姓豈有歸心。從此以東。梁地十餘城皆恐。莫肯下矣。項王然其言。乃赦外黃當阬者。東至睢

陽聞之皆爭下項王—（截任）漢果數挑楚軍戰楚軍不出（間接）使人辱之五六日大司馬
怒渡兵汜水士卒半渡漢擊之大破楚軍盡得楚國貨賂大司馬咎長史翳塞王欣
皆自剄汜水上大司馬咎者故蘄獄掾長史欣亦故櫟陽獄吏兩人嘗有德於項梁
是以項王信任之—（獄掾凡兩應分封一點見其私也此處一點見不用賢而任其私項羽之所以敗也）當是時項王在睢陽
（又接睢陽事合入）聞海春侯軍敗則引兵還（復自東歸西）漢軍方圍鍾離昧於滎陽東（補序一句簡）項
王至漢軍畏楚盡走險阻—是時漢兵盛食多項王兵疲食絕漢遣陸賈說項王請
太公項王弗聽漢王復使侯公往說項王項王乃與漢約中分天下割鴻溝以西者
爲漢鴻溝而東者爲楚項王許之（此范增之所不聽者也）卽歸漢王父母妻子軍皆呼萬歲漢
王乃封侯公爲平國君匿弗肯復見曰此天下辨士所居傾國故號爲平國君（忙中又入）
（此閒事作波）項王已約乃引兵解而東歸（自此解兵東歸項羽不復西矣）漢欲西歸張良陳平說曰漢有
天下大半（巴蜀三秦燕趙韓魏齊梁）而諸侯皆附之楚兵罷食盡此天亡楚之時也（天亡二字引起）不如
因其機而遂取之今釋弗擊此所謂養虎自遺患也漢王聽之—（良平一說對照范增）漢五年、
漢王乃追項王至陽夏南止軍與淮陰侯韓信建成侯彭越（信越方爲齊王梁王侯乃史公追敘）期會

而擊楚軍。至固陵。而信越之兵不會。楚擊漢軍。大破之。（漸近垓下又縱一筆為項羽生色）漢王復入壁。深塹而自守。謂張子房曰。諸侯不從約。爲之柰何。對曰。楚兵且破。信越未有分地。其不至固宜。君王能與共分天下。今可立致也。卽不能。事未可知也。君王能自陳以東傅海。盡與韓信。睢陽以北至穀城。以與彭越。使各自爲戰。則楚易敗也。漢王曰。善。於是乃發使者。告韓信彭越曰。幷力擊楚。楚破。自陳以東傅海與齊王。睢陽以北至穀城。與彭相國。使者至。韓信彭越皆報曰。請今進兵。韓信乃從齊往。劉賈軍從壽春並行。屠城父。至垓下。大司馬周殷叛楚。以舒屠六。舉九江兵。隨劉賈彭越。皆會垓下。（垓下再點見四路軍馬畢集氣勢洶湧）詣項王。項王軍壁垓下。兵少食盡。（兵食凡三點是項王致敗處回護項王非戰之罪或其然乎）漢軍及諸侯兵。（一句總收上漢王信越劉賈周殷等）圍之數重。夜聞漢軍四面皆楚歌。（正戰陣中忽寫漢軍歌楚王歌點綴幽細另換一種筆墨）項王乃大驚曰。漢皆已得楚乎。是何楚人之多也。項王則夜起飲帳中。有美人名虞。常幸從。駿馬名騅。常騎之。（寫得幽秀清倩非戰陣語妙）於是項王乃悲歌慷慨。自爲詩曰。力拔山兮氣蓋世。時不利兮騅不逝。騅不逝兮可柰何。虞兮虞兮柰若何。（可柰何柰若何無意義乃一腔怨憤萬種低徊地厚天高托身無所寫英雄失路之悲至此極矣○歌詞清新俊逸不作粗鹵倔强語妙）歌數闋。美人和之。項王泣數行下。寫項王如許風流絕不是喑噁叱咤氣質左右皆泣。莫能仰視。一〇又就傍人寫一筆前寫壯勇令人神飛此寫悲涼令人淚下昔所云莫敢仰視莫敢枝梧者果何在哉於是項王乃上馬騎。麾下壯士騎從者八百餘人應八千人渡江直夜潰圍南出。馳走。平明。漢軍乃覺之。令騎將灌嬰以五千騎追之。項王渡淮。騎能屬者百餘人耳。忽而百餘項王至陰陵。迷失道。問一田父。田父紿曰左。左乃陷大澤中。以故漢追及之。完直夜潰圍平明乃覺項王乃復引兵而東。至東城。乃有二十八騎。至二十八騎漢騎追者數千人。項王自度不得脫。謂其騎曰。吾起兵至今八歲矣。身七十餘戰。所當者破。所擊者服。未嘗敗北。遂霸有天下。一篇大文字必有總結此即就項羽口中結出然今卒困於此。此天之亡我。非戰之罪也。一呼今日固決死。願爲諸君決戰。必三勝之。爲諸君潰圍。斬將。刈旗。此三勝也令諸君知天亡我。非戰之罪也。又呼歷落頓挫豪憤語以三曲折寫之乃分其騎以爲四隊。四嚮。漢軍圍之數重。項王謂其騎曰。吾爲公取彼一將。令四面騎馳下。期山東爲三處。山前未點明於是項王大呼馳下。漢軍皆披靡。遂斬漢一將。斬將事亦分兩段寫中插赤泉侯間之章法是時赤泉侯。楊喜此時未封爲騎將。追項王。項王瞋目而叱之。赤泉侯人馬俱驚。辟易數里。前借樓煩此借赤泉侯反襯項羽是一樣文法與其騎會爲三處。漢軍不知項王所在。乃分軍爲三。復圍之。

項王乃馳復斬漢一都尉殺數十百人復聚其騎亡其兩騎耳乃謂其騎曰何如只兩字反寫得意之語極寫項羽豪邁騎皆伏曰如大王言君驕臣諂一倡一和極是當時口角至死未悟於是項王乃欲東渡烏江烏江亭長檥船待謂項王曰江東雖小地方千里衆數十萬人亦足王也願大王急渡今獨臣有船漢軍至無以渡項王笑曰天之亡我天亡餘波我何渡爲且籍與江東子弟八千人渡江而西直掉至篇首呼應是通篇章法今無一人還縱江東父兄應子弟憐而王我我何面目見之縱彼不言籍獨不愧於心乎作一頓躊躇四顧曲盡情景乃謂亭長曰吾知公長者吾騎此馬五歲所當無敵嘗一日行千里不忍殺之又就馬上模寫一番不知其人視其物正襯寫項羽也以賜公乃令騎皆下馬步行持短兵接戰獨籍所殺漢軍數百人項王身亦被十餘創顧見漢騎司馬呂馬童曰若非吾故人乎馬童面之解肯露面也字新指王翳曰此項王也又傍寫一筆想當時指目項王神色俱動項王乃曰吾聞漢購我頭千金邑萬戶吾爲若德乃自刎而死王翳取其頭餘騎相蹂踐爭項王相殺者數十人最其後郎中騎楊喜騎司馬呂馬童郎中呂勝楊武各得其一體五人先寫王翳後序四人小小中亦具章法五人共會其體皆是分其地爲五縣購萬戶之地也封呂馬童爲中水侯封王翳爲杜衍侯封楊喜爲赤泉侯封楊

武爲吳防侯。封呂勝爲涅陽侯。詳序作分王一段餘波可爲三嘆 項王已死。楚地皆降漢。獨魯不下。漢乃引天下兵。寫得氣勢然正以襯魯之不下也 欲屠之。爲其守禮義。爲主死節。乃持項王頭視魯魯父兄。乃降。父兄字好是守禮之國 始楚懷王初封項籍爲魯公。及其死。魯最後下。以魯事作餘波乃借魯直掉至懷王初封收盡通篇神妙乃爾。故以魯公禮葬項王穀城。漢王爲發哀。泣之而去。一約爲兄弟故邪然盛衰之感何得無之 諸項氏枝屬。漢王皆不誅。乃封項伯爲射陽侯。完項伯事 桃侯。平皐侯。玄武侯。皆項氏。賜姓劉氏。又引三侯以陪項伯

太史公曰。吾聞之周生曰。舜目蓋重瞳子。又聞項羽亦重瞳子。羽豈其苗裔邪。何興之暴也。史公論贊往往從閒處寫最爲生色極有丰神 夫秦失其政。陳涉首難。豪傑蠭起。相與並爭。不可勝數。然羽非有尺寸。乘勢起隴畝之中。三年。遂將五諸侯。齊趙韓魏燕 滅秦。分裂天下。而封王侯。政由羽出。號爲霸王。位雖不終。近古以來未嘗有也。極贊項羽 及羽背關懷楚。放逐義帝而自立。怨王侯叛已。難矣。自矜功伐。奮其私智而不師古。謂霸王之業。欲以力征經營天下。五年卒亡其國。身死東城。尚不覺悟而不自責。過矣。乃引天亡我。非用兵之罪也。豈不謬哉。一贊中五層轉折唱歎不窮而一紀之神情已盡

中華書局印行

項羽力拔山氣蓋世何等英雄何等力量太史亦以全神付之成此英雄力量之文如破秦軍處斬宋義處謝鴻門處分王諸侯處會垓下處精神筆力直透紙背靜而聽之殷殷闐闐如有百萬之軍藏於隃糜汗青之中令人神動○當時四海鼎沸時事紛紜乃操三寸之管以一手獨運豈非難事他於分封以前如召平如陳嬰如秦嘉如范增如田榮如章邯請事逐段另起一頭合到項氏百川之歸海也分封以後如田榮反齊如陳餘反趙如周呂侯居下邑如周苛殺魏豹如彭越下梁如淮陰侯舉河北逐段追序前事合到本文千山之起伏也而中間總處提處間接處遙接處多用於是當是時等字神理一片○項羽起兵伐秦是自東而西伐齊則自西而東與漢王戰又自東而西解而歸至烏江則又自西而東東西字是一篇眼目○八千人渡江而西忽化而為二萬六七萬數十萬忽化而為八百餘人百餘人二十八騎至無一人還其興也如江湧其亡也如雪消令人三嘆○項梁項伯范增是附傳蓋紀其人始并序其終者附傳法也忽然而來者插序法也餘倣此○中間帶序義帝處亦頗英武不是避賢劄席一流故堪為沛公縞素

高祖本紀

高祖沛豐邑中陽里人、姓劉氏字季父曰太公 高祖太公不著名諱也餘本紀同 母曰劉媼 其先劉媼嘗息大澤之陂夢與神遇是時雷電晦冥太公往視則見蛟龍於其上 高紀前半通敘其神異以為帝王受命之符此其一 已而有身遂產高祖 高祖為人隆準而龍顏美須髯左股有七十二黑子仁而愛人喜施意豁如也常有大度不事家人生產作業 先寫其形貌氣度是得天下之本先揚之此則少抑之句亦疎古 及壯試為吏為泗水亭長廷中吏無所不狎侮好酒及色 狎侮諸吏狀常從王媼。武負貰酒。醉臥。武負王媼。見其上常有龍。怪之。高祖每酤留飲。酒讎數倍。（神異二。或來酤。或留飲。則倍售也。作兩項解）及見怪。歲竟。此兩家常折券棄責。一高祖常繇咸陽。縱觀。觀秦皇帝。喟然太息曰。嗟乎。大丈夫當如此也。（雄渾冠冕。氣局闊大。項羽亦嘗爲此語。未免天淵）單父人呂公善沛令。避仇。從之客。因家沛焉。沛中豪傑吏。聞令有重客。皆往賀。蕭何爲主吏。主進。令諸大夫曰。進不滿千錢。坐之堂下。高祖爲亭長。素易諸吏。（應無不狎侮）乃紿爲謁曰。賀錢萬。實不持一錢。謁入。呂公大驚。（句）起。（句）迎之門。（先突作態。下乃寫明）呂公者。好相人。見高祖狀貌。因重敬之。引入坐。蕭何曰。劉季固多大言。少成事。（呂公一揚。蕭何又一抑。塵埃之中。人不易識。蕭何尙然。可爲一嘆）高祖因狎侮諸客。遂坐上坐。無所詘。（極力寫高祖氣度。已有籠蓋萬夫氣象。并應狎侮諸吏）酒闌。呂公因目固留高祖。高祖竟酒。（句）後。（句。竟酒而又後出也）呂公曰。臣少好相人。相人多矣。無如季相。願季自愛。臣有息女。願爲季箕帚妾。（不寫高祖作謙讓語。妙）酒罷。呂媼怒呂公曰。公始常欲奇此女。與貴人。沛令善公。求之不與。何自妄許與劉季。呂公曰。此非兒女子所知也。（呂公許女心事。未嘗說出。故借呂媼一跌。乃呂公終不說出。而意已明。甚妙）卒與劉季。呂公女乃呂后也。生孝惠魯元公主。（倒插一筆。一結呂公事）高祖爲亭長時。（接亭長提綱）常告歸之田。呂后與兩子居田中耨。有一老父過請飲。呂后因餔之。老父相呂后。先有一相者此又出一相者一虛一實一主一陪曰夫人天下貴人。令相兩子。見孝惠。曰夫人所以貴者。乃此男也。相魯元。亦皆貴。老父已去。高祖適從傍舍來。呂后具言客有過。相我子母皆大貴。高祖問。曰未遠。乃追及。問老父。老父曰鄉者夫人嬰兒皆似君。君相貴不可言。先呂后次兩子次魯元中作一颺乃出高祖遂段逼入小小段落中亦具如許文法高祖乃謝曰。誠如父言。不敢忘德。及高祖貴。遂不知老父處。一三神異高祖為亭長。按亭長提綱乃以竹皮為冠。令求盜之薛治之。時時冠之。及貴常冠。所謂劉氏冠乃是也。正忙中插一入閒事作致高祖以亭長按亭長提綱為縣送徒酈山。徒多道亡。自度比至皆亡之。到豐西澤中止、飲。夜乃解縱所送徒。曰公等皆去。吾亦從此逝矣。兩句寫得磊落豪邁酷似高祖氣度徒中壯士願從者十餘人。高祖被酒、夜徑澤中。令一人行前。行前者還報曰。前有大蛇當徑。願還。高祖醉。點明醉字曰。壯士行。何畏。乃前。拔劍擊斬蛇。蛇遂分為兩。徑開。蛇橫徑上既斬之後蛇分為兩負痛而豁開數尺故徑開數字亦不輕下行數里。醉、因臥。始則被酒繼則醉此則醉臥後乃覺一步不亂後人來至蛇所。行前一人後來一人相對作章法。有一老嫗夜哭。人問何哭。嫗曰人殺吾子。故哭之。人曰。嫗子何為見殺。嫗曰吾子。白帝子也。化為蛇。當道。今為赤帝子斬之。故哭。人乃以嫗為不誠。欲笞之。嫗因忽不見。神異四赤帝子白帝子不可解正以不可解為異後人至。高祖覺。後人告高祖。高祖乃心獨喜。自負。諸從者日益畏之。一先言至而後告先言覺而後喜喜而自負而從者日益畏數語中步趨不亂秦始皇帝常曰。東南有天子氣。於是因東遊以厭之。高祖即自疑。正寫其自負處亡匿。隱於芒碭山澤巖石之間。呂后與人俱求。常得之。高祖怪問之。呂后曰。季所居上常有雲氣。故從往。常得季。神異五自匿奇求得更奇天子氣奇雲氣更奇相映成文一絲不亂高祖心喜。沛中子弟或聞之。多欲附者矣。一先日益畏之後多欲附之步步緊入〇序高祖先于虛處序其瑣事俱用疑鬼疑神之筆其實一紀提綱後乃序其實事秦二世元年。以下用秦紀年紀實也秋。陳勝等起蘄。至陳而王。號為張楚。諸郡縣皆多殺其長吏以應陳涉。沛令恐。欲以沛應涉。掾主吏蕭何曹參乃曰。君為秦吏。今欲背之。率沛子弟。恐不聽。願君召諸亡在外者。可得數百人。因劫衆。衆不敢不聽。乃令樊噲召劉季。劉季之衆已數十百人矣。一結一句應前、、於是樊噲從劉季來。間一句接上沛令後悔。恐其有變。乃閉城。城守。欲誅蕭曹。蕭曹恐。踰城保劉季。劉季乃書帛射城上。謂沛父老曰。天下苦秦久矣。今父老雖為沛令守。諸侯並起。今屠沛。一段是為秦守沛令共誅令。擇子弟可立者立之。以應諸侯。則家室完。一段是背秦誅令不然。父子俱屠無為也。一又緊一句收以促之小文中亦具章法父老乃率子弟共殺沛令。開

中華書局印行

城門迎劉季欲以爲沛令劉季曰天下方擾諸侯並起今置將不善壹敗塗地吾非
敢自愛恐能薄不能完父兄子弟此大事願更相推擇可者蕭曹等皆文吏自愛恐
事不就後秦種族其家盡讓劉季又爲蕭曹補寫一筆筆力完繕諸父老皆曰平生所聞劉季諸珍
怪當貴且卜筮之莫如劉季最吉珍怪項上五段神異作一句結卜筮虛於是劉季數讓衆莫敢爲又虛
寫一筆詳乃立季爲沛公祠黃帝祭蚩尤於沛庭而釁鼓旗幟皆赤寫一時創興氣象闊大便不是草竊一流
由所殺蛇白帝子殺者赤帝子故上赤百忙中又閒找一筆結完赤帝子事於是少年豪吏如蕭曹
樊噲等間接皆爲收沛子弟二三千人攻胡陵方與還守豐秦二世二年陳涉之將
周章軍間接陳涉西至戲而還燕趙齊魏皆自立爲王項氏起吳插陳涉燕趙齊魏項氏事只略
寫是高紀體秦泗川監平將兵圍豐間接守豐事二日出與戰破之命雍齒守豐引兵之薛泗
川守壯敗於薛走至戚沛公左司馬得泗川守壯殺之完泗川守事沛公還軍亢父至
方與周市來攻方與未戰陳王使魏人周市略地周市使人謂雍齒曰豐故梁徙也
今魏地已定者數十城齒今下魏魏以齒爲侯守豐不下且屠豐雍齒雅不欲屬沛
公及魏招之卽反爲魏守豐沛公引兵攻豐不能取沛公病還之沛完守豐事頓住沛公

怨雍齒與豐子弟叛之。緊接聞東陽寗君秦嘉立景駒爲假王在留。因攻豐事生出景駒事乃往
從之欲請兵以攻豐。頓住是時秦將章邯從陳別將司馬尼。又因景駒事生出章邯將尼事枝葉遍布之妙
兵北定楚地屠相至碭東陽寗君沛公引兵西與戰蕭西不利還收兵聚留引兵攻
碭三日乃取碭因收碭兵得五六千人。從甯君欲爲攻豐之地實則止有收兵事點明攻下邑拔之還軍豐
一聞項梁在薛從騎百餘往見之項梁益沛公卒五千人五大夫將十人沛公還引
兵攻豐一始完攻豐事從項梁月餘項羽已拔襄城還項梁盡召別將居薛沛公亦在其中聞陳
王定死因立楚後懷王孫心爲楚王治盱台項梁號武信君居數月北攻亢父救東
阿破秦軍齊軍歸楚獨追北。以上俱項梁事沛公正從項梁則亦沛公事也故詳序使沛公項羽別攻城陽屠
之。以上從項梁至此分出沛公與項羽共事軍濮陽之東與秦軍戰破之秦軍復振守濮陽環水楚軍去
而攻定陶定陶未下沛公與項羽西略地至雍丘之下與秦軍戰大破之斬李由還
攻外黃外黃未下一一路戰功至此頓住下乃插項梁宋義事項梁再破秦軍有驕色宋義諫不聽秦益
章邯兵夜銜枚擊項梁大破之定陶項梁死沛公與項羽方攻陳留間接聞項梁死引
兵與呂將軍俱東呂臣軍彭城東項羽軍彭城西沛公軍碭。又頓住章邯已破項梁

軍。（間接）則以爲楚地兵不足憂。乃渡河北擊趙。大破之。當是之時。趙歇爲王。（忙中欲插入趙王故用當是之時便安放得好下同）秦將王離。圍之鉅鹿城。此所謂河北之軍也。（又頓住）秦二世三年。楚懷王見項梁軍破。（間接）恐。（句）徙盱台都彭城。并呂臣項羽軍自將之。以沛公爲碭郡長。封爲武安侯。將碭郡兵。封項羽爲長安侯。號爲魯公。呂臣爲司徒。其父呂青爲令尹。趙數請救。（間接兩事雙寫看其接換之妙）懷王乃以宋義爲上將軍。項羽爲次將。范增爲末將。北救趙。令沛公西略地入關。（項羽救趙是客沛公入關是主必點項羽者爲下破趙不歸報而入關也）與諸將約。先入定關中者王之。當是時。秦兵彊。常乘勝逐北。諸將莫利先入關。獨項羽怨秦破項梁軍。（句）奮（句）願與沛公西入關。（提項羽伏案）懷王諸老將皆曰。項羽爲人僄悍猾賊。項羽嘗攻襄城。襄城無遺類。皆阬之。諸所過無不殘滅。（此言羽之暴）且楚數進取。前陳王項梁皆敗。（此言楚之不利陳涉楚王項梁楚將也與上兩意）不如更遣長者扶義而西。告諭秦父兄。秦父兄苦其主久矣。今誠得長者往。毋侵暴。宜可下。今項羽僄悍。今不可遣。獨沛公素寬大長者。可遣。（結兩段雙收）卒不許項羽。而遣沛公西略地。收陳王項梁散卒。乃道碭至成陽。與杠里秦軍夾壁。破魏二軍。楚軍出兵擊王離。大破之。沛公引兵西。遇彭越昌邑。因與俱攻秦軍。戰不利。還至栗。遇剛武侯。奪其軍。可四千餘人。幷之。與魏將皇欣。魏申屠武蒲之軍。幷攻昌邑。昌邑未拔。—先序沛公不利所以託出酈食其 西過高陽。酈食其謂監門曰。諸將過此者多。吾視沛公大人長者。乃求見說沛公。沛公方踞牀。使兩女子洗足。酈生不拜。長揖曰。足下必欲誅無道秦。不宜踞見長者。於是沛公起。攝衣謝之。延上坐。食其說沛公襲陳留。說詞詳酈傳此不詳寫是本紀體下同 得秦積粟。乃以酈食其爲廣野君。酈商爲將。將陳留兵。與偕攻開封。開封未拔。西與秦將楊熊戰白馬。又戰曲遇東。大破之。楊熊走之滎陽。二世使使者斬以狥。插一句完楊熊事 南攻潁陽。屠之。因張良遂略韓地轘轅。—當、是、時、趙別將司馬卬。方欲渡河入關。從旁突插一句爲促沛公入關也 沛公乃北攻平陰。絕河津。南戰雒陽東。軍不利。還至陽城。收軍中馬騎。與南陽守齮戰犨東。破之。略南陽郡。南陽守齮走保城守宛。—寫一路戰爭所以托出張良陳恢爲司馬卬也 沛公引兵過而西。張良諫曰。沛公雖欲急入關。秦兵尚衆。距險。今不下宛。宛從後擊。彊秦在前。此危道也。於是沛公乃夜引兵從他道還。更旗幟。黎明。圍宛城三匝。南陽守欲自剄。其舍人陳恢曰。死未晚也。乃踰城見沛公。曰。臣聞足下約先入咸陽者王之。今足下留守宛。宛大郡之都也。連城數十人民衆積蓄多吏人自以爲降必死故皆堅守乘城今足下盡日止攻士死傷者必多引兵去宛宛必隨足下後（即應張良所云正中沛公心坎）足下前則失咸陽之約後又有彊宛之患爲足下計莫若約降封其守因使止守引其甲卒與之西諸城未下者聞聲爭開門而待足下通行無所累沛公曰善乃以宛守爲殷侯封陳恢千戶引兵西無不下者（應通行無累）至丹水高武侯鰓襄侯王陵降西陵還攻胡陽遇番君別將梅鋗與皆降析酈（二段是無不下者註脚）遣魏人甯昌使秦使者未來是時章邯已以軍降項羽於趙矣（斗插一句又疾接入項羽文法敏妙）初項羽與宋義北救趙及項羽殺宋義代爲上將軍諸將黥布皆屬破秦將王離軍降章邯諸侯皆附及趙高已殺二世使人來欲約分王關中沛公以爲詐乃用張良計使酈生陸賈往說秦將啗以利因襲攻武關破之又與秦軍戰於藍田南益張疑兵旗幟諸所過毋得掠鹵秦人憙秦軍解因大破之又戰其北大破之乘勝遂破之（破之因大破之大破之乘勝遂破之接連寫來聲勢赫奕正爲入關之地）漢元年十月（以下用漢紀年體也）沛公兵遂先諸侯至霸上（遂字直接上酈食其陳恢一段至此一收先諸侯者止應項羽司馬卬也）秦王子嬰素車白馬係頸以組封皇帝璽符節降軹道旁諸將或言誅秦王沛公曰始懷王遣我固以能

寬容。且人已服降。又殺之。不祥。乃以秦王屬吏。一以下事事寫高祖王業處處與項王對照不殺秦子嬰一遂西入咸陽。欲止宮休舍。樊噲張良諫。乃封秦重寶財物府庫。還軍霸上。一還軍霸上二召諸縣父老豪傑曰。父老苦秦苛法久矣。誹謗者族。偶語者棄市。吾與諸侯約。先入關者王之。吾當王關中。與父老約法三章耳。殺人者死。傷人及盜抵罪。餘悉除去秦法。諸吏人皆案堵如故。凡吾所以來。為父老除害。非有所侵暴。無恐。且吾所以還軍霸上。待諸侯至而定約束耳。一除秦苛法三乃使人與秦吏行縣鄉邑告諭之。秦人大喜。爭持牛羊酒食獻饗軍士。沛公又讓不受。曰倉粟多。非乏。不欲費人。人又益喜。惟恐沛公不為秦王。一一句總收上數節先言秦人喜後言秦人大喜又益喜步步緊入或說沛公曰。秦富十倍天下。地形彊。今聞章邯降項羽。項羽乃號為雍王。王關中。今則來。沛公恐不得有此。可急使兵守函谷關。無內諸侯軍。稍徵關中兵以自益。距之。沛公然其計。從之。內而秦人歸心外而發兵守關以為高祖王關中定矣孰知其不然哉此反跌法也十一月中。項羽果率諸侯兵西。欲入關。果字直從項羽怨秦欲與沛公入關及沛公遂先至遂字相應關門閉。聞沛公已定關中。大怒。使黥布等攻破函谷關。十二月中。遂至戲。沛公左司馬曹無傷。聞項王怒欲攻沛公。使人言項羽曰。沛公欲王關中。令子嬰爲相珍寶盡有之。欲以求封。亞父勸項羽擊沛公。方饗士。旦日合戰。是時。項羽兵四十萬。號百萬。沛公兵十萬。號二十萬。力不敵。先提明力不及、爲高祖出脫會項伯欲活張良。夜往見良。因以文諭項羽。項羽乃止。沛公從百餘騎。驅之鴻門。見謝項羽。項傳千言此則數語彼既不減此亦不增而情事俱盡豈非大手筆項羽曰。此沛公左司馬曹無傷言之。不然。籍何以至此。鴻門事高祖大受虧處約畧序去止一句放倒項羽不說壞高祖是本紀體沛公以樊噲張良故。得解歸。歸立誅曹無傷。一結鴻門事項羽遂西屠燒咸陽秦宮室。所過無不殘破。秦人大失望。然恐。不敢不服耳。一與前對照項羽使人還報懷王。懷王曰。如約。項羽怨懷王不肯令與沛公俱西入關。而北救趙。後天下約。長句遙接前事一幷提來乃曰。懷王者。吾家項梁所立耳。非有功伐。何以得主約。本定天下。諸將及籍也。乃佯尊懷王爲義帝。實不用其命。一正月。項羽自立爲西楚霸王。王梁楚地九郡。都彭城。負約更立沛公爲漢王。於立沛公上明著負約二字正爲沛公不平也王巴蜀漢中。都南鄭。三分關中。立秦三將章邯爲雍王。都廢丘。司馬欣爲塞王。都櫟陽。董翳爲翟王。都高奴。楚將瑕丘申陽爲河南王。都雒陽。趙將司馬卬爲殷王。都朝歌。趙王歇徙王代。趙相張耳爲常山王。都襄國。當陽君黥布爲九江王。都六。懷王柱國共敖爲臨江王。都江陵。番君吳芮爲衡山王。都邾。燕將臧荼爲燕王。都薊。故燕王韓廣。徙王遼東。廣不聽。臧荼攻殺之無終。封成安君陳餘河間三縣。居南皮。封梅鋗十萬戶。（分封事羽傳亦如此寫然羽傳是爲項羽稱快此紀是爲沛公聲屈字句如一而看去神理自是不同）四月。兵罷戲下。諸侯各就國。一漢王之國。項王使卒三萬人從。楚與諸侯之慕從者數萬人。（寫漢王得人心處只暗寫）從杜南入蝕中。去輒燒絕棧道。以備諸侯盜兵襲之。亦示項羽無東意。至南鄭。諸將及士卒多道亡歸。士卒皆歌思東歸。韓信說漢王曰。項羽王諸將之有功者。而王獨居南鄭。是遷也。軍吏士卒皆山東之人也。日夜跂而望歸。及其鋒而用之。可以有大功。天下已定。人皆自寧。不可復用。不如決策東鄉。爭權天下。一（韓信說詞亦只畧寫重本紀也忽又頓住）項羽出關。使人徙義帝。（韓信說詞未完緊接項羽失策事機適湊文機亦適湊）曰。古之帝者地方千里。必居上游。乃使使徙義帝長沙郴縣。趣義帝行。群臣稍背叛之。乃陰令衡山王臨江王擊之。殺義帝江南。一項羽怨田榮。立齊將田都爲齊王。（又橫出一事）田榮怒。因自立爲齊王。殺田都而反楚。予彭越將軍印。令反梁地。楚令蕭公角擊彭越。彭越大破之。一陳餘怨項羽之弗王已也。（又橫出一事）一令夏說說田榮。請兵擊張耳。齊予陳餘兵。擊破常山王張耳。張耳亡歸漢。迎趙王歇於代。復立爲趙王。趙王因立陳餘爲代王。項羽大怒。北擊齊。—韓信之計未成而項羽之事齊起四面紛挐。正爲韓信之地。故一齊序入八月。漢王用韓信之計。項上三節間接說詞直瀉而下所謂數節之後迎刃而解也從故道還。襲雍王章邯。邯迎擊漢陳倉。雍兵敗。還走。止戰好時。又復敗。走廢丘。漢王遂定雍地。東至咸陽。引兵圍雍王廢丘。而遣諸將畧定隴西北地上郡。令將軍薛歐。王吸出武關。因王陵兵南陽。以迎太公呂后於沛。楚聞之。發兵距之陽夏。不得前。令故吳令鄭昌爲韓王。距漢兵。—一段散序事是本紀體二年。漢王東畧地。間接上畧地事塞王欣。翟王翳。河南王申陽皆降。韓王昌不聽。接上鄭昌爲韓王距漢兵使韓信擊破之。於是置隴西北地上郡渭南河上中地郡。關外置河南郡。更立韓太尉信爲韓王。—韓王昌已破也諸將以萬人若以一郡降者。封萬戶。—插一句是漢王檄文繕治河上塞。—諸故秦苑囿園池。皆令人得田之。—正月。虜雍王弟章平。—大赦罪人。—漢王之出關至陝。撫關外父老。句還。句張耳來見。間接張耳亡歸漢漢王厚遇之。—二月。令除秦社稷。更立漢社稷。—三月。漢王從臨晉渡。魏王豹將兵從。下河內。虜殷王。置河內郡。南渡平陰津。至雒陽。—新城三老董公遮說漢王。以義帝死故。應上義帝之弑漢王聞之。袒而大哭。遂爲義帝發喪。臨三日。發使者告諸侯。曰。天下共立義帝。北面事之。今項羽放殺義帝於江南。大逆無道。寡人親爲發喪。諸侯皆縞素。悉發關內兵。收三河士。南浮江漢以下。願從諸侯王擊楚之殺義帝者。一詞雄渾而不勁刻入而不深簡淨而不佻字字精振是漢人第一篇文字是時項王北擊齊。漢王正欲發兵布告天下正匆忙時忽然放去重接入項羽章法神化田榮與戰城陽。田榮敗走平原。平原民殺之。齊皆降楚。楚因焚燒其城郭。繫虜其子女。齊人叛之。田榮弟橫立榮子廣爲齊王。項羽又生出一事齊王反楚城陽。項羽雖聞漢東。既已連齊兵。欲遂破之而擊漢。三曲折從項羽心上寫即乘便接入漢事敏妙如此漢王以故得劫五諸侯兵。遂入彭城。項羽聞之。乃引兵去齊。從魯出胡陵至蕭。與漢大戰彭城靈壁東睢水上。大破漢軍。多殺士卒。睢水爲之不流。乃取漢王父母妻子於沛。置之軍中。以爲質。一當是時。諸侯見楚彊漢敗。還皆去漢。復爲楚。塞王欣亡入楚。一百忙中又插寫諸侯塞王四筆一面照耀以取勢也呂后兄周呂侯爲漢將兵居下邑。漢王從之。稍收士卒。軍碭。漢王乃西過梁地。至虞。使謁者隨何之九江王布所。曰。公能令布舉兵叛楚。項羽必留擊之。得留數月。吾取天下必矣。隨何往說九江王布。布果背楚。楚使龍且往擊之。一忙中又復頓住漢王之敗彭城而西。行使人求家室。間接彭城及取漢王家室事家室亦亡。不相得。敗後。乃獨得孝惠。六月。立爲太子。大赦罪人。令太子守櫟陽。諸侯子在關中者。皆集櫟陽。爲衞。
引水灌廢丘。廢丘降。章邯自殺。更名廢丘爲槐里。一於是令祠官祀天地四方上帝
山川。以時祀之。一興關內卒乘塞。一是時九江王布與龍且戰。（重回筆寫英布龍且戰事筆法如龍）不
勝。與隨何間行歸漢。漢王稍收士卒。與諸將及關中卒益出。是以兵大振滎陽。破楚
京索間。（頓住）三年。魏王豹謁歸視親疾。至卽絕河津。反爲楚。漢王使酈生說豹。豹不
聽。漢王遣將軍韓信擊。大破之。鹵豹。遂定魏地。置三郡。曰河東太原上黨。一漢王乃
令張耳與韓信。遂東下井陘。擊趙。斬陳餘趙王歇。其明年。立張耳爲趙王。一漢王軍
滎陽南。（間接上大振滎陽京索之間以下重寫項羽戰事）築甬道屬之河。以取敖倉。與項羽相距歲餘。項羽
數侵奪漢甬道。漢軍乏食。遂圍漢王。漢王請和。割滎陽以西者爲漢。項王不聽。漢王
患之。乃用陳平之計。予陳平金四萬斤。以間疏楚君臣。於是項羽乃疑亞父。亞父是
時勸項羽遂下滎陽。及其見疑。乃怒辭老。願賜骸骨歸卒伍。未至彭城而死。一漢軍
絕食。（間接漢軍乏食）乃夜出女子東門二千餘人。被甲。楚因四面擊之。將軍紀信乃乘王駕。
詐爲漢王。誑楚。楚皆呼萬歲。之城東觀。以故漢王得與數十騎出西門遁。一令御史

大夫周苛魏豹樅公守滎陽。諸將卒不能從者。盡在城中。周苛樅公相謂曰。反國之王。難與守城。因殺魏豹。一漢王之出滎陽。漢王既遁內寫城中一筆即回寫漢王出滎陽一筆兩邊夾寫寫者筆不停揮讀者目不暇轉入關收兵欲復東。袁生說漢王曰。漢與楚相距滎陽數歲。漢常困。願君王出武關。項羽必引兵南走。王深壁。令滎陽成皐間且得休。使韓信等輯河北趙地。連燕齊。君王乃復走滎陽。未晚也。如此則楚所備者多。力分。漢得休。復與之戰。破楚必矣。漢王從其計。出軍宛葉間。與黥布行收兵。項羽聞漢王在宛、果引兵南。漢堅壁不與戰。一頓、住。是時彭越渡睢水。又接入彭越與項聲薛公戰下邳。彭越大破楚軍。項羽乃引兵東擊彭越。漢王亦引兵北軍成皐。一項羽已破走彭越。聞漢王復軍成皐。四句夾序雙接彭越漢王乃復引兵西拔滎陽。誅周苛樅公。而虜韓王信。遂圍成皐。漢王跳。獨與滕公共車出成皐玉門。北渡河。馳宿修武。自稱使者。晨馳入張耳韓信壁。而奪之軍。間接張耳韓信下井陘擊趙事前兩人合此下兩人分。乃使張耳北益收兵趙地。使韓信東擊齊。一漢王得韓信軍則復振。引兵臨河南。饗軍小修武南。欲復戰。上插收趙擊齊客復收入與楚戰本文郎中鄭忠乃說止漢王。使高壘深塹。勿與戰。漢王聽其計。一正欲與戰又頓住下復插下梁破齊事文如織錦使盧綰劉賈將卒二萬人騎數百渡白馬津入楚地與彭越復擊破楚軍燕郭西遂復下梁地十餘城一淮陰已受命東（間接）未渡平原漢王使酈生往說齊王田廣廣叛楚與漢和共擊項羽韓信用蒯通計遂襲破齊齊王烹酈生東走高密一項羽聞韓信已舉河北兵破齊趙且欲擊楚則使龍且周蘭往擊之韓信與戰騎將灌嬰擊大破楚軍殺龍且齊王廣犇彭越當此時彭越將兵居梁地往來苦楚兵絕其糧食一（又點彭越雙收上兩段）四年項羽乃謂海春侯大司馬曹咎曰謹守成皐若漢挑戰愼勿與戰無令得東而已我十五日必定梁地復從將軍乃行擊陳留外黃睢陽下之漢果數挑楚軍楚軍不出使人辱之五六日大司馬怒度兵汜水士卒半渡漢擊之大破楚軍盡得楚國金玉貨賂大司馬咎長史欣皆自剄汜水上項羽至睢陽聞海春侯破乃引兵還漢軍方圍鍾離昧於滎陽東項羽至盡走險阻一（兩邊正欲合時偏又頓住）韓信已破齊（又插韓信事）使人言曰齊邊楚權輕不爲假王恐不能安齊漢王欲攻之留侯曰不如因而立之使自爲守乃遣張良操印綬立韓信爲齊王一項羽聞龍且軍破則恐（因韓信插入項羽說信事何等輕便）使盱台人武涉往說韓信韓信不聽一楚漢久相持未決（又回接本文）丁壯苦軍旅老弱罷轉饟

漢王項羽相與臨廣武之間而語項羽欲與漢王獨身挑戰漢王數項羽曰始與項羽俱受命懷王曰先入定關中者王之項羽負約王我於蜀漢罪一項羽矯殺卿子冠軍而自尊罪二項羽已救趙當還報而擅刧諸侯兵入關罪三懷王約入秦無暴掠項羽燒秦宮室掘始皇帝冢私收其財物罪四又彊殺秦降王子嬰罪五詐阬秦子弟新安二十萬王其將罪六項羽皆王諸將善地而徙逐故主令臣下爭叛逆罪七項羽出逐義帝彭城自都之奪韓王地并王梁楚多自予罪八項羽使人陰弒義帝江南罪九夫爲人臣而弒其主殺已降爲政不平主約不信天下所不容大逆無道罪十也（第一罪即說負約事足見豁達而第十罪即總數事用也字作結奇文）吾以義兵從諸侯誅殘賊使刑餘罪人擊殺項羽何苦乃與公挑戰（用刑餘罪人更添色澤）項羽大怒伏弩射中漢王漢王傷胸乃捫足曰虜中吾指漢王病創臥張良彊請漢王起行勞軍以安士卒毋令楚乘勝於漢漢王出行軍病甚因馳入成皋病愈西入關至櫟陽存問父老置酒梟故塞王欣頭櫟陽市留四日復如軍軍廣武關中兵益出當此時彭越將兵居梁地往來苦楚兵絕其糧食田橫往從之項羽數擊彭越等齊王信又進擊楚（雙插入彭越韓信事）項羽恐

乃與漢王約中分天下割鴻溝而西者為漢鴻溝而東者為楚項王歸漢王父母妻子軍中皆呼萬歲乃歸而別去一項羽解而東歸漢王欲引而西歸用留侯陳平計乃進兵追項羽至陽夏南止軍與齊王信建成侯彭越期會而擊楚軍至固陵不會楚擊漢軍大破之漢王復入壁深塹而守之用張良計於是韓信彭越皆往一及劉賈入楚地圍壽春漢王敗固陵乃使使者召大司馬周殷舉九江兵而迎之武王行屠城父隨何劉賈齊梁諸侯皆大會垓下一（寫其氣勢為下困羽地）立武王布為淮南王一五年高祖與諸侯兵共擊楚軍與項羽決勝垓下（提一句頂上一段下）淮陰侯將三十萬自當之（獨單寫一句極予韓信也）孔將軍居左、費將軍居右、皇帝在後、絳侯柴將軍在皇帝後（敍置明白皇帝在中）（軍耳兩後字作致）項羽之卒可十萬淮陰先合不利（句）卻（句）孔將軍費將軍縱楚兵不利淮陰侯復乘之（垓下之戰淮陰自當前陣必以為一戰破楚偏寫不利而卻孔費再戰淮陰復乘作三層寫）大敗垓下項羽卒聞漢軍之楚歌以為漢盡得楚地項羽乃敗而走是以兵大敗（前作三層寫此大敗垓下乃敗而走是以大敗亦作三層寫妙）使騎將灌嬰追殺項羽東城斬首八萬遂略定楚地魯為楚堅守不下漢王引諸侯兵北示魯父老項羽頭魯乃降遂以魯公號葬項羽穀城一（三年軍滎陽以來至此楚漢之戰乃

畢

還至定陶。馳入齊王壁。奪其軍。丨正月。諸侯及將相。相與共請尊漢王爲皇帝。漢王曰。吾聞帝賢者有也。空言虛語。非所守也。吾不敢當帝位。羣臣皆曰。大王起微細。誅暴逆。平定四海。有功者輒裂地而封爲王侯。大王不尊號。皆疑不信。臣等以死守之。漢王三讓。不得已。曰。諸君必以爲便。便國家。甲午。乃卽皇帝位氾水之陽。丨皇帝曰。卽武王未下車而封唐虞之後意接寫見漢王大畧義帝無後。齊王韓信習楚風俗。徙爲楚王。都下邳。立建成侯彭越爲梁王。都定陶。故韓王信爲韓王。都陽翟。徙衡山王吳芮爲長沙王。都臨湘。番君之將梅鋗。有功。從入武關。故德番君。淮南王布。燕王臧荼。趙王敖。皆如故。丨前寫項羽分封一段此又寫漢王分封一段兩處照耀不見重沓天下大定。勒一句總結上半篇高祖都雒陽。諸侯皆臣屬。故臨江王驩爲項羽叛漢。令盧綰劉賈圍之。不下。數月而降。殺之雒陽。丨五月。兵皆罷歸家。接天下大定臨江定楚事餘波諸侯子在關中者。復之十二歲。其歸者。復之六歲。食之一歲。高祖置酒雒陽南宮。高祖曰。列侯諸將。無敢隱朕。皆言其情。吾所以有天下者何。項氏之所以失天下者何。高起王陵對曰。陛下慢而侮人。項羽仁而愛人。然陛下使人攻城略地。所降下者。因以予之。與天下同利也。項羽妒賢嫉能。有功者害之。賢者疑之。

戰勝而不予人功。得地而不予人利。此所以失天下也。先出一段淺。高祖曰。公知其一。未知其二。夫運籌策帷帳之中。決勝於千里之外。吾不如子房。鎮國家。撫百姓。給餽饟。不絕糧道。吾不如蕭何。連百萬之軍。戰必勝。攻必取。吾不如韓信。此三者皆人傑也。吾能用之。此吾所以取天下也。項羽有一范增而不能用。此其所以爲我擒也。楚漢兩爭一篇大文至此已畢不可寂然便住故即高祖一問先高起王陵提論一番後即高祖自己提論一番兩兩相比一篇文字至此收盡 高祖欲長都雒陽。齊人劉敬說。及留侯勸上入都關中。高祖是日駕入都關中。 六月。大赦天下。十月。燕王臧荼反。攻下代地。高祖自將擊之。得燕王臧荼。即立太尉盧綰爲燕王。使丞相噲將兵攻代。 其秋。利幾反。高祖自將兵擊之。利幾走。利幾者。項氏之將。項氏敗。利幾爲陳公。不隨項羽。亡降高祖。高祖侯之潁川。高祖至雒陽。舉通侯籍召之。而利幾恐。故反。利幾亦是項事餘波故詳寫 六年。此下半篇起處天下既定事體既少只挨年平序去是本紀體 高祖五日一朝太公。如家人父子禮。太公家令說太公曰。天無二日。土無二王。今高祖雖子。人主也。太公雖父。人臣也。奈何令人主拜人臣。如此則威重不行。後高祖朝。太公擁篲迎門卻行。高祖大驚。下扶太公。太公曰。帝人主也。奈何以我亂天下法。於是高祖乃尊太公爲太上皇。心善家令言。賜金五百斤。一十二月。人有上變事告楚王信謀反。上問左右。左右爭欲擊之。（先借左右襯出陳平）用陳平計。乃僞遊雲夢會諸侯於陳。楚王信迎。卽因執之。是日。大赦天下。一（是日好恐天下之疑懼也寫高祖滿心不安）田肯賀。因說高祖曰。陛下得韓信。又治秦中。秦。形勝之國。帶河山之險。縣隔千里。持戟百萬。秦得百二焉。地勢便利。其以下兵於諸侯。譬猶居高屋之上建瓴水也。夫齊。東有琅琊卽墨之饒。南有泰山之固。西有濁河之限。北有勃海之利。地方二千里。持戟百萬。縣隔千里之外。齊得十二焉。故此東西秦也。非親子弟。莫可使王齊矣。高祖曰。善。賜黃金五百斤。一後十餘日。封韓信爲淮陰侯。（十餘日復大赦之是日也寫高祖滿心慚愧）分其地爲二國。高祖曰。將軍劉賈數有功。以爲荆王。王淮東。弟交爲楚王。王淮西。子肥爲齊王。王七十餘城。民能齊言者。皆屬齊。（因執信分國事接封賈交事因封賈交接封齊王事卽接田肯云云何等神速）乃論功與諸列侯剖符行封。徙韓王信太原。一七年。匈奴攻韓王信馬邑。信因與同謀反太原。白土曼丘臣。王黃立故趙將趙利爲王。以反。高祖自往擊之。會天寒。士卒墮指者什二三。（先爲圍平城解嘲）遂至平城。匈奴圍我平城。七日而後罷去。一令樊噲止定代地。一立兄劉仲爲代王。一二月。高祖自平城過趙雒陽至長安長樂宮成丞相以下徙治長安—八年高祖東擊韓王信餘反寇於東垣—蕭丞相營作未央宮立東闕北闕前殿武庫太倉高祖還見宮闕壯甚怒謂蕭何曰天下匈匈苦戰數歲成敗未可知是何治宮室過度也蕭何曰天下方未定故可因遂就宮室且夫天子以四海爲家非壯麗無以重威且無令後世有以加也高祖乃說—高祖之東垣過柏人趙相貫高等謀弒高祖高祖心動因不留—代王劉仲棄國亡自歸雒陽廢以爲合陽侯—九年趙相貫高等事發覺夷三族廢趙王敖爲宣平侯—是歲徙貴族楚昭屈景懷齊田氏關中—未央宮成高祖大朝諸侯羣臣置酒未央前殿高祖奉玉巵起爲太上皇壽曰始大人常以臣無賴不能治產業不如仲力今某之業所就孰與仲多殿上羣臣皆呼萬歲大笑爲樂（高祖微時一段未有照應故借此數語以結之寫英雄得志可浮大白）十年十月淮南王黥布梁王彭越燕王盧綰荊王劉賈楚王劉交齊王劉肥長沙王吳芮皆來朝長樂宮—春夏無事七月太上皇崩櫟陽宮楚王梁王皆來送葬—赦櫟陽囚更命酈邑曰新豐—八月趙相國陳豨反代地上曰豨嘗爲吾使甚有信代地吾所急也故封豨爲列侯以相國守代今乃與王黃等劫

掠代地。代地吏民。非有罪也。其赦代吏民。九月。上自東往擊之。至邯鄲。上喜曰。豨不南據邯鄲而阻漳水。吾知其無能爲也。聞豨將皆故賈人也。上曰。吾知所以與之。乃多以金啗豨將。豨將多降者。一十一年。高祖在邯鄲誅豨等未畢。提一句接上豨將侯敞將萬餘人游行。王黃軍曲逆。張春渡河擊聊城。漢使將軍郭蒙與齊將擊。大破之。太尉周勃道太原入。定代地。至馬邑。馬邑不下。卽攻殘之。一豨將趙利守東垣。高祖攻之。不下月餘。卒罵高祖。高祖怒。城降。令出罵者斬之。不罵者原之。於是乃分趙山北。立子恆以爲代王。都晉陽。一春。淮陰侯韓信謀反關中。謀反關中好關中帝都身在朝廷豈能反哉夷三族。一夏。梁王彭越謀反。廢遷蜀。復欲反。復欲反好旣已廢遷身在陷穽豈能復反哉史筆遂夷三族。一立子恢爲梁王。子友爲淮陽王。一秋七月。淮南王黥布反。東幷荊王劉賈地。北渡淮。楚王交走入薛。高祖自往擊之。一立子長爲淮南王。一十二年十月。高祖已擊布軍會甀。布走。令別將追之。高祖還歸。過沛。留。置酒沛宮。悉召故人父老子弟縱酒。發沛中兒得百二十人。敎之歌。酒酣。高祖擊筑。自爲歌詩曰。大風起兮雲飛揚。威加海內兮歸故鄉。安得猛士兮守四方。令兒皆和習之。高祖乃起舞。慷慨傷懷。泣數行下。謂沛父兄曰。游子悲故鄉。吾雖都關中。萬歲後。吾魂魄猶樂思沛。且朕自沛公以誅暴逆。遂有天下。其以沛爲朕湯沐邑。復其民。世世無有所與。（未央之語樂此語悲壯極寫英雄氣槩使人神往）沛父兄諸母故人日樂飲極驩。道舊故爲笑樂。（高祖起沛一段末有照映故借此以結之）十餘日。高祖欲去。沛父兄固請留高祖。高祖曰。吾人衆多。父兄不能給。乃去。沛中空縣皆之邑西獻。高祖復留止。張飲三日。沛父兄皆頓首曰。沛幸得復。豐未復。唯陛下哀憐之。高祖曰。豐吾所生長。極不忘耳。吾特爲其以雍齒故反我爲魏。沛父兄固請。乃并復豐。比沛。（直應篇首）（對照）於是拜沛侯劉濞爲吳王。—（爲沛爲湯沐邑故改封濞也）漢將別擊布軍洮水南北。皆大破之。追得斬布鄱陽—樊噲別將兵定代。斬陳豨當城—十一月。高祖自布軍至長安—十二月。高祖曰。秦始皇帝楚隱王陳涉魏安釐王齊湣王趙悼襄王皆絕無後。予守冢各十家。秦皇帝二十家。魏公子無忌五家—赦代地吏民爲陳豨趙利所劫掠者。皆赦之—陳豨降將言豨反時。燕王盧綰使人之豨所與陰謀。上使辟陽侯迎綰。綰稱病。辟陽侯歸具言綰反有端矣。二月。使樊噲周勃將兵擊燕王綰。赦燕吏民與反者。立皇子建爲燕王—高祖擊布時。爲流矢所中。行道病。病甚。呂后迎良醫。醫入見。

高祖問醫。醫曰病可治。於是高祖嫚罵之曰。吾以布衣持三尺劍取天下。此非天命乎。命乃在天。雖扁鵲何益。英雄氣槩又寫一番遂不使治病。賜金五十斤。罷之。—已而呂后問陛下百歲後。蕭相國卽死。令誰代之。上曰曹參可。問其次。上曰王陵可。然陵少戇。陳平可以助之。陳平智有餘。然難以獨任。周勃重厚少文。然安劉氏者必勃也。可令爲太尉。呂后復問其次。上曰此後亦非而所知也。—盧綰與數千騎居塞下候伺。幸上病愈自入謝。先作不了語頓住四月甲辰。高祖崩長樂宮。四日不發喪。呂后與審食其謀曰。諸將與帝爲編戶民。今北面爲臣。此常怏怏。今乃事少主。非盡族是。天下不安。人或聞之。語酈將軍。酈將軍往見審食其曰。吾聞帝已崩。四日不發喪。欲誅諸將。誠如此。天下危矣。陳平灌嬰將十萬守滎陽。樊噲周勃將二十萬定燕代。此聞帝崩。諸將皆誅。必連兵還鄉。以攻關中。大臣內叛。諸侯外反。亡可翹足而待也。審食其入言之。乃以丁未發喪。大赦天下。—盧綰聞高祖崩。遂亡入匈奴。間補接前事丙寅葬。—己巳立太子。至太上皇廟。—在上皇廟立太子也羣臣皆曰。高祖起微細。撥亂世反之正。平定天下。高祖起微細直應至篇首高起王陵述一遍高祖未央宮自述一遍過沛時自述一遍死時自述一遍此羣臣又述一遍凡作五層收束爲漢太祖功最高上尊號爲高皇帝。太子襲號爲皇帝。孝惠帝也。令郡國諸侯各立高祖廟。以歲時祠。及孝惠五年。思高祖之悲樂沛。以沛宮爲高祖原廟。高祖所教歌兒百二十人。皆令爲吹樂。後有缺。輒補之。高帝八男。長庶齊悼惠王肥。次孝惠。呂后子。次戚夫人子趙隱王如意。次代王恆。已立爲孝文帝。薄太后子。次梁王恢。呂太后時徙爲趙共王。次淮陽王友。呂太后時徙爲趙幽王。次淮南厲王長。次燕王建。（紀後嗣住暗起文帝一紀諸王世家）

太史公曰。夏之政忠。忠之敝。小人以野。故殷人承之以敬。敬之敝。小人以鬼。故周人承之以文。文之敝。小人以僿。故救僿莫若以忠。三王之道若循環。終而復始。周秦之間。可謂文敝矣。秦政不改。反酷刑法。豈不繆乎。故漢興。承敝易變。使人不倦。得天統矣。（高祖一紀甚詳贊中只言其治道大略而以天統終得體之甚）朝以十月。車服黃屋左纛。葬長陵。

高祖開創之時事務極多多則便難摶捖矣看他東穿西插縱橫不亂如繡錯如花分突起忽住絡繹不絕如馬跡如蛛絲或一齊亂起如野火如驟雨或一段獨下如澄波如浩月萬餘字組成一片非有神力安能辨此○先寫項羽一紀接手又寫高祖一紀一節事分兩處寫安得不同乃羽紀中字字是寫項羽高紀中字字是寫高祖兩篇對看始見其妙○項羽每事爲一段插入合來猶好下手高紀則將諸事紛紛抖碎組織而成整中見亂亂中見整絕無痕跡更爲難事○高紀一篇俱紀實事不及寫其英雄氣概只於篇首寫之如慢易吏處斬白蛇處篇後寫之如未央上壽處沛中留飲處病時却醫處寫其豁達諸

本色語語入神○紀中插入諸事亦用是時當是時及於是等字則與項紀同之

呂后本紀

呂太后者、高祖微時妃也。生孝惠帝。孝惠附紀女魯元太后。一及高祖為漢王。得定陶戚姬。愛幸。生趙隱王如意。一紀許多人惟呂后戚姬孝惠為人要故先提明孝惠為人仁弱。高祖以為不類我。常欲廢太子。立戚姬子如意。如意類我。兩類我呼應先將孝惠趙王對寫戚姬幸。常從上之關東。日夜啼泣。欲立其子代太子。呂后年長。常留守。希見上。益疏。又將戚姬呂后對寫形容情事乃盡如意立為趙王後。幾代太子者數矣。賴大臣爭之。及留侯策。太子得毋廢。一留侯策暗寫呂后為人。至此始入呂后事剛毅。佐高祖定天下。所誅大臣。多呂后力。一誅信越事亦暗寫蓋有三傳在也為呂后諱故只一筆帶過呂后兄二人。皆為將。長兄周呂侯死事。封其子呂台為酈侯。子產為交侯。次兄呂釋之為建成侯。一帶序諸呂事高祖十二年四月甲辰、崩長樂宮。太子襲號為帝。呂后縱恣于高帝崩後故前畧後詳此乃入破處也是時高祖八子。長男肥。孝惠兄也。異母。肥為齊王。餘皆孝惠弟。戚姬子如意為趙王。薄夫人子恆為代王。諸姬子。子恢為梁王。子友為淮陽王。子長為淮南王。子建為燕王。高祖八子除孝文有本紀齊淮南有世家餘皆附此故就孝惠襲號時一齊點出後乃便于插序高祖弟交

爲楚王。兄子濞爲吳王。非劉氏功臣番君吳芮子臣爲長沙王。一三人因八王帶序　呂后最

怨戚夫人及其子趙王。遙接上易太子事　乃令永巷囚戚夫人而召趙王。使者三反。趙相建

平侯周昌謂使者曰。高帝屬臣趙王。趙王年少。竊聞太后怨戚夫人。欲召趙王。并誅

之。臣不敢遣王。王且亦病。不能奉詔。王病只作一掉語奇肆　呂后大怒。迺使人召趙相。趙相徵

至長安。迺使人復召趙王。王來。未到。孝惠帝慈仁。知太后怒。自迎趙王霸上。與入宮

自挾與趙王起居飲食。太后欲殺之。不得閒。先作一頓　孝惠元年十二月、帝晨出射。趙王

少不能蚤起。太后聞其獨居。使人持酖飲之。犂明。孝惠還。趙王已死。於是乃徙淮陽

王友爲趙王。插淮陽王事　夏、詔賜酈侯父追謚爲令武侯。一頂上酖趙王中插酈侯父一句紀體如此　太后遂

斷戚夫人手足。去眼。煇耳。飲瘖藥。使居廁中。命曰人彘。名奇　居數日。迺召孝惠帝觀人

彘。孝惠見。句問。句知其戚夫人。迺大哭。因病。歲餘不能起。使人請太后曰。此非人所

爲。臣爲太后子。終不能治天下。孝惠以此日飲爲淫樂。不聽政。故有病也。一完趙王如意事

二年、楚元王。齊悼惠王。皆來朝。插楚王齊王事　十月、孝惠與齊王燕飲太后前。孝惠以爲齊

王兄。置上坐。如家人之禮。太后怒。迺令酌兩卮酖。置前。令齊王起爲壽。齊王起。孝惠

亦起取巵。欲俱爲壽。太后乃恐。自起泛孝惠巵。酌巵取巵泛巵連絡有色澤 齊王恠之。因不敢飲。

詳醉去。句 問。句 知其酖。齊王恐。自以爲不得脫長安。句 憂。短句促節寫其忙亂 齊內史士說王

曰。太后獨有孝惠與魯元公主。今王有七十餘城。而公主乃食數城。王誠以一郡上

太后。爲公主湯沐邑。太后必喜。王必無憂。於是齊王乃上城陽之郡。尊公主爲王太

后。此是假末王也 呂后喜。許之。迺置酒齊邸。樂飲。句 罷。句 歸齊王。插齊王事 三年、方築長安城。四

年、就半。五年、六年、城就。就半城就作兩層寫 諸侯來會。一 十月朝賀。七年秋八月戊寅、孝惠帝

崩。發喪。太后哭。泣不下。留侯子張辟彊爲侍中。年十五。謂丞相曰。太后獨有孝惠。今

崩。哭不悲。君知其解乎。丞相曰。何解。辟彊曰。帝毋壯子。太后畏君等。君今請拜呂台

呂產呂祿爲將。將兵居南北軍。及諸呂皆入宮。居中用事。如此則太后心安。君等幸

得脫禍矣。一言喪邦非良子也 丞相乃如辟彊計。太后說。其哭乃哀。呂氏權由此起。一 呂后縱恣在高

帝崩後諸呂縱恣在惠帝崩後遂層跌入 迺大赦天下。九月辛丑葬。太子卽位爲帝。謁高廟。元年、號令一

出太后。太后稱制。一 歸到太后是呂后紀體 議欲立諸呂爲王。問右丞相王陵。王陵曰。高帝刑

白馬盟曰。非劉氏而王。天下共擊之。今王呂氏。非約也。太后不悅。問左丞相陳平。絳

侯周勃。勃等對曰。高帝定天下。王子弟。今太后稱制。王昆弟諸呂。無所不可。太后喜。罷朝。王陵讓陳平絳侯曰。始與高帝啑血盟。諸君不在邪。今高帝崩。太后女主。欲王呂氏。諸君縱欲阿意背約。何面目見高帝地下。陳平絳侯曰。於今面折廷爭。臣不如君。夫全社稷定劉氏之後。君亦不如臣。王陵無以應之。一十一月、太后欲廢王陵。乃拜爲帝太傅。奪之相權。王陵遂病免歸。一廼以左丞相平爲右丞相。以辟陽侯審食其爲左丞相。左丞相不治事。令監宮中。如郎中令。食其故得幸太后。常用事。公卿皆因而決事。呂后專制突接王諸呂一事得王陵一諫頓住忽又接平勃從諛下可王諸呂矣偏又頓住寫王陵讓平勃寫廢王陵寫辟陽侯爲丞相間隔頗遠下又迤邐而起章法之妙廼追尊酈侯父爲悼武王。欲以王諸呂爲漸。四月、太后欲侯諸呂。欲王之先侯之欲侯之先封功臣朱虛等所謂迤邐而起也廼先封高祖之功臣郎中令無擇爲博城侯。魯元公主薨。賜諡爲魯元太后。子偃爲魯王。魯王父宣平侯張敖也。封齊悼惠王子章爲朱虛侯。以呂祿女妻之。齊丞相壽爲平定侯。少府延爲梧侯。乃封呂種爲沛侯。呂平爲扶柳侯。張買爲南宮侯。一兩乃字接得好兩樣意思兩樣用法太后欲王呂氏。又接前欲王呂氏乃先王後宮子與前對寫節節入情先立孝惠後宮子彊爲淮陽王。子不疑爲常山王。子山爲襄城侯。子朝爲軹侯。子武爲壺關侯。太后風大臣。大臣請立酈侯呂台爲呂王。太后許之。—（前乃字此風字請字俱輕故趁勢獨斷王是創故示意待請也）建成康侯釋之卒。嗣子有罪。廢。立其弟呂祿爲胡陵侯。續康侯後。—二年。常山王薨。以其弟襄成侯山爲常山王。更名義。—十一月。呂王台薨。諡爲肅王。太子嘉代立爲王。—三年。無事。—四年。封呂嬃爲臨光侯。呂他爲俞侯。呂更始爲贅其侯。呂忿爲呂城侯。及諸侯丞相五人。—（數段接連俱寫諸呂事正見其不堪）宣平侯女爲孝惠皇后時無子。詳爲有身。取美人子名之。殺其母。立所名子爲太子。（名之所名子點得奇峭）孝惠崩。太子立爲帝。帝壯。或聞其母死。非眞皇后子。廼出言曰。后安能殺吾母而名我。（名我我尤妙）我未壯。壯卽爲變。太后聞而患之。恐其爲亂。廼幽之永巷中。言帝病甚。左右莫得見。太后曰。凡有天下治爲萬民命者。蓋之如天。容之如地。上有懽心以安百姓。百姓欣然以事其上。懽欣交通而天下治。（兩對一總遣調亦俊逸）今皇帝病久不已。廼失惑惛亂。不能繼嗣奉宗廟祭祀。不可屬天下。其代之。群臣皆頓首言。皇太后爲天下齊民計所以安宗廟社稷甚深。羣臣頓首奉詔。帝廢位。太后幽殺之。五月丙辰。立常山王義爲帝。更名曰弘。不稱元年者。以太后制天下事也。—（又點太后一筆是正傳體）以軹侯朝爲常山王。—置太尉官絳侯勃爲太尉。一五年八月、淮陽王薨。以弟壺關侯武爲淮陽王。一六年十月。
太后曰。呂王嘉居處驕恣。廢之以肅王台弟呂產爲呂王。一夏赦天下。封齊悼惠王
子興居爲東牟侯。一七年正月。太后召趙王友。挿淮陽王事 友以諸呂女爲后弗愛。愛他
姬。諸呂女妬怒去。讒之于太后。誣以罪過曰。呂氏安得王。太后百歲後吾必擊之。太
后怒。以故召趙王。趙王至。置邸不見。令衞圍守之。弗與食。其羣臣或竊饋。輒捕論之。
趙王餓。乃歌曰。諸呂用事兮。劉氏危。迫脅王侯兮。彊授我妃。我妃既妬兮。誣我以惡。
讒女亂國兮。上曾不寤。我無忠臣兮。何故棄國。自決中野兮。蒼天舉直。于嗟不可悔
兮。寧蚤自財。爲王而餓死兮。誰者憐之。呂氏絕理兮。託天報仇。歌亦挿抑鬱倔彊楚風也 丁丑、趙
王幽死。以民禮葬之長安民冢次。一完淮陽王反事 己丑、日食晝晦。太后惡之。心不樂。乃謂
左右曰。此爲我也。一二月、徙梁王恢爲趙王。一挿梁王事 呂王產徙爲梁王。梁王不之國。
爲帝太傅。立皇子平昌侯太爲呂王。更名梁曰呂。呂曰濟川。一太后女弟呂須有女
爲營陵侯劉澤妻。澤爲大將軍。太后王諸呂。恐卽崩後劉將軍爲害。乃以劉澤爲琅
琊王、以慰其心。一曲寫太后心事 梁王恢之徙王趙。心懷不樂。挿梁王事 太后以呂產女爲趙王

后王后從官皆諸呂擅權微伺趙王趙王不得自恣王有所愛姬王后使人酖殺之王乃爲歌詩四章令樂人歌之（前歌明此暗寫叠載兩歌便累墜不好看矣）王悲六月卽自殺太后聞之以爲王用婦人棄宗廟禮廢其嗣（完梁王恢事）宣平侯張敖卒以子偃爲魯王敖賜諡爲魯元王秋太后使使告代王欲徙王趙代王謝願守代邊（三趙王皆不終故代王不徙）太傅產丞相平等言武信侯呂祿上侯位次第一請立爲趙王太后許之追尊祿父康侯爲趙昭王九月燕靈王建薨有美人子太后使人殺之無後國除（完燕王建事高祖八男除孝惠外呂后殺其三殺其嗣國除者一備寫慘酷）八年十月立呂肅王子東平侯呂通爲燕王封通弟呂莊爲東平侯三月中呂后祓還過軹道見物如蒼犬據高后掖忽弗復見卜之云趙王如意爲祟高后遂病掖傷（寫得與彭生一樣冥報之說自古有之不必辨其果否然讀至此使人一快）高后爲外孫魯元王偃年少蚤失父母孤弱迺封張敖前姬兩子侈爲新都侯壽爲樂昌侯以輔魯元王偃及封中大謁者張釋爲建陵侯呂榮爲祝茲侯諸中宦者令丞皆爲關內侯食邑五百戶（寫呂后善後施恩之計）七月中高后病甚乃令趙王呂祿爲上將軍軍北軍呂王產居南軍呂太后誡產祿曰高帝已定天下與大臣約曰非劉氏王者天下共擊

之。今呂氏王。大臣弗平。我卽崩。帝年少。大臣恐爲變。必據兵衞宮。愼毋送喪。毋爲人
所制。【寫呂后權變】辛巳、高后崩。遺詔賜諸侯王各千金。將相列侯郎吏皆以秩賜金。大
赦天下。【呂后死後恩澤以收服人心長王諸呂此老嫗奸甚】以呂王產爲相國。以呂祿女爲帝后。【高后已
葬。以左丞相審食其爲帝太傅。【以呂王爲相國者遺詔也以審食其爲帝太傅者高后葬後也非太后之意也】朱虛侯劉
章有氣力。東牟侯興居。其弟也。皆齊哀王弟。居長安。【忽提朱虛文章上下關鍵處】當是時。諸呂用
事擅權。欲爲亂。畏高帝故大臣絳灌等。未敢發。【一層】朱虛侯婦。呂祿女。陰知其謀。恐見
誅。【二層】乃陰令人告其兄齊王。欲令發兵西。誅諸呂而立。朱虛侯欲從中與大臣爲應。
【三層一層寫諸呂兩層寫朱虛一時情事紛擾故以三層分寫】齊王欲發兵。其相弗聽。八月丙午、齊王欲使人誅相。
相召平乃反。舉兵欲圍王。王因殺其相。遂發兵東。詐奪瑯邪王兵。幷將之而西。語在
齊王語中。【省筆】齊王乃遺諸侯王書曰。高帝平定天下。王諸子弟。悼惠王王齊。悼惠
王薨。孝惠帝使留侯良立臣爲齊王。孝惠崩。高后用事。春秋高。聽諸呂擅廢帝更立。
又比殺三趙王。滅梁趙燕。以王諸呂。分齊爲四。忠臣進諫。上惑亂弗聽。【一段數高后時事】今
高后崩。而帝春秋富。未能治天下。固恃大臣諸侯。而諸呂又擅自尊官。聚兵嚴威。刧

列侯忠臣矯制以令天下。宗廟所以危。一段數高后崩後事雖無多語而詳盡嚴正是一篇筋節文字寡人率兵入誅不當爲王者。卽用高帝縞素詔法漢聞之。相國呂產等乃遣潁陰侯灌嬰將兵擊之。灌嬰至滎陽。乃謀曰。諸呂權兵關中。欲危劉氏而自立。今我破齊還報。此益呂氏之資也。語簡悉乃留屯滎陽。使使諭齊王及諸侯。與連和。以待呂氏變。共誅之。齊王聞之。乃還兵西界待約。一呂祿呂產欲發亂關中。內憚絳侯朱虛等。外畏齊楚兵。又恐灌嬰畔之。欲待灌嬰兵與齊合而發。猶豫未決。一諸呂心事前已序過一遍此再序一遍寫其惶惑不定無策可施○待灌嬰未發接上歸功灌嬰。當是時。濟川王太。淮陽王武。常山王朝。名爲少帝弟。與前所名子應及魯元王呂后外孫皆年少。未之國。居長安。又應魯元等一筆趙王祿。梁王產。各將兵居南北軍。皆呂氏之人。先寫呂氏氣勢赫奕正爲平勃成功之地是倒提作襯之法列侯。羣臣。莫自堅其命。寫列侯羣臣無可奈何太尉絳侯勃不得入軍中主兵。并寫絳侯亦無可奈何萬分危急逼出下文曲周侯酈商老病。其子寄與呂祿善。絳侯乃與丞相陳平謀。使人劫酈商。令其子寄往紿說呂祿曰。高帝與呂后共定天下。劉氏所立九王。呂氏立三王。皆大臣之議。事已布告諸侯。諸侯皆以爲宜。先安其心今太后崩。帝少。而足下佩趙王印。不急之國守藩。乃爲上將。將兵留此。爲大臣諸侯所疑。又中其忌兩路一逼說乃得入足下何不歸將印。以兵屬太尉。請梁王歸相國印。與大臣盟而之國。齊兵必罷。大臣得安。足下高枕而王千里。此萬世之利也。呂祿信然其計。欲歸將印以兵屬太尉。一頓一使人報呂產及諸呂老人。或以爲便。或曰不便。計猶豫未有所決。一危急之中得此一說閱者至此必曰賴有此耳乃又作一颺急中倍急呂祿信酈寄。時與出游獵。過其姑呂嬃。嬃大怒曰若爲將而棄軍。呂氏今無處矣。乃悉出珠玉寶器散堂下。曰毋爲他人守也。一寫呂嬃權術竟與高后一樣左丞相食其免。一八月庚申旦。平陽侯窋行御史大夫事。見相國產計事。郎中令賈壽使從齊來。因數產曰。王不蚤之國。今雖欲行。尚可得耶。具以灌嬰與齊楚合從。欲誅諸呂。告產。乃趣產急入宮。一前有呂產猶豫呂嬃一怒急矣今又有賈壽一促萬分危急斷不可爲乃下文一轉急出事機以見一路逼仄之妙文機如此事機如此平陽侯頗聞其語。乃馳告丞相太尉。太尉欲入北軍。不得入。襄平侯通尚符節。乃令持節矯內太尉北軍。一面矯入北軍太尉復令酈寄與典客劉揭先說呂祿曰。帝使太尉守北軍。欲足下之國。急歸將印辭去。不然禍且起。一面再說呂祿呂祿以爲酈兄不欺己。遂解印屬典客。而以兵授太尉。太尉將之入軍門。前矯內太尉至此乃入軍門也入軍門卽發令正見其急行令軍中曰。爲呂氏右襢。爲劉氏左襢。軍中皆左襢爲劉氏。太尉行至。

將軍呂祿。亦已解上將印去。（前太尉矯節呂祿歸印兩節對起太尉入軍門止承矯節一節故追序一筆承還歸印事匆忙之中故用夾序法）太尉遂將北軍。一然尚有南軍。（又補出南軍）平陽侯聞之。以呂產謀告丞相平。（接賈壽促呂產）（入宮事百忙之中一絲不漏）丞相平乃召朱虛侯佐太尉。太尉令朱虛侯監軍門。令平陽侯告衛尉。毋入相國產殿門。一（不令其入宮也）呂產不知呂祿已去北軍。（又應一句詳）迺入未央宮。欲爲亂。殿門弗得入。徘徊往來。平陽侯恐弗勝。馳語太尉。（又增一筆正寫其匆忙）太尉尚恐不勝諸呂。未敢訟言誅之。迺遣朱虛侯謂曰。急入宮衛帝。（匆急之中偏能細寫其心事想其文心如髮）朱虛侯請卒。太尉予卒千餘人。入未央宮門。遂見產庭中。日餔時。遂擊產。產走。天風大起。（寫天應想）（是高帝之神靈）以故其從官亂。莫敢鬬。逐產殺之郎中府吏廁中。朱虛侯已殺產。（前殺產極寫其匆急）（故又提一句以見其難）帝命謁者持節勞朱虛侯。朱虛侯欲奪節信。謁者不肯。朱虛侯則從與載。因節信馳走。（寫朱虛靈變迅捷大是妙人）斬長樂衛尉呂更始。（又斬一人）還。馳入北軍。報太尉。太尉起。拜賀朱虛侯。曰。所患獨呂產。今已誅。天下定矣。（又提一筆以見誅產之難）遂遣人分部悉捕諸呂男女。無少長皆斬之。辛酉。捕斬呂祿。而笞殺呂嬃。使人誅燕王呂通。而廢魯王偃。（一篇惶急恐懼一篇紛更縱恣至此收功覺耳目清曠筆墨恬靜）壬戌、以帝太傅食其復爲左丞相。一戊辰、徙濟

川王王梁立趙幽王子遂爲趙王一(又帶梁王趙王事作餘波)遣朱虛侯章以誅諸呂氏事告齊
王令罷兵灌嬰兵亦罷滎陽而歸一(并收完齊王灌嬰事)諸大臣相與陰謀曰少帝及梁淮陽
常山王皆非眞孝惠子也呂后以計詐名他人子(應所名子)殺其母養後宮令孝惠子之
(前云美人子直非呂后子耳未必非孝惠子也此直名他人子是當時深文)立以爲後及諸王以彊呂氏(只一句并將少帝牽入呂氏之
黨深文)今皆已夷滅諸呂而置所立即長用事吾屬無類矣不如視諸王最賢者立之
或曰齊悼惠王高帝長子今其適子爲齊王推本言之高帝適長孫可立也大臣皆
曰呂氏以外家惡而幾危宗廟亂功臣今齊王母家駟鈞駟鈞惡人也即立齊王則
復爲呂氏欲立淮南王以爲少母家又惡(借齊王淮南王兩層引起一詳一略下即接乃曰二字是當時商量口角)迺曰
代王方今高帝見子(一層)最長(二層)仁孝寬厚(三層)太后家薄氏謹良(四層)且立長故順(五層)以
仁孝聞于天下(六層以三十字作六層寫短俏乃爾)便(句)乃相與共陰使人召代王代王使人辭謝再
反然後乘六乘傳後九月晦日己酉至長安舍代邸大臣皆往謁奉天子璽上代王
共尊立爲天子代王數讓羣臣固請然後聽一(序得簡淨)東牟侯興居曰誅呂氏吾無功
請得除宮迺與太僕汝陰侯滕公入宮前謂少帝曰足下非劉氏不當立(直應篇首非劉氏不)

王今且非劉氏不帝矣乃顧麾左右執戟者。掊兵罷去。有數人不肯去兵。宦者令張澤諭告。亦去兵。滕公乃召乘輿車載少帝出。少帝曰。欲將我安之乎。滕公曰。出就舍。舍少府。迺奉天子法駕。迎代王於邸。報曰。宮謹除。亦序得簡淨前誅諸呂一段雄壯飛動故又序此兩段安詳容與以終此篇代王即入未央宮。有謁者十人持戟衛端門。曰。天子在也。足下何爲者而入。代王乃謂太尉。太尉往諭。謁者十人皆掊兵而去。—張兵亦作三層寫細事耳必不肯一筆寫完文家之衣珠也代王遂入而聽政。夜有司分部誅滅梁淮陽常山王及少帝於邸。—完少帝等事代王立爲天子。二十三年崩。謚爲孝文皇帝。

太史公曰。孝惠皇帝高后之時。黎民得離戰國之苦。君臣俱欲休息乎無爲。故惠帝垂拱。高后女主稱制。政不出房戶。天下晏然。刑罰罕用。罪人是希。民務稼穡。衣食滋殖。一氣直下忽然便住奇文

呂氏一紀中附孝惠兩少帝三朝及高祖諸子七王與諸呂之事叢雜糾紛幾于無處下筆偏能一手握管拈一頭即放倒一頭放一頭即另起一頭憑他四面而來我能四面而應且脈絡輸灌章法蟬聯絕無結撰穿插之痕跡可謂鬼神於文者矣○誅諸呂一段事在倉卒始而齊王起兵朱虛興居造謀繼而灌嬰將兵酈商游說太尉入北軍朱虛入宮衛帝多少事體始而諸呂內憚諸呂猶豫繼而平陽侯恐不勝太尉恐不勝多少情節且諸呂待灌嬰處酈商紿呂

氏處賈壽促呂產處平陽侯馳告處襄平侯嬌節處平陽侯又馳語處多少變態接手寫來一絲不亂而一時之事無不曲盡所以爲奇〇一篇匆忙文字惜

文帝雍容揖遜以爲

曲終雅奏令人神怡

史記論文

武進吳見思齊賢評點
山陰吳興祚留村參訂

孝文本紀

孝文皇帝、高祖中子也。高祖十一年春。已破陳豨軍。定代地。立爲代王。都中都。太后薄氏子。即位十七年。高后八年七月。高后崩。九月。諸呂呂產等欲爲亂。以危劉氏。大臣共誅之。謀召立代王。事在呂后語中。略序簡淨以下只詳序代事是文紀體丞相陳平太尉周勃等使人迎代王。代王問左右郎中令張武等。張武等議曰。漢大臣皆故高帝時大將。習兵。多謀詐。此其屬意非止此也。意不止爲侯也特畏高帝呂太后威爾。今已誅諸呂。新啑血京師。此以迎大王爲名。實不可信。願大王稱疾毋往。以觀其變。何至于此欲揚宋昌先抑張武等耳中尉宋昌進曰。羣臣之議皆非也。夫秦失其政。諸侯豪傑並起。人人自以爲得之者以萬數。應其屬意非止此然卒踐天子之位者。劉氏也。天下絕望。一矣。高帝封王子弟。地犬牙相制此所謂磐石之宗也天下服其彊二矣漢興除秦苛政約法令施德惠人人自安難動搖三矣（一轉）夫以呂太后之嚴立諸呂爲三王擅權專制然而太尉以一節入北軍一呼士皆左袒爲劉氏叛諸呂卒以滅之此乃天授非人力也（二轉）今大臣雖欲爲變百姓弗爲使其黨寧能專一邪（三轉）方今內有朱虛東牟之親外畏吳楚淮南琅邪齊代之彊（四轉）方今高帝子獨淮南與大王大王又長賢聖仁孝聞於天下故大臣因天下之心而欲迎立大王大王勿疑也（前列三段後用四轉事理明透筆墨簡淨）代王報太后計之猶與未定（宋昌云云已極明矣故作一頓）卜之龜卦兆得大橫占曰大橫庚庚余爲天王夏啟以光代王曰寡人固已爲王矣又何王卜人曰所謂天王者乃天子（二頓）於是代王乃遣太后弟薄昭往見絳侯絳侯等具爲昭言所以迎立王意薄昭還報曰信矣無可疑者（三頓）代王乃笑謂宋昌曰果如公言乃命宋昌參乘張武等六人乘傳詣長安至高陵休止而使宋昌先馳之長安觀變（四頓又作四節事理固當慎重筆墨亦極頓挫後乃一瀉而下正蓄其勢也）昌至渭橋丞相以下皆迎宋昌還報代王馳至渭橋羣臣拜謁稱臣代王下車拜太尉勃進曰願請間言宋昌曰所言公公言之所言私王者不受私太尉乃跪上天子璽符代王

謝曰至代邸而議之。（又頗佳好事體應如是文體亦應如是）遂馳入代邸。羣臣從至。丞相陳平太尉周勃大將軍陳武御史大夫張蒼宗正劉郢朱虛侯劉章東牟侯劉興居典客劉揭皆再拜言曰子弘等皆非孝惠帝子不當奉宗廟臣謹請與陰安侯列侯頃王后與瑯邪王宗室大臣列侯吏二千石議曰大王高帝長子宜爲高帝嗣願大王卽天子位。（卽用章奏體行文更覺濃至）代王曰奉高帝宗廟重事也寡人不佞不足以稱宗廟願請楚王計宜者寡人不敢當。（又頗佳好）羣臣皆伏固請代王西鄉讓者三南向讓者再丞相平等皆曰臣伏計之大王奉高帝宗廟最宜稱雖天下諸侯萬民以爲宜臣等爲宗廟社稷計不敢忽願大王幸聽臣等臣謹奉天子璽符再拜上代王曰宗室將相王列侯以爲莫宜寡人（三宜字應宜者）寡人不敢辭遂卽天子位（一從代來作多少頓挫至此收住）羣臣以禮次侍乃使太僕嬰與東牟侯興居清宮奉天子法駕迎於代邸皇帝卽日夕入未央宮乃夜拜宋昌爲衛將軍鎭撫南北軍以張武爲郎中令行殿中還坐前殿於是夜下詔書曰間者諸呂用事擅權謀爲大逆欲以危劉氏宗廟賴將相列侯宗室大臣誅之皆伏其辜朕初卽位其赦天下賜民爵一級女子百戶牛酒酺五日（一此段寫得耳目一新筆墨相配）

乃爾孝文皇帝元年十月庚戌。此時尚以十月爲歲首九月卽位値此乃改元謁廟耳徙立故琅邪王澤爲燕王。一辛亥。皇帝卽阼。阼廟阼階也漢制天子卽阼明爲天下主也謁高廟。一右丞相平。徙爲左丞相。太尉勃爲右丞相。大將軍灌嬰爲太尉。一諸呂所奪齊楚故地。皆復與之。一壬子。遣車騎將軍薄昭。迎皇太后於代。皇帝曰。呂產自置爲相國。呂祿爲上將軍。擅矯遣灌將軍嬰將兵擊齊。欲代劉氏。嬰留滎陽。勿擊。與諸侯合謀以誅呂氏。呂產欲爲不善。丞相陳平與太尉周勃謀奪呂產等軍。朱虛侯劉章首先捕呂產等。太尉身率襄平侯通持節承詔入北軍。典客劉揭身奪趙王呂祿印。誅諸呂事文紀中不能詳序又不可不序前只略點此借詔中序出文法簡捷安放得宜益封太尉勃萬戶。賜金五千金。丞相陳平。灌將軍嬰。邑各三千戶。金二千金。朱虛侯劉章。襄平侯通。東牟侯劉興居。邑各二千戶。金千斤。封典客揭爲陽信侯。賜金千斤。一十二月。上曰。法者。治之正也。所以禁暴而率善人也。今犯法已論。而使無罪之父母妻子同產坐之。及爲收帑。朕甚不取。其議之。有司皆曰。民不能自治。故爲法以禁之。相坐坐收。所以累其心。使重犯法。所從來遠矣。如故便。颺一上曰。朕聞法正則民愨。罪當則民從。且夫牧民而導之善者。吏也。其既不能導。又以不正之法罪之。是反害于民爲暴者也。何以禁之。朕未見其便。其熟計之。有司皆曰。陛下加大惠。德甚盛。非臣等所及也。請奉詔書除收帑諸相坐律令。（高帝刑亂國用重典文帝則刑治國用輕典也）正月。有司言曰。蚤建太子。所以尊宗廟。請立太子。上曰。朕旣不德。上帝神明未歆享。天下人民未有嗛志。今縱不能博求天下賢聖有德之人而禪天下焉。而曰豫建太子。是重吾不德也。謂天下何。其安之。（文法陗宕）有司曰。豫建太子。所以重宗廟社稷。不忘天下也。上曰。楚王。季父也。春秋高。閱天下之義理多矣。（用矣字一間妙）明於國家之大體。吳王於朕兄也。惠仁以好德。淮南王。弟也。秉德以陪朕。豈爲不豫哉。（三人作兩段折宕之妙）諸侯王宗室昆弟。有功臣。多賢及有德義者。若舉有德以陪朕之不能終。是社稷之靈。天下之福也。今不選舉焉。而曰必子。（句陗）人其以朕爲忘賢有德者。而專于子。非所以憂天下也。朕甚不取也。（即位至此才四月耳故曰蚤建故有此再讓也）有司皆固請曰。古者殷周有國。治安皆千餘歲。古之有天下者。莫不長焉。用此道也。立嗣必子。所從來遠矣。高帝親率士大夫。始平天下。建諸侯。爲帝者太祖。諸侯王及列侯始受國者。皆亦爲其國祖。子孫繼嗣。世世弗絕。天下之大義也。故高帝設之以撫海內。今釋宜建而更選於諸侯及宗室。非高帝之志也。三用高帝事體尊重文法歷落更議不宜。子某最長。純厚慈仁。請建以爲太子。上乃許之。
因賜天下民當代父後者爵各一級。封將軍薄昭爲軹侯。三月有司請立皇后
薄太后曰。餘俱上曰至立后乃出太后之詔禮也諸侯皆同姓。天子宜娶於異姓諸侯今無異姓王則母以子貴耳用修解是立太子
母爲皇后。皇后姓竇氏。上爲立后故。賜天下鰥寡孤獨窮困。及年八十以上。孤兒九
歲以下。布帛米肉各有數。卽位賜民爵立太子賜爲父後爵立后賜鰥寡孤兒因事施恩當爲後世法上從代來。初卽
位。施德惠天下。塡撫諸侯四夷。皆洽驩。頂上數節乃循從代來功臣。上曰。方大臣之誅諸
呂迎朕。朕狐疑。皆止朕。唯中尉宋昌勸朕。朕以得保奉宗廟。已尊昌爲衞將軍。其封
昌爲壯武侯。諸從朕六人。六朕字隋官皆至九卿。上曰。列侯從高帝入蜀漢中者六十
八人。皆益封各三百戶。欲封故吏故先封從高帝者禮也故吏二千石已上從高帝潁川守尊等十
人。此故吏而又從高帝者也食邑六百戶。淮陽守申屠嘉等十人五百戶。衞尉定等十人四百戶。
封淮南王舅父趙兼爲周陽侯。齊王舅父駟鈞爲淸郭侯。爲前封薄軹也秋封故常山
丞相蔡兼爲樊侯。人或說右丞相曰。君本誅諸呂。迎代王。今又矜其功。受上賞。處
尊位。禍且及身。右丞相勃乃謝病免罷。左丞相平專爲丞相。二年十月。丞相平卒。

復以絳侯勃爲丞相。上曰。朕聞古者諸侯建國千餘歲各守其地以時入貢民不勞苦上下讙欣靡有遺德今列侯多居長安邑遠吏卒給輸費苦。（折）而列侯亦無由教馴其民其令列侯之國爲吏及詔所止者遣太子。（爲吏與詔所留者遣其太子也）十一月晦日有食之十二月望日又食上曰朕聞之天生蒸民爲之置君以養治之人主不德布政不均則天示之以菑以誡不治乃十一月晦日有食之適見於天菑孰大焉朕獲保宗廟以微渺之身託于兆民君王之上天下治亂在朕一人唯二三執政猶吾股肱也朕下不能理育羣生上以累三光之明其不德大矣令至其悉思朕之過失及知見思之所不及。（分知見思三項詳）白以告朕及舉賢良方正能直言極諫者以匡朕之不逮因各飭其任職務省繇費以便民朕既不能遠德故憪然念外人之有非。（句隋）是以設備未息今縱不能罷邊屯戍而又飭兵厚衞其罷衞將軍軍太僕見馬遺財足餘皆以給置傳。（現在之馬所留者裁足以備乘輿而已餘皆以給驛也）正月上曰農天下之本其開籍田朕親率耕以給宗廟粢盛。三月有司請立皇子爲諸侯王上曰趙幽王幽死朕甚憐之已立其長子遂爲趙王。（幽死一項）遂弟辟彊及齊悼惠王子朱虛侯章東牟侯興居有功可王。有功一項乃立趙幽王少子辟彊爲河間王。以齊劇郡立朱虛侯爲城陽王。立東牟侯爲濟北王。皇子武爲代王。子參爲太原王。子揖爲梁王。— 欲立諸子先立諸王與前一樣 上曰古之治天下。朝有進善之旌。誹謗之木。所以通治道而來諫者。今法有誹謗妖言之罪。是使衆臣不敢盡情。而上無由聞過失也。此臣之誹謗也 將何以來遠方之賢良。其除之。民或祝詛上以相約結而後相謾。句隋此妖言也 吏以爲大逆。其有他言而吏又以爲誹謗。此民之誹謗也作三段法變 此細民之愚無知抵死。朕甚不取。自今以來有犯此者勿聽治。— 九月。初與郡國守相爲銅虎符竹使符。三年、十月丁酉晦日有食之。— 十一月。上曰前日計遣列侯之國。或辭未行。丞相朕之所重。其爲朕率列侯之國。免相說得有恩禮句亦隋 絳侯勃免丞相就國。以太尉潁陰侯嬰爲丞相。罷太尉官屬丞相。— 四月、城陽王章薨。淮南王長與從者魏敬殺辟陽侯審食其。— 五月、匈奴入北地居河南爲寇。帝初幸甘泉。六月、帝曰漢與匈奴約爲昆弟。毋使害邊境。所以輸遺匈奴甚厚。今右賢王離其國。將衆居河南降地。非常故。往來近塞。捕殺吏卒。驅保塞蠻夷。令不得居其故陵轢邊吏。入盜。甚敖無道。非約也。結上約字首尾相照 其發邊吏騎八萬五千詣高奴。遣丞相潁陰侯灌嬰擊匈奴。匈奴去。發中尉材官屬衞將軍軍長安。辛卯。帝自甘泉之高奴。因幸太原。見故羣臣。（代之故臣也）皆賜之。舉功行賞。諸民里賜牛酒。復晉陽中都民三歲。留游太原十餘日。濟北王興居聞帝之代。欲往擊胡。乃反。發兵欲襲滎陽。於是詔罷丞相兵。遣棘蒲侯陳武爲大將軍。將十萬往擊之。祁侯賀爲將軍。軍滎陽。七月辛亥。帝自太原至長安。乃詔有司曰。濟北王背德反上。詿誤吏民。爲大逆。濟北吏民兵未至先自定。及以軍地邑降者。皆赦之。復官爵。與王興居去來。亦赦之。（調古而簡）八月。破濟北軍。鹵其王。赦濟北諸吏民與王反者。一六年。有司言淮南王長廢先帝法。不聽天子詔。居處毋度。出入擬於天子。擅爲法令。與棘蒲侯太子奇謀反。遣人使閩越及匈奴。發其兵。欲以危宗廟社稷。羣臣議。皆曰長當棄市。帝不忍致法於王。赦其罪。廢勿王。羣臣請處王蜀嚴道邛都。帝許之。長未到處所。行病死。上憐之。後十六年。追尊淮南王長謚爲厲王。立其子三人爲淮南王衡山王廬江王。一十三年夏。上曰。蓋聞天道禍自怨起。而福由德興。百官之非。宜由朕躬。今祕祝之官移過于下。以彰吾之不德。朕甚不取。其除之。一（簡而勁）五月。齊太倉令淳于公有罪當刑。詔獄逮徙繫長安。太倉公無男。有女五人。太倉公將行。會逮。罵其女曰。生子不生男。有緩急非有益也。其少女緹縈。自傷泣。乃隨其父至長安。上書曰。妾父為吏。齊中皆稱其廉平。今坐法當刑。妾傷夫死者不可復生。刑者不可復屬。雖復欲改過自新。其道無由也。（不說冤只說改過意婉而悲是動人處）妾願沒入為官婢。贖父刑罪。使得自新。書奏天子。天子憐悲其意。乃下詔曰。蓋聞有虞氏之時。畫衣冠異章服以為僇。而民不犯。何則。至治也。今法有肉刑三。而姦不止。其咎安在。非乃朕德薄而教不明歟。吾甚自愧。（數語三折）故夫馴道不純。而愚民陷焉。詩曰。愷悌君子。民之父母。今人有過。教未施而刑加焉。或欲改行為善。而道無由也。（是縈書動人處）朕甚憐之。夫刑至斷支體。刻肌膚。終身不息。何其楚痛而不德也。（又疊一句酸楚惻隱之至）豈稱為民父母之意哉。其除肉刑。—上曰。農天下之本。務莫大焉。今勤身從事而有租稅之賦。是為本末者無以異。（為本無異於為末也句陏）其于勸農之道未備。其除田之租稅。

—十四年冬。匈奴謀入邊為寇。攻朝那塞。殺北地都尉卬。上乃遣三將軍。軍隴西北地。上郡。中尉周舍為衛將軍。郎中令張武為車騎將軍。軍渭北。車千乘。騎卒十萬。帝親自勞軍。勒兵申教令。賜軍吏卒。帝欲自將擊匈奴。群臣諫。皆不聽。皇太后固要帝帝乃止於是以東陽侯張相如爲大將軍成侯赤爲內史欒布爲將軍擊匈奴匈奴遁走春上曰朕獲執犧牲珪幣以事上帝宗廟十四年於今歷日縣長以不敏不明而久撫臨天下朕甚自愧其廣增諸祀墠場珪幣昔先王遠施不求其報望祀不祈其福右賢左戚先民後己至明之極也今吾聞祠官祝釐皆歸福朕躬不爲百姓朕甚愧之夫以朕不德而躬享獨美其福百姓不與焉是重吾不德（語意三折）其令祠官致敬毋有所祈—是時北平侯張蒼爲丞相方明律歷魯人公孫臣上書陳終始傳五德事言方今土德時土德應黃龍見當改正朔服色制度天子下其事與丞相議丞相推以爲今水德始明正十月上黑事以爲其言非是請罷之十五年黃龍見成紀天子乃復召魯公孫臣以爲博士申明土德事於是上乃下詔曰有異物之神見於成紀無害於民歲以有年朕親郊祀上帝諸神禮官議無諱以勞朕（簡質中却有姿致）有司禮官皆曰古者天子夏躬親禮祀上帝于郊故曰郊於是天子始幸雍郊見五帝以孟夏四月答禮焉—趙人新垣平以望氣見因說上設立渭陽五廟欲出周鼎當有玉英見十六年上親郊見渭陽五帝廟亦以夏答禮而尙赤十七年得玉杯刻曰人

主延壽於是天子始更爲元年令天下大酺其歲新垣平事覺夷三族—（文帝之失止新垣平一事故約略寫之爲賢者諱也）後二年上曰朕既不明不能遠德是以使方外之國或不寧息夫四荒之外不安其生（邊民之被禍也）封畿之內勤勞不處（內地之徵發也）二者之咎皆自於朕之德薄而不能遠達也間者累年匈奴並暴邊境多殺吏民邊臣兵吏又不能諭吾內志（內志即和好息民也）以重吾不德也夫久結難連兵中外之國將何以自寧今朕夙興夜寐勤勞天下憂苦萬民爲之怛惕不安未嘗一日忘於心故遣使者冠蓋相望結軼於道以諭朕意於單于（是文帝一生主意於此詔點出）今單于反古之道計社稷之安便萬民之利新與朕俱棄細過偕之大道結兄弟之義以全天下元元之民和親已定始于今年—後六年冬匈奴三萬人入上郡三萬人入雲中以中大夫令勉爲車騎將軍軍飛狐故楚相蘇意爲將軍軍句注將軍張武屯北地河內守周亞夫爲將軍居細柳宗正劉禮爲將軍居霸上祝茲侯軍棘門以備胡數月胡人去亦罷—天下旱蝗帝加惠令諸侯毋入貢弛山澤減諸服御狗馬損郎吏員發倉庾以振貧民民得賣爵—孝文帝從代來即位二十三年（撮其大略總敘一段在編年之後遺詔之前如一小紀雖略寫大意而精神氣度無不逼露是大手筆）宮室苑

囿狗馬服御無所增益。減服御一有不便輒弛以利民。利民二當欲作露臺召匠計之直百金。上曰百金中民十家之產吾奉先帝宮室常恐羞之何以臺爲。露臺三上嘗衣綈衣所幸愼夫人令衣不得曳地幃帳不得文繡以示敦朴爲天下先。儉朴四治霸陵皆以瓦器不得以金銀銅錫爲飾不治墳欲爲省毋煩民。造霸陵五南越王尉佗自立爲武帝。然上召貴尉佗兄弟以德報之佗遂去帝稱臣。感尉佗六與匈奴和親匈奴背約入盜然令邊備守不發兵深入惡煩苦百姓。和匈奴七吳王詐病不朝就賜几杖。化吳王八羣臣如袁盎等稱說雖切常假借用之。容諫臣九羣臣如張武等受賂遺金錢覺上乃發御府金錢賜之以愧其心弗下吏。愧張武等十專務以德化民是以海內殷富興於禮義。總結上十事

後七年六月己亥帝崩於未央宮。遺詔曰朕聞蓋天下萬物之萌生靡有不死死者天地之理物之自然者奚可甚哀。一轉當今之時世咸嘉生而惡死厚葬以破業重服以傷生吾甚不取。二轉且朕既不德無以佐百姓今崩又使重服久臨以離寒暑之數哀人之父子傷長幼之志損其飲食絕鬼神之祭祀以重吾不德也謂天下何。三轉朕獲保宗廟以眇眇之身託于天下君王之上二十有餘年矣賴天地之靈社稷之福

方內安寧。靡有兵革。四轉朕既不敏。常畏過行。以修先帝之遺德。維年之久長。懼于不終。反以久長為懼更深一層今乃幸以天年得復供養于高廟。朕之不明與嘉之。其奚哀悲之有。應前奚可甚哀結其令天下吏民。令到出臨三日。皆釋服。毋禁取婦嫁女祠祀飲酒食肉者。自當給喪事服臨者。皆無踐。絰帶無過三寸。毋布車及兵器。毋發人男女哭臨宮殿。宮殿中當臨者。皆以旦夕各十五舉聲。禮畢罷。非旦夕臨時。禁毋得擅哭。以下服大紅十五日。小紅十四日。纖七日。釋服。佗不在令中者。皆以此令比率從事。布告天下。使明知朕意。一段序事序法不繁不蕪簡質有法霸陵山川因其故。毋有所改。歸夫人以下至少使。令中尉亞夫為車騎將軍。屬國悍為將屯將軍。郎中令武為復土將軍。發近縣見卒萬六千人。發內史卒萬五千人。藏郭穿復土屬將軍武。乙巳。羣臣皆頓首上尊號曰孝文皇帝。太子卽位于高廟。丁未。襲號曰皇帝。一孝景皇帝元年十月。踰年改元亦以十月為歲首也

制詔御史。蓋聞古者祖有功而宗有德。制禮樂各有由。聞歌者所以發德也。舞者所以明功也。高廟酎奏武德文始五行之舞。孝惠廟酎奏文始五行之舞。孝文皇帝臨天下。通關梁。不異遠方。除誹謗。去肉刑。賞賜長老。收恤孤獨。以育羣生。減嗜欲。不受

獻。不私其利也。罪人不帑。不誅無罪。除肉刑。出美人。重絕人之世。又撮文帝事大意于遺詔中再敘一番一篇文字作兩層結束朕既不敏。不能識此。皆上古之所不及。而孝文皇帝親行之。德厚侔天地。利澤施四海。靡不獲福焉。明象乎日月。而廟樂不稱。朕甚懼焉。其爲孝文皇帝廟爲昭德之舞。以明休德。然後祖宗之功德。著於竹帛。施於萬世。永永無窮。朕甚嘉之。其與丞相列侯中二千石禮官具爲禮儀奏。丞相臣嘉等言。陛下永思孝道。立昭德之舞。以明孝文皇帝之盛德。皆臣嘉等愚所不及。臣謹議曰。功莫大於高皇帝。德莫盛于孝文皇帝。又借禮官議作文帝斷案總結高皇廟宜爲帝者太祖之廟。孝文皇帝廟宜爲帝者太宗之廟。天子宜世世獻祖宗之廟。郡國諸侯宜各爲孝文皇帝立太宗之廟。諸侯王列侯使者侍祠天子歲獻祖宗之廟。請著之竹帛。宣布天下。制曰可。

太史公曰、孔子言必世然後仁。善人之治國百年。亦可以勝殘去殺。誠哉是言。漢興。至孝文四十有餘載。德至盛也。廩廩鄉改正服。封禪矣。謙讓未成於今。嗚呼。豈不仁哉。文帝以質勝所未逮者文事耳紀中鋪敘已盡贊中反借其謙讓未成作反振法卽接曰豈不仁哉則未成處非譏其略正贊其仁也直與武帝對照

本紀之體是諸傳之提綱故挨年逐月一路敘去用花巧不得止看其敘法之簡淨安放之妥當而已○漢文純用文勝寫得臻臻楚楚優柔不迫與高后紀

另用一種筆仗○中載諸詔文法佳勝或當時如此或係史公刪潤雖不可知然漢文以後之詔皆不如前則史公與有力也○此紀通篇與武帝事對照昔人所謂魚藻之義也

孝景本紀 褚先生補

孝景皇帝者、孝文之中子也。母竇太后。孝文在代時。前後有三男。及竇太后得幸。前後死。及三子更死。故孝景得立。—元年四月乙卯、赦天下。—乙巳、賜民爵一級。—五月、除田半租。—爲孝文立太宗廟。令羣臣無朝賀。—匈奴入代。與約和親。—二年春、封故相國蕭何孫係爲武陵侯。—男子二十而得傅。—四月壬午、孝文太后崩。—廣川長沙王皆之國。—丞相申屠嘉卒。—八月、以御史大夫開封侯陶青爲丞相。—彗星出東北。—秋、衡山雨雹、大者五寸、深者二尺。—熒惑逆行守北辰。月出北辰間。歲星逆行天廷中。—置南陵及內史祋栩爲縣。—三年正月乙巳、赦天下。—長星出西方。—天火燔雒陽東宮大殿城室。—吳王濞。楚王戊。趙王遂。膠西王卬。濟南王辟光。菑川王賢。膠東王雄渠。反。發兵西鄉。天子爲誅鼂錯。遣袁盎諭告。不止。遂西圍梁。上乃遣大將軍竇嬰。太尉周亞夫。將兵誅之。—六月乙亥、赦亡軍及楚元王子蓺等與謀反者。—封大將軍竇嬰爲魏其侯。—立楚元王子平陸侯劉禮爲楚王。—立皇子端爲膠西王。子勝爲中山王。徙濟北王志爲菑川王。淮陽王餘爲魯王。汝南王非爲江都王。—齊王將廬。燕王嘉皆薨。—四年夏、立太子。—立皇子徹爲膠東王。—六月甲戌、赦天下。—後九月、更以弋陽爲陽陵。—復置津關。用傳出入。—冬、以趙國爲邯鄲郡。—五年三月、作陽陵渭橋。—五月、募徙陽陵予錢二十萬。—江都大暴風從西方來壞城十二丈。—丁卯、封長公主子蟜爲隆慮侯。—徙廣川王爲趙王。—六年春、封中尉趙綰爲建陵侯。江都丞相嘉爲建平侯。隴西太守渾邪爲平曲侯。趙丞相嘉、爲江陵侯。故將軍布爲鄃侯。—梁楚二王皆薨。—後九月、伐馳道樹殖蘭池。—七年、冬、廢栗太子爲臨江王。—十二月晦、日有食之。—春、免徒隸作陽陵者。—丞相青免。—二月乙巳、以太尉條侯周亞夫爲丞相。—四月乙巳、立膠東王太后爲皇后。丁巳、立膠東王爲太子。名徹。中元年、封故御史大夫周苛孫平爲繩侯。故御史大夫周昌子左車爲安陽侯。—四月乙巳、赦天下。賜爵一級。除禁錮。—地動。衡山原都雨雹。大者尺八寸。—中二年二月、匈奴入燕。遂不和親。—三月、召臨江王來。卽死中尉府中。

中華書局印行

一夏、立皇子越爲廣川王。子寄爲膠東王。封四侯。一九月甲戌、日食。一中三年冬、罷諸侯御史中丞。一春、匈奴王二人。率其徒來降。皆封爲列侯。一立皇子方乘爲清河王。一三月、彗星出西北。一丞相周亞夫死。以御史大夫桃侯劉舍爲丞相。一四月、地動。一九月戊戌晦、日食。一軍東都門外。一中四年三月、置德陽宮。一大蝗。一秋、赦徒作陽陵者。一中五年夏、立皇子舜爲常山王。封十侯。一六月丁巳、赦天下。賜爵一級。一天下大潦。一更命諸侯丞相曰相。一秋、地動。一中六年二月己卯、行幸雍。郊見五帝。三月、雨雹。一四月、梁孝王。城陽共王。汝南王。皆薨。一立梁孝王子明爲濟川王。子彭離爲濟東王。一子定爲山陽王。子不識爲濟陰王。梁分爲五。一封四侯。一更命廷尉爲大理。將作少府爲將作大匠。主爵中尉爲都尉。長信詹事爲長信少府。將行爲大長秋。大行爲行人。奉常爲太常。典客爲大行。治粟內史爲大農。以大內爲二千石。置左右內官。屬大內。一七月辛亥、日食。一八月、匈奴入上郡。一後元年冬、更命中大夫爲衛尉。一三月丁酉、赦天下。賜爵一級。中二千石諸侯相爵右庶長。一四月、大酺。一五月丙戌、地動。其蚤食時復動。上庸地動二十二日。壞城垣。一七月乙巳、日食。一丞相劉舍免。八月壬辰、以御史大夫綰爲丞相。封爲建陵侯。後二年正月、地一日三動。郅將軍擊匈奴。酺五日。令內史郡不得食馬粟。沒入縣官。令徒隸衣七緵布。止馬舂。爲歲不登。禁天下食不造歲。省列侯遣之國。三月、匈奴入雁門。十月、租長陵田。大旱。衡山國河東雲中郡民疫。後三年十月、日月皆食赤五日。十二月晦、靁。日如紫。五星逆行守太微。月貫天庭中。正月甲寅、皇太子冠。甲子、景孝皇帝崩。遺詔賜諸侯王以下至民爲父後爵一級。天下戶百錢。出宮人歸其家。復無所與。太子卽位。是爲孝武皇帝。三月、封皇太后弟蚡爲武安侯。弟勝爲周陽侯。葬陽陵。

太史公曰、漢興、孝文施大德。天下懷安。至孝景不復憂異姓。而鼂錯刻削諸侯。遂使七國俱起。合從而西鄉。以諸侯太盛。而錯爲之不以漸也。及主父偃言之。而諸侯以弱。卒以安。安危之機。豈不以謀哉。

不過排比事類續成一篇殊無剪裁不足觀覽贊語亦直率庸弱不知何人手筆恐褚先生亦不如是

孝武本紀 褚先生取封禪書補

中華書局印行

孝武皇帝者。孝景中子也。母曰王太后。孝景四年。以皇子爲膠東王。孝景七年。栗太子廢爲臨江王。以膠東王爲太子。孝景十六年崩。太子卽位。爲孝武皇帝。孝武皇帝初卽位。尤敬鬼神之祀。—（此下俱封禪書全文）元年、漢興已六十餘歲矣。天下乂安。薦紳之屬皆望天子封禪改正度也。而上鄉儒術。招賢良。趙綰王臧等以文學爲公卿。欲議古立明堂城南。以朝諸侯。草巡狩封禪改歷服色事。未就。會竇太后治黃老言。不好儒術。使人微伺得趙綰等姦利事。召案綰臧。綰臧自殺。諸所興爲者皆廢。—後六年。竇太后崩。其明年。上徵文學博士公孫弘等。—明年。上初至雍。郊見五畤。後常三歲一郊。—是時上求神君。舍之上林中蹏氏觀。神君者。長陵女子。以子死悲哀。（多悲哀二字）故見神於先後宛若。宛若祠之其室。民多往祠。平原君往祠。其後子孫以尊顯。及武帝卽位。則厚禮置祠之內中。聞其言。不見其人云。—是時而李少君亦以祠竈穀道卻老方見上。上尊之。少君者。故深澤侯入以主方。匿其年及所生長。常自謂七十。能使物卻老。其游以方徧諸侯。無妻子。人聞其能使物及不死。更饋遺之。常餘金錢帛衣食。人皆以爲不治產業而饒給。又不知其何所人。愈信。爭事之。—少君資好方善爲巧發奇中。常從武安侯飲。坐中有年九十餘老人。少君乃言與其大父游射處。老人爲兒時從其大父行。識其處。一坐盡驚。少君見上。上有故銅器。問少君。少君曰。此器齊桓公十年陳於柏寢。已而按其刻。果齊桓公器。一宮盡駭。以少君爲神。（書以爲少君神好）數百歲人也。少君言於上曰。祠竈則致物。致物而丹砂可化爲黃金。黃金成以爲飲食器則益壽。益壽而海中蓬萊僊者可見。見之以封禪則不死。黃帝是也。臣嘗游海上。見安期生。（書多一安期生文致好）食巨棗。大如瓜。安期生僊者。通蓬萊中。合則見人。不合則隱。於是天子始親祠竈。而遣方士入海求蓬萊安期生之屬。而事化丹砂諸藥齊爲黃金矣。居久之。李少君病死。天子以爲化去不死也。而使黃錘史寬舒受其方。求蓬萊安期生莫能得。而海上燕齊怪迂之方士多相效。更言神事矣。（書無相效字）亳人薄誘忌。（書作謬忌）奏祠太一方。曰天神貴者泰一。泰一佐曰五帝。古者天子以春秋祭泰一東南郊。用太牢具七日。爲壇開八通之鬼道。於是天子令太祝立其祠長安東南郊。常奉祠如忌方。其後人有上書言。古者天子三年一用太牢具祠神三一。天一。地一。泰一。天子許之。令太祝領祠之忌泰一壇上。如其方。後人復有上書言。

古者天子嘗以春秋解祠。（書無秋字）祠黃帝用一梟破鏡。冥羊用羊祠。馬行用一靑牡馬。泰一皋山。（書作山澤）山君地長用牛。武夷君用乾魚。陰陽使者以一牛。令祠官領之如其方。而祠於忌泰一壇旁。━其後天子苑有白鹿。以其皮爲幣。以發瑞應。造白金焉。━其明年。郊雍獲一角獸。若麃然。（書作若麟然）有司曰。陛下肅祗郊祀。上帝報享。錫一角獸。蓋麟云。於是以薦五畤。畤加一牛以燎。賜諸侯白金。以風符應合於天地。━於是濟北王以爲天子且封禪。乃上書獻泰山及其旁邑。天子受之。更以他縣償之。━常山王有辠。遷。天子封其弟於眞定。以續先王祀。而以常山爲郡。然後五嶽皆在天子之郡。━其明年。齊人少翁以鬼神方見上。上有所幸王夫人。夫人卒。少翁以方術蓋夜致王夫人及竈鬼之貌云。天子自帷中望見焉。於是乃拜少翁爲文成將軍。賞賜甚多。以客禮禮之。文成言曰。上卽欲與神通。宮室被服不象神。神物不至。乃作畫雲氣車。及各以勝日駕車辟惡鬼。又作甘泉宮。中爲臺室。畫天地泰一諸神。而置祭具以致天神。居歲餘。其方益衰。神不至。乃爲帛書以飯牛。詳弗知也。言此牛腹中有奇殺而視之。得書。書言甚怪。天子疑之。有識其手書。問之人。（書作天子識其手書問其人）果僞書。於是誅文成將軍而隱之。其後則又作柏梁銅柱承露仙人掌之屬矣。文成死明年。天子病鼎湖甚。巫醫無所不致。至不愈。游水發根乃言曰。上郡有巫病而鬼下之。上召致祠之甘泉。及病。使人問神君。神君言曰。天子毋憂病。病少愈。彊與我會甘泉。於是病愈。遂幸甘泉。病良已。大赦天下。置壽宮神君。神君最貴者大夫（書作太一）。其佐曰大禁司命之屬。皆從之。非可得見。聞其音與人言等。時去時來。來則風肅然也。居室帷中。時晝言。然常以夜。天子祓然後入。因巫爲主人。關飲食。所欲者言行下。又置壽宮北宮。張羽旗。設供具。以禮神君。神君所言。上使人受書其言。命之曰書法。其所語。世俗之所知也。毋絕殊者。而天子獨喜其事。祕。世莫知也。其後三年。有司言元宜以天瑞命。不宜以一二數。一元曰建元。二元以長星曰元光。三元以郊得一角獸曰元狩云。（書曰建曰光曰狩無元字佳）其明年冬、天子郊雍。議曰。今上帝朕親郊。而后土毋祀。則禮不荅也。有司與太史公祠官寬舒等議。天地牲角繭栗。今陛下親祀后土。后土宜於澤中圜丘爲五壇。壇一黃犢太牢具。已祠盡瘞。而從祠衣上黃。於是天子遂東。始立后土祠汾陰脽上。如寬舒等議。上親望拜。如上帝禮。禮畢。天子遂至滎陽而還。過雒陽。下詔曰。三代邈絕。遠矣難存。其以三十里地封周後爲周子南君。以奉先王祀焉。是歲。天子始巡郡縣。侵尋於泰山矣。其春。樂成侯上書言欒大。欒大膠東宮人。故嘗與文成將軍同師。已而爲膠東王尚方。而樂成侯姊爲康王后。毋子。康王死。他姬子立爲王。而康后有淫行。與王不相中。得相危以法。康后聞文成已死。而欲自媚於上。乃遣欒大因樂成侯求見言方。天子既誅文成。後悔恨其早死。惜其方不盡。及見欒大。大悅。大爲人長美。言多方略。而敢爲大言。處之不疑。大言曰。臣嘗往來海中。見安期羨門之屬。顧以爲臣賤。不信臣。又以爲康王諸侯耳。不足予方。臣數言康王。康王又不用臣。臣之師曰。黃金可成。而河決可塞。不死之藥可得。仙人可致也。臣恐效文成。則方士皆掩口。惡敢言方哉。上曰。文成食馬肝死耳。子誠能修其方。我何愛乎。大曰。臣師非有求人。人者求之。陛下必欲致之。則貴其使者。令有親屬。以客禮待之。勿卑。使各佩其信印。乃可使通言於神人。神人尚肯邪不邪。致尊其使。然後可致也。於是上使先驗小方。鬭旗。旗自相觸擊。是時上方憂河決。而黃金不就。乃拜大爲五利將軍。居月餘。得四金印。佩天士將軍。地士將軍。大通將軍。天道將軍印。（書無天道將軍字蓋）

後有玉印此不宜重制詔御史。昔禹疏九江。決四瀆。間者河溢皐陸。隄繇不息。朕臨天下二十有八年。天若遺朕士而大通焉。乾稱蜚龍。鴻漸于般。意庶幾與焉。其以二千戶封地士將軍大爲樂通侯。賜列侯甲第。僮千人。乘輿斥車馬帷帳器物以充其家。又以衞長公主妻之。齎金萬斤。更名其邑曰當利公主。天子親如五利之第。使者存問所給連屬於道。自大主將相以下。皆置酒其家。獻遺之。於是天子又刻玉印曰天道將軍。使使衣羽衣。夜立白茅上。五利將軍亦衣羽衣。立白茅上受印。以示弗臣也。而佩天道者。且爲天子道天神也。於是五利常夜祠其家。欲以下神。神未至而百鬼集矣。然頗能使之。其後治裝行。東入海求其師云。大見數月。佩六印。貴振天下。而海上燕齊之間莫不搤捥而自言有禁方能神仙矣。━其夏六月中。汾陰巫錦爲民祠魏脽后土營旁。見地如鉤狀。掊視得鼎。鼎大異于衆鼎。文鏤無款識。怪之。言吏。吏告河東太守勝。勝以聞。天子使使驗問巫錦得鼎無姦詐。乃以禮祠。迎鼎至甘泉。從行。上薦之。至中山。晏溫。書作曣膃。有黃雲蓋焉。有麃過。上自射之。因以祭。云至長安。公卿大夫皆議請尊寶鼎。天子曰。間者河溢。歲數不登。故巡祭后土。祈爲百姓育穀。今年豐廡未有報鼎曷爲出哉有司皆曰聞昔太帝興神鼎一一者一統天地萬物所繫終也黃帝作寶鼎三象天地人也禹收九牧之金鑄九鼎皆嘗鬺烹上帝鬼神遭聖則興遷於夏商周德衰宋之社亡鼎乃淪伏而不見頌云自堂徂基自羊徂牛鼐鼎及鼒不虞不驁胡考之休今鼎至甘泉光潤龍變承休無疆合茲中山有黃白雲降蓋若獸爲符路弓乘矢集獲壇下報祠大饗惟受命而帝者心知其意而合德焉鼎宜見於祖禰藏於帝廷以合明應制曰可—入海求蓬萊者言蓬萊不遠而不能至者殆不見其氣上乃遣望氣佐候其氣云—其秋上幸雍且郊或曰五帝泰一之佐也宜立泰一而上親郊之上疑未定齊人公孫卿曰今年得寶鼎其冬辛巳朔旦冬至與黃帝時等卿有札書曰黃帝得寶鼎宛侯（書作宛朐）問於鬼臾區區對曰黃帝得寶鼎神筴是歲己酉朔旦冬至得天之紀終而復始於是黃帝迎日推筴後率二十歲得朔旦冬至凡二十推三百八十年黃帝僊登於天卿因所忠欲奏之所忠視其書不經疑其妄書謝曰寶鼎事已決矣尚何以爲卿因嬖人奏之上大說召問卿對曰受此書申功申功已死（書作申公）上曰申功何人也卿曰申功齊人也與安期生通受黃帝言無書

獨有此鼎書曰漢興復當黃帝之時漢之聖者在高祖之孫且曾孫也寶鼎出而與神通封禪封禪七十二王唯黃帝得上泰山封申功曰漢主亦當上封上封則能僊登天矣黃帝時萬諸侯而神靈之封居七千天下名山八而三在蠻夷五在中國中國華山首山太室泰山東萊此五山黃帝之所常遊與神會黃帝且戰且學仙患百姓非其道乃斷斬非鬼神者百餘歲然後得與神通黃帝郊雍上帝宿三月鬼臾區號大鴻死葬雍故鴻冢是也其後黃帝接萬靈明廷明廷者甘泉也所謂寒門者谷口也黃帝采首山銅鑄鼎於荊山下鼎既成有龍垂胡髯下迎黃帝黃帝上騎羣臣後宮從上龍七十餘人龍乃上去餘小臣不得上乃悉持龍髯龍髯拔墮（書多一龍髯字一墮字方詳）黃帝之弓百姓仰望黃帝既上天乃抱其弓與龍胡髯號故後世因名其處曰鼎湖其弓曰烏號於是天子曰嗟乎吾誠得如黃帝吾視去妻子如脫躧耳乃拜卿爲郎東使候神於太室━上遂郊雍至隴西西登空桐幸甘泉令祠官寬舒等具太一祠壇壇放薄忌泰一壇壇三垓五帝壇環居其下各如其方黃帝西南除八通鬼道泰一所用如雍一時物而加醴棗脯之屬殺一犛牛以爲俎豆牢具而五帝獨有

俎豆醴進其下四方地爲餟食羣神從者及北斗云已祠胙餘皆燎之其牛色白鹿居其中彘在鹿中水而洎之祭日以牛祭月以羊彘特泰一祝宰則衣紫及繡五帝各如其色日赤月白十一月辛巳朔旦冬至昧爽天子始郊拜泰一朝朝日夕夕月則揖而見泰一如雍禮其贊饗曰天始以寶鼎神策授皇帝朔而又朔終而復始皇帝敬拜見焉而衣上黃其祠列火滿壇壇旁烹炊具有司云祠上有光焉—公卿言皇帝始郊見泰一雲陽有司奉瑄玉嘉牲薦饗是夜有美光及晝黃氣上屬天太史公祠官寬舒等曰神靈之休佑福兆祥宜因此地光域立泰畤壇以明應令太祝領祀及臘閒祠三歲天子一郊見—其秋爲伐南越告禱泰一以牡荊畫幡日月北斗登龍以象天一三星爲泰一鋒名曰靈旗爲兵禱則太史奉以指所伐國—而五利將軍使不敢入海之泰山祠上使人微隨驗實無所見五利妄言見其師其方盡多不讐上乃誅五利—其冬公孫卿候神河南見僊人跡緱氏城上有物若雉往來城上天子親幸緱氏城視跡問卿得無效文成五利乎卿曰仙者非有求人主人主求之其道非少寬假神不來言神事事如迂誕積以歲乃可致於是郡國各除道繕

治宮觀名山神祠所以望幸矣。—其年既滅南越。上有嬖臣李延年以好音見。上善之。下公卿議曰。民間祠尚有鼓舞之樂。今郊祠而無樂。豈稱乎。公卿曰。古者祀天地皆有樂。而神祇可得而禮。或曰。泰帝使素女鼓五十弦瑟。悲。帝禁不止。故破其瑟爲二十五弦。於是塞南越。禱祠泰一后土。始用樂舞。益召歌兒。作二十五弦及箜篌瑟自此起。—其來年冬。上議曰。古者先振兵澤旅。然後封禪。乃遂北巡朔方。勒兵十餘萬。還祭黃帝冢橋山。澤兵須如。上曰。吾聞黃帝不死。今有冢。何也。或對曰。黃帝已僊上天。羣臣葬其衣冠。—既至甘泉。爲且用事泰山。先類祠泰一。—自得寶鼎。上與公卿諸生議封禪。封禪用希曠絕。莫知其儀禮。而羣儒采封禪尚書周官王制之望祀射牛事。齊人丁公年九十餘。曰。封者。合不死之名也。秦皇帝不得上封。陛下必欲上稍上卽無風雨。遂上封矣。上於是乃令諸儒習射牛。草封禪儀。數年至且行。天子既聞公孫卿及方士之言。黃帝以上封禪。皆致怪物與神通。欲放黃帝以嘗接神僊人蓬萊士。高世比德於九皇。而頗采儒術以文之。羣儒既以不能辨明封禪事。又牽拘於詩書古文而不敢騁。上爲封祠器示羣儒。羣儒或曰。不與古同。徐偃又曰。太常諸生行禮。不如魯善。周霸屬圖封事。於是上絀偃霸。盡罷諸儒弗用。三月。遂東幸緱氏。禮登中嶽太室。從官在山下。聞若有言萬歲云。問上。上不言。問下。下不言。於是以三百戶封太室奉祠。命曰崇高邑。東上泰山。山之草木葉未生。乃令人上石立之泰山顚。上遂東巡海上。行禮祠八神。齊人之上疏言神怪奇方者以萬數。然無驗者。乃益發船。令言海中神山者數千人求蓬萊神人。公孫卿持節常先行候名山。至東萊。言夜見一人長數丈。就之則不見。見其跡甚大。類禽獸云。羣臣有言見一老父牽狗。言吾欲見巨公。已忽不見。上既見大跡。未信。及羣臣有言老父。則大以爲僊人也。宿留海上。與方士傳車及間使求僊人以千數。四月。還至奉高。上念諸儒及方士言封禪人人殊。不經。難施行。天子至梁父。禮祠地主。乙卯。令侍中儒者皮弁薦紳。射牛行事。封泰山下東方。如郊祀泰一之禮。封廣丈二尺。高九尺。其下則有玉牒書。書祕。禮畢。天子獨與侍中奉車子侯上泰山。亦有封。其事皆禁。明日。下陰道。丙辰。禪泰山下阯東北肅然山。如祭后土禮。天子皆親拜見。衣上黃而盡用樂焉。江淮間一茅三脊爲神藉。五色土益雜封。縱遠方奇獸蜚禽及白雉諸物。頗以加祠。兕旄牛犀象之屬弗用。皆至泰山。然後去。（書作祭后土。）封禪祠。其夜若有光。晝有白雲起封中。—天子從封禪還。坐明堂。羣臣更上壽。於是制詔御史。朕以眇眇之身承至尊。兢兢焉懼弗任。惟德菲薄。不明於禮樂。修祀泰一。若有象景光。屑如有望。依依震於怪物。（書無依依字。）欲止不敢。遂登封泰山。至於梁父。而後禪肅然。自新。嘉與士大夫更始。賜民百戶牛一酒十石。加年八十孤寡布帛二匹。復博奉高蛇丘歷城。毋出今年租稅。其赦天下。如乙卯赦令。行所過毋有復作。事在二年前。皆勿聽治。—又下詔曰。古者天子五載一巡狩。用事泰山。諸侯有朝宿地。其令諸侯各治邸泰山下。—天子既已封禪泰山。無風雨菑。而方士更言蓬萊諸神山若將可得。於是上欣然庶幾遇之。乃復東至海上望。冀遇蓬萊焉。—奉車子侯暴病。一日死。上乃遂去。並海上。北至碣石。巡自遼西。歷北邊至九原。五月。返至甘泉。有司言寶鼎出為元鼎。以今年為元封元年。—其秋。有星茀于東井。後十餘日。有星茀于三能。望氣王朔言。候獨見其星出如瓠。食頃復入焉。有司言曰。陛下建漢家封禪。天其報德星云。—其來年冬。郊雍五帝。還。拜祝祠泰一。贊饗曰。德星昭衍。厥維休祥。壽星仍出。淵耀光明。信星昭見。皇帝敬拜泰祝之饗一其春。公孫卿言見神人東萊山。若云見天子。天子於是幸緱氏城。拜卿爲中大夫。
遂至東萊。宿留之數日。毋所見。見大人跡。復遣方士求神怪采芝藥以千數。一是歲
旱。於是天子既出毋名。乃禱萬里沙。過祠泰山。還至瓠子。自臨塞決河。留二日。沈祠
而去。使二卿將卒塞決河。河徙二渠。復禹之故跡焉。一是時既滅南越。越人勇之乃
言越人俗信鬼。而其祠皆見鬼。數有效。昔東甌王敬鬼。壽至百六十歲。後世怠謾。故
衰耗。乃令越巫立越祝祠。安臺無壇。亦祠天神上帝百鬼。而以雞卜。上信之。越祠雞
卜始用焉。一公孫卿曰。僊人可見。而上往常遽。以故不見。今陛下可爲觀。如緱氏城。
置脯棗。神人宜可致。且僊人好樓居。於是上令長安則作蜚廉桂觀。甘泉則作益延
壽觀。使卿持節設具而候神人。乃作通天臺。置祠具其下。將招來神僊之屬。於是甘
泉更置前殿。始廣諸宮室。一夏。有芝生殿防內中。天子爲塞河。興通天臺。若有光云。
乃下詔曰。甘泉防（書作房）生芝九莖。赦天下。毋有復作。一其明年。伐朝鮮。夏旱。公孫卿
曰。黃帝時封則天旱。乾封三年。上乃下詔曰。天旱。意乾封乎。其令天下尊祠靈星焉。
一其明年。上郊雍。通回中道。巡之。春。至鳴澤。從西河歸。其明年冬。上巡南郡。至江陵

而東登禮潛之天柱山。號曰南嶽。浮江。自尋陽出樅陽。過彭蠡。祀其名山川。北至琅邪。並海上。四月中。至奉高修封焉。初。天子封泰山。泰山東北阯古時有明堂處。處險不敞。上欲治明堂奉高旁。未曉其制度。濟南人公玉帶上黃帝時明堂圖。明堂圖中有一殿。四面無壁。以茅蓋。通水。圜宮垣爲複道。上有樓。從西南入。命曰昆侖。天子從之入。以拜祠上帝焉。於是上令奉高作明堂汶上。如帶圖。及五年修封。則祠泰一五帝于明堂上坐。令高皇帝祠坐對之。祠后土于下房。以二十太牢。天子從昆侖道入。始拜明堂如郊禮。禮畢。燎堂下。而上又上泰山。有祕祠其巔。而泰山下祠五帝。各如其方。黃帝并赤帝。而有司侍祠焉。泰山上舉火。下悉應之。其後二歲。十一月甲子朔旦冬至。推歷者以本統。天子親至泰山。以十一月甲子朔旦冬至日祠上帝明堂。每修封禪。其贊饗曰。天增授皇帝泰元神筴。周而復始。皇帝敬拜泰一。東至海上。考入海及方士求神者。莫驗。然益遣。冀遇之。十一月乙酉。柏梁災。十二月甲午朔。上親禪高里。祠后土。臨勃海。將以望祀蓬萊之屬。冀至殊庭焉。上還。以柏梁烖故。朝受計甘泉。公孫卿曰。黃帝就青靈臺。十二日燒。黃帝乃治明庭。明庭。甘泉也。

方士多言古帝王有都甘泉者。其後天子又朝諸侯甘泉。甘泉作諸侯邸。勇之乃曰。
越俗有火烖。復起屋必以大。用勝服之。於是作建章宮。度爲千門萬戶。前殿度高未
央。其東則鳳闕。高二十餘丈。其西則唐中。數十里虎圈。其北治大池。漸臺高二十餘
丈。名曰泰液池。中有蓬萊方丈瀛洲壺梁。象海中神山龜魚之屬。其南有玉堂璧門
大鳥之屬。乃立神明臺井幹樓。度五十餘丈。輦道相屬焉。一夏漢改曆。以正月爲歲
首。而色上黃。官名更印章以五字。因爲太初元年。一是歲西伐大宛。蝗大起。丁夫人
雒陽虞初等。以方祠詛匈奴大宛焉。一其明年。有司言雍五畤無牢熟具。芬芳不備。
乃命祠官進畤犢牢具。五色食所勝。而以木耦馬代駒焉。獨五帝用駒。行親郊用駒。
及諸名山川用駒者。悉以木耦馬代。行過。乃用駒。他禮如故。一其明年。東巡海上。考
神僊之屬。未有驗者。方士有言黃帝時爲五城十二樓。以候神人於執期。命曰迎年。
上許作之如方。一明年。上親禮祠上帝。衣上黃焉。(書無衣上黃字)公玉帶曰。黃帝時雖封泰
山。然風后封鉅(書作封巨)岐伯令黃帝封東泰山。禪凡山。合符。然後不死焉。天子既令設
祠具。至東泰山。東泰山卑小。不稱其聲。乃令祠官禮之。而不封禪焉。其後令帶奉祠

候神物。一夏。遂還泰山。修五年之禮如前。而加禪祠石閭。石閭者在泰山下阯南方。方士多言此仙人之閭也。故上親禪焉。一其後五年。復至泰山修封。還過祭常山。一今天子所興祠。泰一。后土。三年親郊祠。建漢家封禪。五年一修封。薄忌泰一。及三一。冥羊馬行。赤星。五寬舒之祠官以歲時致禮。凡六祠。皆太祝領之。至如八神諸神明年。凡山他名祠。行過則祀。去則已。方士所興祠。各自主。其人終則已。祠官弗主。他祠皆如其故。今上封禪。其後十二歲而還。徧于五嶽四瀆矣。而方士之候祠神人。入海求蓬萊。終無有驗。而公孫卿之候神者。猶以大人跡爲解。無其效。天子益怠厭方士之怪迂語矣。然終羈縻弗絕。冀遇其眞。自此之後。方士言祠神者彌衆。然其效可睹矣。

太史公曰、余從巡祭天地諸神名山川而封禪焉。入壽宮侍祠神語。究觀方士祠官之言。於是退而論次自古以來用事於鬼神者。具見其表裏。後有君子。得以覽焉。至若俎豆珪幣之詳。獻酬之禮。則有司存焉。

武帝如出塞諸事儘可發揮以褚先生之才何妨別搆一篇乃始終止取封禪一書何也豈有鑒于史公之禍而然與○紀中添改處止數字較本書頗明晰

面色澤則已滅

三代世表

太史公曰五帝三代之記尚矣一句喝起下即轉自殷以前諸侯不可得而譜轉二周以來乃頗可著歎語頓住孔子因史文次春秋紀元年正時日月蓋其詳哉一段至於序尚書則略無年月或頗有然多闕不可錄故疑則傳疑蓋其愼也二段估孔子春秋尚書作兩對下住而復起余讀諜記黃帝以來皆有年數稽其歷譜諜終始五德之傳又出一段古文咸不同乖異即收轉矯挺下又頓住夫子之弗論次其年月豈虛哉折轉應上孔子一段於是以五帝繫諜尚書集世紀黃帝以來訖共和爲世表應上諜記一段雙收

小小一篇中間起伏轉折如有千萬言存乎其中古稱畫山水在咫尺而有萬里之勢吾於此亦有萬里之思矣〇諸表畫而爲圖縱橫明晰於列國楚漢時事紛然之際開卷無不了然此法創自史公是千古絕奇文字惜其多而不能盡載也就文論文止取其序論云爾

十二諸侯年表

太史公讀春秋歷譜諜接上春秋歷諸諜落下至周厲王未嘗不廢書而歎也曰嗚呼師摯見之矣起得突兀而風致紂爲象箸而箕子唏一句周道缺詩人本之衽席關雎作一句仁義陵遲

鹿鳴刺焉一句〇三句三樣文法及至厲王以惡聞其過公卿懼誅而禍作始挽上厲王厲王遂奔於彘亂自京師始而共和行政焉是十二諸侯之源是後或力政彊乘弱興師不請天子然挾王室之義以討伐爲會盟主政由五伯諸侯恣行淫侈不軌賊臣篡子滋起矣是十二諸侯之總論齊晉秦楚十二諸侯只點四國其在成周微甚封或百里或五十里晉阻三河齊負東海楚介江淮秦因雍州之固四句亦四樣文法四國迭興更爲伯主文武所褒大封皆威而服焉完十二諸侯事是以孔子明王道干七十餘君莫能用故西觀周室論史記舊聞興於魯而次春秋上記隱下至哀之獲麟約其辭文去其煩重以制義法王道備人事浹又挽上春秋再起一峯七十子之徒口受其傳指爲有所刺譏褒諱挹損之文辭不可以書見也復從春秋生出七段此先說不能明春秋者一魯君子左丘明懼弟子人人異端各安其意失其眞故因孔子史記具論其語成左氏春秋左氏春秋二鐸椒爲楚威王傳爲王不能盡觀春秋采取成敗卒四十章爲鐸氏微鐸氏春秋三趙孝成王時其相虞卿上采春秋下觀近世亦著八篇爲虞氏春秋虞氏春秋四呂不韋者秦莊襄王相亦上觀尚古刪拾春秋集六國時事以爲八覽六論十二紀爲呂氏春秋呂氏春秋五及如荀卿孟

子公孫固韓非之徒各往往捃摭春秋之文以著書不可勝紀（春秋餘文六）漢相張蒼歷譜五德上大夫董仲舒推春秋義頗著文焉（因春秋又挽到歷譜諜應首章之義七）太史公曰儒者斷其義馳說者騁其辭不務綜其終始（一段應春秋）歷人取其年月數家隆於神運譜諜獨記世諡其辭略欲一觀諸要難（一度應歷譜諜）於是譜十二諸侯自共和訖孔子表見春秋國語學者所譏盛衰大指著於篇為成學治古文者要刪焉（以著書之意結）

（先提春秋歷譜諜始明十二諸侯源委中因春秋衍作七段後又以春秋曆譜諜雙收回環照合是一篇完全文字）

六國年表

太史公讀秦記至犬戎敗幽王周東徙洛邑（緊頂前篇厲王落下）秦襄公始封為諸侯作西畤用事上帝僭端見矣（先立一案後序）禮曰天子祭天地諸侯祭其域內名山大川今秦雜戎翟之俗先暴戾後仁義位在藩臣而臚於郊祀君子懼焉（解西時）及文公踰隴攘夷狄尊陳寶營岐雍之間而穆公修政東竟至河則與齊桓晉文中國侯伯侔矣（頂前篇四國更霸○六國秦為大故先從秦起）是後陪臣執政大夫世祿六卿擅晉權征伐會盟威重於諸侯及田常殺簡公而相齊國諸侯晏然弗討海內爭於戰功矣三國終之卒分晉田和

亦滅齊而有之。承上齊桓晉文故又提齊晉二國 六國之盛自此始。—始總點六國 務在彊兵并敵。謀詐用而從衡短長之說起。矯稱蠭出。誓盟不信。雖置質剖符。猶不能約束也。—總序六國事完

秦始小國僻遠。間接秦事 諸夏賓之。比於戎翟。賓字作擯字解 至獻公之後。常雄諸侯。論秦之德義不如魯衛之暴戾者。量秦之兵不如三晉之彊也。然卒并天下。非必險固便形勢利也。蓋若天所助焉。—一頓且住下插議論一段文法佳勝 或曰東方物所始生。西方物之成孰。夫作事者必於東南。收功實者常於西北。奇論 故禹興於西羌。湯起於亳。周之王也以豐鎬伐殷。秦之帝用雍州興。漢之興自蜀漢。—五句五樣句法〇又頓住 秦既得意。又間接秦獨序史記事 燒天下詩書。諸侯史記尤甚。為其有所刺譏也。詩書所以復見者。多藏人家。而史記獨藏周室。以故滅。惜哉惜哉。—一轉 獨有秦記。又不載日月。其文略不具。—二轉 然戰國之權變亦有可采頗者。何必上古。—頓住又起 秦取天下多暴。然世異變。成功大。傳曰法後王。何也。以其近己而俗變相類。議卑而易行也。此數句燒史記之故 學者牽於所聞。見秦在帝位日淺。不察其終始。因舉而笑之。不敢道。此與以耳食無異。悲夫。此是踵秦史之故 余於是因秦記。踵春秋之後。又點明春秋聯上二篇 起周元王。表六國時事。訖二世。凡二百七十年。著諸所

聞興壞之端。後有君子以覽觀焉。段段挽鎖段段變化不由繩矩而自然合度史記一百三十篇何嘗一篇無法大文大法小文小法吾願世之讀史記者大篇不能即通先看其小篇入可也○表序無一篇不佳而此篇更妙字字如堆花簇錦絕無一懈筆讀之萬過口頰猶香

秦楚之際月表

太史公讀秦楚之際。曰初作難發於陳涉。一段虐厲滅秦自項氏。二段撥亂誅暴平定海內。卒踐帝祚成於漢家。三段三樣文法五年之間號令三嬗。自生民以來未始有受命若斯之亟也。一總承上三段作結昔虞夏之興。積善累功數十年。德洽百姓。攝行政事。考之於天。然後在位。一段湯武之王。乃由契后稷修仁行義十餘世。不期而會孟津八百諸侯。猶以為未可。其後乃放弒。二段秦起襄公。章於文繆。獻孝之後。稍以蠶食六國。百有餘載至始皇乃能幷冠帶之倫。三段○俱反上三段以德若彼。用力如此。蓋一統若斯之難也。一總承上三段作結秦既稱帝。患兵革不休。以有諸侯也。於是無尺土之封。墮壞名城。銷鋒鏑。鉏豪傑。維萬世之安。然王跡之興。起於閭巷。合從討伐。軼於三代。鄉秦之禁。適足以資賢者為驅除難耳。又即秦以慨嘆作致故憤發其所為天下雄。安在無土不王。二層此乃傳之所

謂大聖乎。豈非天哉。豈非天哉。三層非大聖。孰能當此受命而帝者乎。四層

前三段一正後三段一反而歸功於漢以四層咏嘆曲折波磔委致獨勝此所謂不事脂粉天然絕豔者乎

漢興以來諸侯年表

太史公曰。殷以前尙矣。尙者遠也前五帝贊同一周封五等公侯伯子男。先立一句然封伯禽康叔於魯衞。地各四百里。親親之義褒有德也。太公於齊。兼五侯地。尊勤勞也。武王成康所封數百。而同姓五十五。地上不過百里。下三十里。以輔衞王室。管蔡康叔曹鄭。或過或損。一盛一衰厲幽之後。王室缺。侯伯彊國興焉。天子微。弗能正。非德不純。形勢弱也。一衰○借周作引是客而形勢二字已直貫通篇漢興。始入題序二等。高祖末年。非劉氏而王者。一等若無功上所不置而侯者。二等也天下共誅之。此不得爲王侯者高祖子弟同姓爲王者九國。同姓王一唯獨長沙異姓。異姓王二而功臣侯者百有餘人。功臣侯三自鴈門太原以東至遼陽。爲燕代國。北邊一帶常山以南。太行左轉。度河濟阿甄以東薄海。爲齊趙國。東邊一帶自陳以西南至九疑。東帶江淮穀泗。薄會稽。爲梁楚吳淮南長沙國。東南一帶○句法錯落變化皆外接於胡越。而內地北距山以東盡諸侯地。大者或五六郡。連城數十。置百官宮觀。僭於天子。承上三段漢獨

有三河東郡潁川南陽自江陵以西至蜀北自雲中至隴西與內史凡十五郡而公主列侯頗食邑其中何者天下初定骨肉同姓少故廣彊庶孽以鎭撫四海用承衞天子也一（一結以上是漢初制度）漢定百年之間親屬益疏諸侯或驕奢忕邪臣計謀爲淫亂大者叛逆小者不軌於法以危其命殞身亡國（一段諸侯王之禍）天子觀于上古然後加惠使諸侯得推恩分子弟國邑故齊分爲七趙分爲六梁分爲五淮南分三及天子支庶子爲王王子支庶爲侯百有餘焉一（一段弱諸侯之計）吳楚時前後諸侯或以適削地是以燕代無北邊郡吳淮南長沙無南邊郡齊趙梁楚支郡名山陂海咸納於漢諸侯稍微大國不過十餘城小侯不過數十里上足以奉貢職下足以供養祭祀以蕃輔京師而漢郡八九十形錯諸侯間犬牙相臨秉其阨塞地利彊本幹弱枝葉之勢也尊卑明而萬事各得其所矣一（一段彊本弱枝之漸應前篇〇一結是漢武時事）臣遷謹記高祖以來至太初諸侯譜其下益損之時令後世得覽形勢雖彊要之以仁義爲本（以形勢二字總收歸到仁義二字另作一波矯健）

全篇只以周制作一冒後分兩股一段是漢初制度一段是漢武時近事而兩股中句句照映節節相對文法極其謹嚴〇史記凡用數句排比無一句不變

而後人不復宗法獨用呆板蓋漢書一出以匀齊整鍊四字慨之也〇王安石以蘇文忠表忠觀碑似漢興諸侯年表章法字句筆力氣度何嘗有一字相像而後世以訛傳訛可爲一笑

高祖功臣侯年表

太史公曰古者人臣功有五品以德立宗廟定社稷曰勳以言曰勞用力曰功明其等曰伐積日曰閱（先立一案）封爵之誓曰使河如帶泰山若厲國以永寧爰及苗裔始未嘗不欲固其根本而枝葉稍凌夷衰微也（所謂靡不有初鮮克有終也自古已然先爲一嘆）余讀高祖侯功臣察其首封所以失之者曰異哉所聞（異哉所聞正反上一段曰根本不固不待枝葉已凌夷衰微也又爲一歎）書曰協和萬國遷于夏商或數千歲蓋周封八百幽厲之後見於春秋尚書有唐虞之侯伯歷三代千有餘載自全以蕃衛天子豈非篤於仁義奉上法哉（又引一案自古皆然而漢獨不然頂異哉所聞也三歎）漢興功臣受封者百有餘人天下初定故大城名都散亡戶口可得數者十二三是以大侯不過萬家小者五六百戶（昔日之衰）後數世民咸歸鄉里戶益息蕭曹絳灌之屬或至四萬小侯自倍富厚如之（今日之盛）子孫驕溢忘其先淫嬖至太初百年之間見侯五餘皆坐法隕命亡國耗矣（因盛而衰下卽轉）罔亦少密焉（一轉卽收）然皆身無

兢兢於當世之禁云。兩句兩轉作兩層疊四歎居今之世。漢也志古之道。夏商周也所以自鏡也。未必盡同。歸到立言大旨帝王者各殊體而異務。要以成功爲統紀。豈可緄乎。此正是居今志古以漢與前代相提而論觀所以得尊寵及所以廢辱。亦當世得失之林也。何必舊聞。此則單指漢諸侯也五歎於是謹其終始表見其文。頗有所不盡本末。著其明。疑者闕之。後有君子欲推而列之。得以覽焉。

通篇全以慨歎作致而層層回互步步照顧節節頓挫如龍之一體鱗鬣爪甲而已而其中多少屈伸變化卽龍亦有不能自知者此所以爲神物也

惠景間侯者年表

太史公讀列封至便侯曰。有以也夫。劈頭先作一歎長沙王者著令甲。稱其忠焉。昔高祖定天下。功臣非同姓疆土而王者八國。至孝惠時。唯獨長沙全禪五世。以無嗣絕。竟無過。爲藩守職。信矣。故其澤流枝庶。毋功而侯者數人。獨提一長沙正爲餘七國歎也不加褒貶而其意自見及孝惠訖孝景間五十載。追修高祖時遺功臣。歷舉惠景間封侯之故此其一等及從代來。二等吳楚之勞。三等諸侯子弟。四等若肺腑。五等外國歸義。六等六句六樣句法封者九十有餘。總上六等咸表始終當世仁義成功之著者也。一句收簡淨此篇獨用節法先提長沙王一論後只點總目而歷落斬截一字也如藏千萬言於其中正是以筆力勝也〇虞道園作政與諸序其歷序篇目一篇用一種筆法吾甚喜之蓋從史公諸表序中出也

建元以來侯者年表

太史公曰。匈奴絕和親。攻當路塞。一事閩越擅伐。東甌請降。二事二夷交侵。二夷匈奴當閩越也盛漢之隆。以此知功臣受封。侔於祖考矣。一此漢武所以封功臣之故先為一案後應何者。自詩書稱三代。戎狄是膺。荊荼是徵。三代周事一齊桓越燕伐山戎。齊事二武靈王以區區趙服單于。趙事三秦繆用百里霸西戎。秦事四吳楚之君以諸侯役百越。一吳楚事五五段五種文法況乃以中國一統。明天子在上。兼文武。席卷四海。內輯億萬之眾。豈以晏然不為邊境征伐哉。此漢武不得不征伐之故亦不得不封功臣之故也自是後遂出師。緊頂上節北討彊胡。南誅勁越。應篇首二事將卒以次封矣。

此篇只作一起一結照應關鎖而中間援古證今漢武不得不征伐征伐則不得不封功臣正為漢武諱也而通篇文法精嚴絕無懈筆〇漢武即伐匈奴閩越二事有許多事好鋪序姑且置之只就漢武時不得不征伐立論而二事只一點過正為漢武諱也

建元以來王子侯者年表

制詔御史。諸侯王或欲推私恩分子弟邑者。令各條上。朕且臨定其號名。一太史公曰。盛哉天子之德。一人有慶。天下賴之。

只記推恩一詔而寥寥一結不似史公筆仗蓋當時失亡而後人略摭數言以冠其篇與如三王世家亦止載分封三詔詳略雖不同而事則一也○建元以來之王子侯非推恩之意乃削弱諸侯之計也當時或有譏刺而後人删之乎

漢興以來將相名臣年表 闕

自古之待功臣者每以漢高爲口實將如淮陰之鍾室布越之葅醢相如蕭相國之謹飭而上林一請不免於下吏噫亦薄甚矣故子孫習之而申屠嘉不免相於嘔血周亞夫不免於餓死至孝武之世丞相多至自殺而將帥以坐法抵罪失侯者往往而有此史公年表之所以作也史公生於此時目擊心慨未免言之過甚故後人削之而序論之所以闕乎嗚呼孔子春秋皆口授而定哀之間多微辭豈無故哉

禮書 缺褚先生取荀子補

太史公曰、洋洋美德乎。宰制萬物。役使羣衆。豈人力也哉。余至大行禮官。觀三代損益。乃知緣人情而制禮。依人性而作儀。其所由來尚矣。一先虛作一冒人道經緯萬端。規矩無所不貫。誘進以仁義。束縛以刑罰。故德厚者位尊。祿重者寵榮。以總一海內。而整齊萬民也。人體安駕乘。爲之金輿錯衡。以繁其飾。目好五色。爲之黼黻文章。以表其能耳樂鐘磬爲之調諧八音以蕩其心口甘五味爲之庶羞酸鹹以致其美情好珍善爲之琢磨圭璧以通其意（排五段）故大路越席皮弁布裳朱絃洞越大羹玄酒所以防其淫侈救其彫弊（變調）是以君臣朝廷尊卑貴賤之序下及黎庶車輿衣服宮室飲食嫁娶喪祭之分（用疊字三十字作一句）事有宜適物有節文（突然住作一束）仲尼曰禘自既灌而往者吾不欲觀之矣周衰禮廢樂壞大小相踰管仲之家兼備三歸循法守正者見侮於世奢溢僭差者謂之顯榮自子夏門人之高第也猶云出見紛華盛麗而說入聞夫子之道而樂二者心戰未能自決而況中庸以下漸漬於失教被服於成俗乎孔子曰必也正名於衞所居不合仲尼沒後受業之徒沈湮而不舉或適齊楚或入河海豈不痛哉（二束）至秦有天下悉內六國禮儀采擇其善雖不合聖制其尊君抑臣朝廷濟濟依古以來至於高祖光有四海叔孫通頗有所增益減損大抵皆襲秦故自天子稱號下至佐僚及宮室官名少所變改孝文卽位有司議欲定儀禮孝文好道家之學以爲繁禮飾貌無益於治躬化謂何耳故罷去之孝景時御史大夫鼂錯明於世務刑名數干諫孝景曰諸侯藩輔臣子一例古今之制也今大國專治異

政不稟京師恐不可傳後孝景用其計而六國畔逆以錯首名天子誅錯以解難事在爰盎語中是後官者養交安祿而已莫敢復議 三束 今上卽位招致儒術之士令共定儀十餘年不就或言古者太平萬民和喜瑞應辨至乃采風俗定制作上聞之制詔御史曰蓋受命而王各有所由興殊路而同歸謂因民而作追俗爲制也 漢家制禮本意 議者咸稱太古百姓何望漢亦一家之事典法不傳謂子孫何 說得闊大自占地步英雄本色 化隆者閎博治淺者褊狹可不勉與乃以太初之元改正朔易服色封泰山定宗廟百官之儀以爲典常垂之於後云 四束以下乃荀子禮論 禮由人起人生有欲欲而不得則不能無忿忿而無度量則爭爭則亂先王惡其亂故制禮義以分之養人之欲給人之求使欲不窮於物物不屈於欲二者相待而長是禮之所起也故禮者養也 只一句立柱下乃衍出 稻粱五味所以養口也椒蘭芬茝所以養鼻也鐘磬管絃所以養耳也刻鏤文章所以養目也疏房牀笫所以養體也 先衍五段 故禮者養也 一句結上 君子旣得其養又好其辨也 兩句起下 所謂辨者貴賤有等長少有差貧富輕重皆有稱也故天子大路越席所以養體也側載臭茝所以養鼻也前有錯衡所以養目也和鸞之聲步中武象騶中韶

澧所以養耳也龍旂九斿所以養信也寢兕持虎鮫韅彌龍所以養威也故大路之馬必信至教順然後乘之所以養安也又衍七段 孰知夫士出死要節之所以養生也孰知夫輕費用之所以養財也孰知夫恭敬辭讓之所以養安也孰知夫禮義文理之所以養情也又衍四段几三起伏皆用排調 人苟生之爲見若者必死苟利之爲見若者必害怠惰之爲安若者必危情勝之爲安若者必滅又排四段然用急調收 故聖人一之於禮義則兩得之矣一之於情性則兩失之矣故儒者將使人兩得之者也墨者將使人兩失之者也是儒墨之分治辨之極也彊固之本也威行之道也功名之總也王公由之所以一天下臣諸侯也弗由之所以捐社稷也以下荀子議兵篇插入 故堅革利兵不足以爲勝高城深池不足以爲固嚴令繁刑不足以爲威由其道則行不由其道則廢楚人鮫革犀兕所以爲甲堅如金石宛之鉅鐵施鑽如蠭蠆輕利剽遬卒如熛風然而兵殆於垂涉唐昧死焉莊蹻起楚分而爲四參是豈無堅革利兵哉其所以統之者非其道故也汝潁以爲險江漢以爲池阻之以鄧林緣之以方城然而秦師至鄢郢舉若振槁是豈無固塞險阻哉其所以統之者非其道故也紂剖比干囚箕子爲炮烙刑

殺無辜。時臣下懍然。莫必其命。然而周師至而令不行乎下。不能用其民。是豈令不
嚴。刑不峻哉。其所以統之者。非其道故也。古者之兵。戈矛弓矢而已。然而敵國不待
試而詘。城郭不集。溝池不掘。固塞不樹。機變不張。然而國晏然不畏外而固者。無他
故焉。明道而均分之。時使而誠愛之。則下應之如景響。有不由命者。然後俟之以刑。
則民知罪矣。故刑一人而天下服。罪人不尤其上。知辠之在己也。是故刑罰省而威
行如流。無他故焉。由其道故也。又排衍四段以長調氣勢勝如萬馬齊驅駪駪絕塵故由其道則行。不由其道
則廢。又提前語二句一結古者帝堯之治天下也。蓋殺一人。刑二人。而天下治。傳曰。威厲而
不試。刑措而不用。以下又荀子禮論天地者。生之本也。先祖者。類之本也。君師者。治之本
也。無天地惡生。無先祖惡出。無君師惡治。三者偏亡。則無安人。故禮上事天。下事地。
尊先祖而隆君師。是禮之三本也。故王者天太祖。諸侯不敢懷。大夫士有常宗。所以
辨貴賤。貴賤治。得之本也。郊疇乎天子。社至乎諸侯。函及士大夫。所以辨尊者事尊。
卑者事卑。宜鉅者鉅。宜小者小。故有天下者事七世。有一國者事五世。有五乘之地
者事三世。有三乘之地者事二世。有特牲而食者不得立宗廟。所以辨積厚者流澤

廣。積薄者流澤狹也。一上一段以逐段承接大饗上玄尊。俎上腥魚。先大羹。貴食飲之本也。大饗上玄尊。而用薄酒。食先黍稷。而飯稻粱。祭嚌先大羹。而飽庶羞。貴本而親用也。先段言養添出一辨衍下此段言本添出一用衍下一樣文法貴本之謂文。親用之謂理。兩者合而成文。以歸太一。是謂太隆。一故尊之上玄尊也。俎之上腥魚也。豆之上大羹。一也。利爵弗啐也。成事俎弗嘗也。三宥之弗食也。大昏之未廢齊也。大廟之未內尸也。始絕之未小斂。一也。大路之素幬也。郊之麻絻。喪服之先散麻。一也。三年哭之不反也。清廟之歌。一唱而三歎。縣一鐘尚拊膈。朱絃而通越。一也。又排四段然用散句如風如雨又一種文法凡禮始乎脫。成乎文。終乎稅。故至備。情文俱盡。其次情文代勝。其下復情以歸太一。天地以合。日月以明。四時以序。星辰以行。江河以流。萬物以昌。好惡以節。喜怒以當。以為下則順。以為上則明。又用散句同前太史公曰。衍四字刪兩句觀荀子全文自見至矣哉。立隆以為極。而天下莫之能益損也。本末相順。終始相應。至文有以辨。至察有以說。天下從之者治。不從者亂。從之者安。不從者危。從之者安結上文不從者危起下小人一段小人不能則也。禮之貌誠深矣。堅白同異之察入焉而弱。其貌誠大矣。擅作典制褊陋之說入焉而嗛。其貌誠高矣。暴慢恣睢輕俗以爲高之屬入焉而墜。又排四段正說小人 故繩誠陳。則不可欺以曲直。衡誠縣。則不可欺以輕重。規矩誠錯。則不可欺以方員。君子審禮。則不可欺以詐僞。又排四段三客一主詐僞正指上小人 故繩者。直之至也。衡者。平之至也。規矩者。方員之至也。禮者。人道之極也。總四句承 然而不法禮者。不足禮。謂之無方之民。法禮足禮。謂之有方之士。禮之中能思索。謂之能慮。能慮勿易。謂之能固。能慮能固。加好之焉。聖矣。天者。高之極也。地者。下之極也。日月者。明之極也。無窮者。廣大之極也。聖人者。道之極也。又排五句四客一主承上贊聖人 以財物爲用。以貴賤爲文。以多少爲異。以隆殺爲要。又排四句 文貌繁情欲省。禮之隆也。文貌省情欲繁。禮之殺也。文貌情欲相爲內外表裏。並行而雜。禮之中流也。君子上致其隆。下盡其殺。而中處其中。步驟馳騁廣騖不外。是以君子之性守宮庭也。人域是域。士君子也。外是民也。應君子結 於是中焉房皇周浹。曲直得其次序。聖人也。應聖人結 故厚者。禮之積也。大者。禮之廣也。高者。禮之隆也。明者。禮之盡也。又因聖人一句應上天者四句文法奇變之極

此書綴荀子兩篇純用排宕氣勢一氣滾下如轉圓石於千仞之坂一落不可復往然其排宕之中而有變化氣勢之中而有轉折一氣之中而有層疊起伏讀之令人爽快得力於孟子中來是戰國佳文字也

前論一段學史公體貌而文章整齊可觀從國語脫出非史公之筆亦非褚先生筆蓋史公蒼古固過之而褚先生文秀亦異是也大約是班固一流學史公而作者乎○起處云余至大行禮官便與史公出處不合何索隱諸公之謬也

樂書 缺褚先生取樂記補

太史公曰、余每讀虞書。至於君臣相敕。維是幾安。而股肱不良。萬事墮壞。未嘗不流涕也。成王作頌。推己懲艾。悲彼家難。可不謂戰戰恐懼。善守善終哉。君子不爲約則修德。滿則棄禮。佚能思初。安能惟始。沐浴膏澤。而歌詠勤苦。非大德誰能如斯。傳曰。治定功成。禮樂乃興。海內人道益深。其德益至。所樂者益異。滿而不損則溢。盈而不持則傾。凡作樂者。所以節樂。君子以謙退爲禮。以損減爲樂。樂其如此也。以爲州異國殊。情習不同。故博采風俗。協比聲律。以補短移化。助流政教。天子躬於明堂臨觀。而萬民咸蕩滌邪穢。斟酌飽滿。以飾厥性。故云雅頌之音理而民正。嘄噭之聲興而士奮。鄭衞之曲動而心淫。及其調和諧合。鳥獸盡感。而況懷五常。含好惡。自然之勢也。— 治道虧缺。而鄭音興起。封君世辟。名顯鄰州。爭以相高。自仲尼不能與齊優遂容。於。魯。句亦新雅 雖退正樂以誘世。作五章以刺時。猶莫之化。陵遲以至六國。流沔沈佚遂往不返。卒於喪身滅宗。幷國於秦。一秦二世尤以爲娛。丞相李斯進諫曰。放棄詩書。極意聲色。祖伊所以懼也。輕積細過。恣心長夜。紂所以亡也。兩譬即完不作起結奇 趙高曰。五帝三王樂各殊名。示不相襲。上自朝廷。下至人民。得以接歡喜。合殷勤。非此和說不通。解澤不流。亦各一世之化。度時之樂。何必華山之騄耳而後行遠乎。亦以譬語結應上 二世然之。一高祖過沛詩三侯之章。令小兒歌之。高祖崩。令沛得以四時歌儛宗廟。一孝惠孝文孝景無所增更。於樂府習常肄舊而已。一至今上卽位。作十九章。令侍中李延年次序其聲。拜爲協律都尉。通一經之士不能獨知其辭。皆集會五經家。相與共講習讀之。乃能通知其意。多爾雅之文。一漢家常以正月上辛祠太一甘泉。以昏時夜祠。到明而終。常有流星經於祠壇上。使僮男僮女七十人俱歌。春歌青陽。夏歌朱明。秋歌西皥。冬歌玄冥。世多有故不論。一又嘗得神馬渥洼水中。復次以爲太一之歌。歌曲曰。太一貢兮天馬下。霑赤汗兮沫流赭。騁容與兮跇萬里。今安匹兮龍爲友。後伐大宛。得千里馬。馬名蒲梢。次作以爲歌。歌詩曰。天馬來兮從西極。經萬里兮歸有德。承靈威兮降外國。涉流沙兮四彝服。中尉汲黯進曰。凡王者作樂。上以承祖宗。下以化兆民。今陛下得馬。詩以爲歌。協於宗廟。先帝百姓。豈能知其音邪。上默然不說。丞相公孫弘曰。黯非謗聖制。當族。━住得斬截以下引曲禮樂記全文凡音之起。由人心生也。人心之動。物使之然也。感於物而動。故形於聲。聲相應。故生變。變成方。謂之音。比音而樂之。奇句及干戚羽旄。謂之樂也。樂者音之所由生也。其本在人心。感於物也。頂上心與物雙收一句是故其哀心感者。其聲噍以殺。其樂心感者。其聲嘽以緩。其喜心感者。其聲發以散。其怒心感者。其聲麤以厲。其敬心感者。其聲直以廉。其愛心感者。其聲和以柔。六者非性也。感於物而後動。━結完感物一段以下則由感物而出治道矣是故先王愼所以感之。故禮以導其志。樂以和其聲。政以一其行。刑以防其姦。禮樂政刑。其極一也。所以同民心而出治道也。凡音者。生人心者也。又喚一句情動於中。故形於聲。聲成文。謂之音。是故治世之音安以樂。其政和。亂世之音怨以怒。其政乖。亡國之音哀以思。其民困。聲音之道。與政通矣。宮爲君。商爲臣。角爲民。徵爲事。羽爲物。五者不亂。則無惉滯之音矣。宮亂則荒。其君驕。商亂則槌。禮作陂其臣壞。角亂則憂。其民怨。徵亂則哀。其事勤。羽亂則危。其財匱。五者皆亂。迭相陵。謂之慢。如此則國之滅亡無日矣。鄭衛之音。亂世之音也。比於慢矣。桑間濮上之音。亡國之音也。其政散。其民流。誣上行私而不可止。—（以上結完出治道一段）凡音者。生於人心者也。（又喚一句）樂者。通於倫理者也。是故知聲而不知音者。禽獸是也。知音而不知樂者。衆庶是也。唯君子爲能知樂。（以下是知樂審音）是故審聲以知音。審音以知樂。審樂以知政。而治道備矣。是故不知聲者。不可與言音。不知音者不可與言樂。—（以上結知樂審音一段）知樂則幾於禮矣。—（由樂而及禮以下俱以禮樂相配而論）禮樂皆得謂之有德。德者得也。是故樂之隆。非極音也。食饗之禮。非極味也。（禮作致味）淸廟之瑟。朱絃而疏越。一倡而三嘆。有遺音者矣。大饗之禮。尚玄酒而俎腥魚。大羹不和。有遺味者矣。是故先王之制禮樂也。非以極口腹耳目之欲也。將以教民平好惡而反人道之正也。—（一句主起下）人生而靜。天之性也。感於物而動。性之頌也。（禮頌作欲）物至知知。然後好惡形焉。好惡無節於內。知誘於外。不能反已。（禮已作躬）天理滅矣。夫物之感人無窮。而人之好惡無節。則是物至而人化物也。人化物也者。滅天理而窮人欲者也。於是有悖逆詐僞之心。有淫佚作亂之事。是故彊者脅弱。衆者暴寡。知者詐愚。勇者苦怯。疾病不養。老幼孤寡不得其所。此大亂之道也。是故先王制禮樂。人爲之節。衰麻哭泣。

所以節喪紀也。鐘鼓干戚。所以和安樂也。婚姻冠笄。所以別男女也。射鄉食饗。所以正交接也。禮節民心。樂和民聲。政以行之。刑以防之。禮樂刑政四達而不悖。則王道備矣。（此一段是反人道之正也點出一禮字下竝提禮樂序刑政陪）樂者爲同。禮者爲異。（奇句）同則相親。異則相敬。樂勝則流。禮勝則離。合情飾貌者。禮樂之事也。禮義立。則貴賤等矣。樂文同。則上下和矣。好惡著。則賢不肖別矣。刑禁暴。爵舉賢。則政均矣。仁以愛之。義以正之。如此則民治行矣。（竝提禮樂一節）樂由中出。禮自外作。（奇句）樂由中出故靜。禮自外作故文。大樂必易。大禮必簡。樂至則無怨。禮至則不爭。揖讓而治天下者。禮樂之謂也。暴民不作。諸侯賓服。兵革不試。五刑不用。百姓無患。天子不怒。如此則樂達矣。合父子之親。明長幼之序。以敬四海之內。天子如此。則禮行矣。（竝提禮樂二節）大樂與天地同和。大禮與天地同節。和故百物不失。節故祀天祭地。明則有禮樂。幽則有鬼神。如此則四海之內。合敬同愛矣。禮者殊事合敬者也。樂者異文合愛者也。禮樂之情同。故明王以相沿也。故事與時竝。名與功偕。（奇句）故鐘鼓管磬羽籥干戚。樂之器也。詘信俯仰級兆舒疾。樂之文也。（禮級作綴）簠簋俎豆制度文章。禮之器也。升降上下周旋裼襲。禮之文也。故知

中華書局印行

禮樂之情者能作。識禮樂之文者能述。作者之謂聖。述者之謂明。明聖者。述作之謂也。（並提禮樂三節）

樂者天地之和也。禮者天地之序也。和故百物皆化。序故羣物皆別。樂由天作。禮以地制。（奇句）過制則亂。過作則暴。明於天地。然後能興禮樂也。論倫無患。樂之情也。欣喜驩愛。樂之容也。中正無邪。禮之質也。莊敬恭順。禮之制也。若夫禮樂之施於金石。越於聲音。用於宗廟社稷。事於山川鬼神。則此所以與民同也。（並提禮樂四節）

王者功成作樂。治定制禮。其功大者其樂備。其治辨者其禮具。干戚之舞。非備樂也。亨孰而祀。非達禮也。五帝殊時。不相沿樂。三王異世。不相襲禮。樂極則憂。禮粗則偏矣。及夫敦樂而無憂。禮備而不偏者。其惟大聖乎。（並提禮樂五節）

天高地下。萬物散殊。而禮制行也。流而不息。合同而化。而樂興也。春作夏長。仁也。秋斂冬藏。義也。仁近於樂。義近於禮。樂者敦和。率神而從天。禮者辨宜。居鬼而從地。（奇句）故聖人作樂以應天。作禮以配地。禮樂明備。天地官矣。天尊地卑。君臣定矣。高卑已陳。貴賤位矣。動靜有常。小大殊矣。方以類序。物以羣分。則性命不同矣。在天成象。在地成形。如此則禮者天地之別也。地氣上隮。天氣下降。陰陽相摩。天地相蕩。鼓之以雷霆。奮之以風雨。動之以四時。熯之以日月。而百物化興焉。如此。則樂者天地之和也。化不時則不生。男女無別則亂登。（禮登作升）此天地之情也。及夫禮樂之極乎天而蟠乎地。行乎陰陽而通乎鬼神。窮高極遠而測深厚。樂著太始而禮居成物。（奇句）著不息者天也。著不動者地也。一動一靜者天地之間也。故聖人曰禮云樂云。（並提禮樂六節禮云樂云總結禮樂六節下乃單說樂）昔者舜作五絃之琴。以歌南風。夔始作樂。以賞諸侯。故天子之爲樂也。以賞諸侯之有德者也。德盛而教尊。五穀時熟。然後賞之以樂。故其治民勞者。其舞行級遠。其治民佚者。其舞行級短。（禮級俱作綴）故觀其舞而知其德。聞其謚而知其行。泰章。章之也。咸池。備也。韶。繼也。夏。大也。殷周之樂盡也。（一 單論樂一節）天地之道。寒暑不時則疾。風雨不節則饑。教者。民之寒暑也。教不時則傷世。事者。民之風雨也。（奇句）事不節則無功。然則先王之爲樂也。以法治也。善則行象德矣。（二 單論樂二節）夫豢豕爲酒。非以爲禍也。而訟獄益煩。則酒之流生禍也。是故先王因爲酒禮。（又點出禮字）一獻之禮。賓主百拜。終日飲酒而不得醉焉。此先王之所以備酒禍也。故酒食者所以合歡也。樂者所以象德也。禮者所以閉淫也。（禮閉作綴）是故先王有大事。必有禮以哀之。有大福。必有禮以樂之。哀樂之分。皆以禮

終一（前由樂提出禮禮樂並提側入樂又由樂而側入禮以應前節相配）今樂也者施也禮也者報也樂樂其所自生
而禮反其所自始樂章德禮報情反始也（奇句）所謂大路者天子之輿也龍旂九旒天
子之旌也青黑緣者天子之葆龜也從之以牛羊之羣則所以贈諸侯也（又並提禮樂一節）
樂也者情之不可變者也禮也者理之不可易者也樂統同禮別異禮樂之說貫乎
人情矣（貫禮作管）窮本知變樂之情也著誠去僞禮之經也禮樂順天地之誠（順禮作偩）達神
明之德降興上下之神而凝是精粗之體領父子君臣之節（奇句）是故大人舉禮樂則
天地將爲昭焉天地欣合陰陽相得煦嫗覆育萬物然後草木茂區萌達羽翮奮角
觡生蟄蟲昭蘇羽者嫗伏毛者孕鬻胎生者不殰而卵生者不殈（奇句）則樂之道歸焉
耳一（又並提禮樂二節）樂者非謂黃鍾大呂弦歌干揚也樂之末節也故童者舞之布筵席
陳樽俎列籩豆以升降爲禮者禮之末節也故有司掌之樂師辯乎聲詩故北面而
弦宗祝辯乎宗廟之禮故後尸商祝辯乎喪禮故後主人是故德成而上藝成而下
行成而先事成而後（奇句）是故先王有上有下有先有後然後可以有制於天下也一
（又並提禮樂三節此三節樂記本文在後倒提在此）今樂者聖人之所樂也而可以善民心其感人深其風移

俗易。故先王著其教焉。—(以上禮樂錯舉其實樂是正禮是陪故作一束歸到樂○今樂記本文接上哀樂之分皆以禮終) 夫人有血氣心知之性。而無哀樂喜怒之常。應感起物而動。然後心術形焉。是故志微焦衰之音作。而民思憂。嘽緩慢易繁文簡節之音作。而民康樂。粗厲猛起奮末廣賁之音作。而民剛毅。廉直勁正莊誠之音作。而民肅敬。寬裕肉好順成和動之音作。而民慈愛。流僻邪散狄成滌濫之音作。而民淫亂。(上俱奇句) 是故先王本之情性。稽之度數。制之禮義。合生氣之和。道五常之行。使之陽而不散。陰而不密。剛氣不怒。柔氣不懾。四暢交於中。而發作於外。皆安其位而不相奪也。然後立之學等。廣其節奏。省其文采。以繩德厚也。類小大之稱。(類記作律) 比終始之序。以象事行。使親疏貴賤長幼男女之理。皆形見於樂。故曰樂觀其深矣。—(單論樂一節) 土敝則草木不長。水煩則魚鼈不大。氣衰則生物不育。世亂則禮廢而樂淫。(廢禮作慝) 是故其聲哀而不莊。樂而不安。慢易以犯節。流湎以忘本。廣則容姦。狹則思欲。感滌蕩之氣。(滌蕩記作和暢) 而滅平和之德。是以君子賤之也。—(單論樂二節) 凡姦聲感人。而逆氣應之。逆氣成象。而淫樂興焉。正聲感人。而順氣應之。順氣成象。而和樂興焉。倡和有應。回邪曲直。各歸其分。而萬物之理。以類相動也。

是故君子反情以和其志。比類以成其行。姦聲亂色不留聰明。淫樂廢禮不接於心術。惰慢邪僻之氣不設於身體。使耳目鼻口心知百體皆由順正以行其義。然後發以聲音。文以琴瑟。動以干戚。飾以羽旄。從以簫管。奮至德之光。動四氣之和。以著萬物之理。是故淸明象天。廣大象地。終始象四時。周旋象風雨。（奇句）五色成文而不亂。八風從律而不姦。百度得數而有常。小大相成。終始相生。倡和淸濁。代相爲經。故樂行而倫淸。耳目聰明。血氣和平。移風易俗。天下皆寧。故曰樂者樂也。君子樂得其道。小人樂得其欲。以道制欲。則樂而不亂。以欲忘道。則惑而不樂。是故君子反情以和其志。廣樂以成其敎。樂行而民鄉方。可以觀德矣。—（單論樂三節）

德者性之端也。樂者德之華也。金石絲竹。樂之器也。詩言其志也。歌詠其聲也。舞動其容也。三者本乎心。然後樂氣從之。（氣體作器是）是故情深而文明。氣盛而化神。和順積中。而英華發外。唯樂不可以爲僞。—（單論樂四節）

樂者心之動也。聲者樂之象也。文采節奏。聲之飾也。君子動其本。樂其象。然後治其飾。是故先鼓以警戒。三步以見方。再始以著往。復亂以飭歸。（奇句）奮疾而不拔也。極幽而不隱。獨樂其志。不厭其道。備舉其道。不私其欲。是以情見而義立樂終而德尊奇句君子以好善小人以息過奇句故曰生民之道樂莫大焉—單論樂五節至此束—君子曰禮樂不可以斯須去身致樂以治心則易直子諒之心油然生矣易直子諒之心生則樂樂則安安則久久則天天則神天則不言而信神則不怒而威致樂以治心者也致禮以治躬者也由樂又側入禮終以禮相配終前章之義○以下六節今樂記在賓牟賈之下師乙之前提插於此極是治躬則莊敬莊敬則嚴威心中斯須不和不樂而鄙詐之心入之矣外貌斯須不莊不敬而慢易之心入之矣故樂也者動於內者也禮也者動於外者也樂極和禮極順內和而外順則民瞻其顏色而弗與爭也望其容貌而民不生易慢焉德煇動乎內而民莫不承聽奇句理發乎外而民莫不承順故曰知禮樂之道知禮作致舉而錯之天下無難矣—又帶說禮樂一節樂也者動於內者也禮也者動於外者也故禮主其謙樂主其盈禮謙而進以進爲文樂盈而反以反爲文奇句謙禮作減更奇禮謙而不進則銷樂盈而不反則放故禮有報而樂有反禮得其報則樂樂得其反則安禮之報樂之反其義一也—又帶說禮樂二節以下仍歸至樂住夫樂者樂也人情之所不能免也樂必發諸聲音形於動靜人道也聲音動靜性術之變盡於此矣故人不能無樂樂不能無形形而不爲

道不能無亂先王惡其亂故制雅頌之聲以道之使其聲足以樂而不流使其文足以綸而不息（綸禮作論）使其曲直繁省廉肉節奏足以感動人之善心而已矣不使放心邪氣得接焉是先王立樂之方也（單論樂一節）是故樂在宗廟之中君臣上下同聽之則莫不和敬在族長鄉里之中長幼同聽之則莫不和順在閨門之內父子兄弟同聽之則莫不和親故樂者審一以定和比物以飾節節奏合以成文所以合和父子君臣附親萬民也是先王立樂之方也（單論樂二節）故聽其雅頌之聲志意得廣焉執其干戚習其俯仰詘信容貌得莊焉行其綴兆要其節奏行列得正焉進退得齊焉故樂者天地之齊中和之紀人情之所不能免也（單論樂三節）夫樂者先王之所以飾喜也軍旅鈇鉞者先王之所以飾怒也故先王之喜怒皆得其齊矣喜則天下和之怒則暴亂者畏之先王之道禮樂可謂盛矣（論樂四節前以禮樂相配此又點出軍旅收補法○禮字餘波）魏文侯問於子夏曰吾端冕而聽古樂則唯恐臥聽鄭衛之音則不知倦敢問古樂之如彼何也新樂之如此何也（兩宕好）子夏答曰今夫古樂進旅而退旅和正以廣（正禮作復）弦匏笙簧合守拊鼓始奏以文止亂以武治亂以相訊疾以雅（奇句）君子於是語於是道古

修身及家平均天下此古樂之發也今夫新樂進俯退俯姦聲以淫溺而不止及優侏儒獶雜子女不知父子樂終不可以語不可以道古此新樂之發也今君之所問者樂也所好者音也夫樂之與音相近而不同（蹴出一波）文侯曰敢問如何子夏答曰夫古者天地順而四時當民有德而五穀昌疾疢不作而舞祅祥此之謂大當然後聖人作爲父子君臣以爲之紀綱紀綱既正天下大定天下大定然後正六律和五聲弦歌詩頌此之謂德音德音之謂樂詩曰莫其德音其德克明克明克類克長克君王此大邦克順克俾俾於文王其德靡悔既受帝祉施於孫子此之謂也今君之所好者其溺音與（又折出一波）文侯曰敢問溺音者何從出也子夏答曰鄭音好濫淫志宋音燕女溺志衞音趣數煩志齊音驁辟驕志四者皆淫於色而害於德是以祭祀不用也詩曰肅雍和鳴先祖是聽夫肅肅敬也雍雍和也夫敬以和何事不行爲人君者謹其所好惡而已矣君好之則臣爲之上行之則民從之詩曰誘民孔易此之謂也然後聖人作爲鞉鼓椌楬壎篪此六者德音之音也然後鐘磬竽瑟以和之干戚旄狄以舞之此所以祭先王之廟也所以獻讎酳酢也所以官序貴賤各得其宜也

此所以示後世有尊卑長幼序也。鐘聲鏗。鏗以立號。號以立橫。橫以立武。君子聽鐘聲。則思武臣。石聲磬。磬以立別。別以致死。君子聽磬聲。則思死封疆之臣。絲聲哀。哀以立廉。廉以立志。君子聽琴瑟之聲。則思志義之臣。竹聲濫。濫以立會。會以聚衆。君子聽竽笙簫管之聲。則思畜聚之臣。鼓鼙之聲歡。歡以立動。動以進衆。君子聽鼓鼙之聲。則思將帥之臣。文法鏗鏘句法奇倔君子之聽音。非聽其鏗鎗而已也。彼亦有所合之也。

一賓牟賈侍坐於孔子。孔子與之言及樂。曰。夫武之備戒之已久。何也。答曰。病不得其衆也。永嘆之。淫液之。何也。答曰。恐不逮事也。發揚蹈厲之已蚤。何也。答曰。及時事也。武坐致右憲左。何也。答曰。非武坐也。聲淫及商。何也。答曰。非武音也。子曰。若非武音。則何音也。答曰。有司失其傳也。如非有司失其傳。則武王之志荒矣。文法佳妙前一齊發出如縱兵垓下此逐段頓挫如小隊郊坰子曰。唯丘之聞諸萇弘。亦若吾子之言是也。賓牟賈起。免席而請曰。夫武之備戒之已久。則既聞命矣。敢問遲之遲而又久。何也。子曰。居。吾語汝。夫樂者。象成者也。總干而山立。武王之事也。發揚蹈厲。太公之志也。武亂皆坐。周召之治也。且夫武始而北出。再成而滅商。三成而南。四成而南國是疆。五成而分陝。周公左召公右。六成復綴。以崇天子。夾振之而四伐。記無振字盛振威於中國也。分夾而進。事蚤濟也。久立於綴。以待諸侯之至也。且夫女獨未聞牧野之語乎。武王克殷反商。未及下車。而封黃帝之後於薊。封帝堯之後於祝。封帝舜之後於陳。下車而封夏后氏之後於杞。封殷之後於宋。封王子比干之墓。釋箕子之囚。使之行商容而復其位。庶民弛政。庶士倍祿。濟河而西。馬散華山之陽而弗復乘。牛散桃林之野而不復服。車甲弢而藏之府庫而弗復用。倒載干戈。苞之以虎皮。將率之士。使爲諸侯。名之曰建櫜。然後天下知武王之不復用兵也。散軍而郊射。左射貍首。右射騶虞。而貫革之射息也。裨冕搢笏。而虎賁之士稅劍也。祀乎明堂而民知孝。朝覲然後諸侯知所以臣。耕籍。然後諸侯知所以敬。五者天下之大教也。食三老五更於太學。天子袒而割牲。執醬而饋。執爵而酳。冕而總干。所以教諸侯之悌也。若此。則周道四達。禮樂交通。則夫武之遲久。不亦宜乎。凡十一也字又如振旅雍容濟濟入國子貢見師乙而問焉。曰。賜聞聲歌各有宜也。如賜者宜何歌也。師乙曰。乙賤工也。何足以問所宜。請誦其所聞。而吾子自執焉。寬而靜。柔而正者。宜歌頌。廣大而靜。疏達而信者。宜歌大雅。恭儉而好禮者。宜歌小雅正直清廉而謙者宜歌風肆直而慈愛者宜歌商溫良而能斷者宜歌齊夫歌者直己而陳德動己而天地應焉四時和焉星辰理焉萬物育焉故商者五帝之遺聲也商人志之故謂之商齊者三代之遺聲也齊人志之故謂之齊明乎商之詩者臨事而屢斷明乎齊之詩者見利而讓也臨事而屢斷勇也見利而讓義也有勇有義非歌孰能保此故歌者上如抗下如隊曲如折止如槁木居中矩句中鉤累累乎殷如貫珠奇句故歌之爲言也長言之也說之故言之言之不足故長言之長言之不足故嗟嘆之嗟嘆之不足故不知手之舞之足之蹈之奇句子貢問樂一段樂記完文法亦如貫珠凡音由於人心又重起天之與人有以相通如景之象形響之應聲故爲善者天與之以福爲惡者天與之以殃其自然者也故舜彈五絃之琴歌南風之詩而天下治紂爲朝歌北鄙之音身死國亡舜之道何弘也紂之道何隘也夫南風之詩者生長之音也舜樂好之樂與天地同意得萬國之歡心故天下治也夫朝歌者不時也北者敗也鄙者陋也紂樂好之與萬國殊心諸侯不附百姓不親天下畔之故身死國亡又作一小序引起衛靈公一段如另一篇者然法變而衛靈公之時將之晉至於濮水之上舍夜半時聞鼓

琴聲問左右皆對曰不聞乃召師涓曰吾聞鼓琴音問左右皆不聞其狀似鬼神爲我聽而寫之（原爲師曠一段先借師涓寫起空靈杳渺有鬼神氣）師涓曰諾因端坐援琴聽而寫之明日曰臣得之矣然未習也請宿習之靈公曰可因復宿明日報曰習矣即去之晉見晉平公平公置酒於施惠之臺酒酣靈公曰今者來聞新聲請奏之平公曰可即令師涓坐師曠旁援琴鼓之未終師曠撫而止之曰此亡國之聲也不可聽（故作一頓）平公曰何道出師曠曰師延所作也與紂爲靡靡之樂武王伐紂師延東走自投濮水之中故聞此聲必於濮水之上先聞此聲者國削平公曰寡人所好者音也願遂聞之師涓鼓而終之平公曰音無此最悲乎師曠曰有平公曰可得聞乎師曠曰君德義薄不可以聽之平公曰寡人所好者音也願聞之師曠不得已援琴而鼓之一奏之有玄鶴二八集乎廊門再奏之延頸而鳴舒翼而舞平公大喜起而爲師曠壽反坐問曰音無此最悲乎師曠曰有昔者黃帝以大合鬼神今君德義薄不足以聽之聽之將敗平公曰寡人老矣所好者音也願遂聞之（與上作兩比相對）師曠不得已援琴而鼓之一奏之有白雲從西北起再奏之大風至而雨隨之飛廊瓦左右皆奔走平公恐懼伏於

廊屋之間。晉國大旱。赤地三年。聽者或吉或凶。夫樂不可妄興也。

太史公曰。夫上古明王舉樂者。非以娛心自樂。快意恣欲。將欲為治也。正教者皆始於音。音正而行正。故音樂者。所以動盪血脈。通流精神而和正心也。故宮動脾而和正聖。商動肺而和正義。角動肝而和正仁。徵動心而和正禮。羽動腎而和正智。故樂所以內輔正心而外異貴賤也。（寫人正心更深一層）上以事宗廟。下以變化黎庶也。琴長八尺一寸。正度也。弦大者為宮。而居中央。君也。商張右旁。其餘大小相次。不失其次序。則君臣之位正矣。故聞宮音。使人溫舒而廣大。聞商音。使人方正而好義。聞角音。使人惻隱而愛人。聞徵音。使人樂善而好施。聞羽音。使人整齊而好禮。夫禮由外入。樂自內出。故君子不可須臾離禮。須臾離禮。則暴慢之行窮外。不可須臾離樂。須臾離樂。則姦邪之行窮內。故樂音者。君子之所養義也。夫古者天子諸侯聽鐘磬。未嘗離於庭。卿大夫聽琴瑟之音。未嘗離於前。所以養行義而防淫佚也。夫淫佚生於無禮。故聖王使人耳聞雅頌之音。目視威儀之禮。足行恭敬之容。口言仁義之道。故君子終日言而邪辟無由入也。（即約前樂記文意另作一束）

此篇總非太史公筆亦不似褚先生筆前後論贊平直史公奇古固不可及即褚先生幽秀亦當過之然亦是漢人之文○中間雖全引樂記吾極喜其將議論提序一處將事實鋪序在後文章方成局段或原本如此或係後人穿插比今本頗順○奇句人亦艸艸讀過故拜樂記中多拈出之

律書 缺褚先生補

王者制事立法。物度軌則。壹稟於六律。六律爲萬物根本焉。一數句總提貫通篇其於兵械尤所重。轉一句即提出兵事一側入一段故云望敵知吉凶。聞聲效勝負。百王不易之道也。兵事跟緊律來武王伐紂。吹律聽聲。推孟春以至於季冬。殺氣相并。而音尚宮。同聲相從。物之自然。何足怪哉。承上兵律相通之故註明聞聲効勝負之語下乃單說兵兵者聖人所以討强暴。平亂世。夷險阻。救危殆。自含血戴角之獸見犯則校。而況於人懷好惡喜怒之氣。喜則愛心生。怒則毒螫加。情性之理也。此兵之原昔黃帝有涿鹿之戰。以定火災。顓頊有共工之陳。以平水害。成湯有南巢之伐。以殄夏亂。遞興遞廢。勝者用事。所受於天也。此古聖人用兵之利應討强暴等句自是之後。名士迭興。晉用咎犯。而齊用王子。吳用孫武。申明軍約。賞罰必信。卒伯諸侯。兼列邦土。雖不及三代之誥誓。然身寵君尊。當世顯揚。可不謂榮焉。一此近世賢人用兵之利豈與世儒闇於大較。不權輕重。猥云德化。不當用兵。大至窘辱失守。小乃侵犯削弱。遂執

中華書局印行

不移等哉。故教笞不可廢於家。刑罰不可捐於國。誅伐不可偃於天下。用之有巧拙。行之有順逆耳。—承上一正一反作一跌宕收完上半節　夏桀殷紂手搏豺狼。足追四馬。勇非微也。百戰克勝。諸侯懾服。權非輕也。秦二世宿軍無用之地。連兵於邊陲。力非弱也。結怨匈奴。絓禍於越。勢非寡也。兩對四比文法佳勝　及其威盡勢極。閭巷之人爲敵國。咎生窮武之不知足。甘得之心不息也。—此後世不善用兵之害　高祖有天下。三邊外畔。大國之王雖稱藩輔。臣節未盡。會高祖厭苦軍事。亦有蕭張之謀。故偃武一休息。羈縻不備。—高祖滅秦虜項禽信越誅布豨用兵多矣偏寫其偃武休息通篇言兵通篇言不用兵正與武帝對照　歷至孝文卽位。將軍陳武等議曰。南越朝鮮自全秦時內屬爲臣子。後且擁兵阻阸。選蠕觀望。高祖時天下新定。人民小安。未可復興兵。今陛下仁惠撫百姓。恩澤加海內。宜及士民樂用。征討逆黨。以一封疆。借陳武等反振　一　孝文曰。朕能任衣冠。念不到此。不意其爲帝也　會呂氏之亂。功臣宗室共不羞恥。誤居正位。常戰戰慄慄。恐事之不終。卽天位維艱中轉出兵不宜用　且兵凶器。雖克所願。動亦耗病。謂百姓遠方何。二轉　又先帝知勞民不可煩。故不以爲意。朕豈自謂能。三轉　今匈奴內侵。軍吏無功。邊民父子荷兵日久。朕常爲動心傷痛。無日忘之。四轉　今未能銷距。願且堅邊

設候結和通使休寧北陲爲功多矣且無議軍轉折曲盡而復腴勁漢文所以爲妙○仕句尤陗拔故百姓無
內外之繇得息肩於田畝天下殷富粟至十餘錢鳴雞吠狗烟火萬里可謂和樂者
乎此高帝文帝不用兵之利有兵而不用更深于用兵只如此仕妙
太史公曰文帝時會天下新去湯火人民樂業因其欲然能不擾亂故百姓遂安自
年六七十翁亦未嘗至市井游敖嬉戲如小兒狀孔子所稱有德君子者邪立平武帝之朝
而立言如此正以著武帝窮兵之害意在言外書曰序完兵事仍歸到律七正二十八舍律曆天所以通五行八政之
氣天所以成孰萬物也舍者日月所舍舍者舒氣也總解曆律次舍不周風居西北以八風十
干二十八宿揷入十二月中夾序或單或複文法變化八風從西北向北順轉主殺生東壁居不周風東主辟生氣而東之
奇句至於營室營室者主營胎陽氣而產之奇句東至於危危垝也言陽氣之危垝故曰
危十月也律中應鐘應鐘者陽氣之應不用事也其於十二子爲亥亥者該也言陽
氣藏於下故該也廣莫風居北方廣莫者言陽氣在下陰莫陽廣大也故曰廣莫
東至於虛虛者能實能虛言陽氣冬則宛藏於虛日冬至則一陰下藏一陽上舒故
曰虛東至于須女言萬物變動其所陰陽氣未相離尙相如胥也故曰須女十一月

也。律中黃鐘。黃鐘者。陽氣踵黃泉而出也。奇句其於十二子爲子。子者。滋也。滋者。言萬物滋於下也。其於十母爲壬癸。壬之爲言任也。言陽氣任養萬物於下也。癸之爲言揆也。言萬物可揆度。故曰癸。東至牽牛。牽牛者。言陽氣牽引萬物出之也。奇句牛者冒也。言地雖凍。能冒而生也。牛者。耕植種萬物也。東至於建星。建星者。建諸生也。十二月也。律中大呂。大呂者。其於十二子爲丑。丑者。紐也。言陽氣在上未降。萬物厄紐未敢出。奇句條風居東北。主出萬物。條之言條治萬物而出之。奇句故曰條風。南至於箕。箕者。言萬物根棋。故曰箕。正月也。律中太簇。太簇者。言萬物簇生也。故曰太簇。其於十二子爲寅。寅言萬物始生螾然也。奇句故曰寅。南至於尾。言萬物始生如尾也。南至於心。言萬物始生有華心也。南至於房。房者。言萬物門戶也。至於門則出矣。明庶風居東方。明庶者。明衆物盡出也。二月也。律中夾鐘。夾鐘者。言陰陽相夾廁也。其於十二子爲卯。卯之爲言茂也。言萬物茂也。其於十母爲甲乙。甲者。言萬物剖符甲而出也。乙者。言萬物生軋軋也。南至於氐。氐者。言萬物皆至也。南至於亢。亢者。言萬物亢見也。南至於角。角者。言萬物皆有枝格如角也。三月也。律中姑洗。姑洗者。言萬物洗生其於十二子爲辰辰者言萬物之娠也—清明風居東南維主風吹萬物而西之軫（奇句）軫者言萬物益大而軫軫然西至於翼翼者言萬物皆有羽翼也四月也律中中呂中呂者言萬物盡旅而西行也其於十二子爲巳巳者言陽氣之已盡也西至於七星七星者陽數成於七故曰七星西至於張張者言萬物皆張也西至於注注者言萬物之始衰陽氣下注故曰注五月也律中蕤賓蕤賓者言陰氣幼少故曰蕤痿陽不用事故曰賓—景風居南方景者言陽氣道竟故曰景風其於十二子爲午午者陰陽交故曰午其於十母爲丙丁丙者言陽道著明故曰丙丁者言萬物之丁壯也故曰丁西至於弧弧者言萬物之吳落且就死也西至於狼狼者言萬物可度量斷萬物故曰狼—涼風居西南維主地地者沈奪萬物氣也（奇句）六月也律中林鐘林鐘者言萬物就死氣林林然（奇句）其於十二子爲未未者言萬物皆成有滋味也北至於罰罰者言萬物氣奪可伐也北至於參參者言萬物可參也故曰參七月也律中夷則夷則言陰氣之賊萬物也其於十二子爲申申者言陰用事申賊萬物故曰申北至於濁濁者觸也言萬物皆觸死也故曰濁北至於留留者言陽氣之稽留也

中華書局印行

故曰酉。八月也。律中南呂。南呂者。言陽氣之旅入藏也。其於十二子爲酉。酉者。萬物之老也。故曰酉。一閶闔風居西方。閶者。倡也。闔者。藏也。言陽氣道萬物。闔黃泉也。其於十母爲庚辛。庚者。言陰氣庚萬物。故曰庚。辛者。言萬物之辛生。故曰辛。北至於胃。胃者。言陽氣就藏。皆胃胃也。北至於婁。婁者。呼萬物且內之也。奇句 北至於奎。奎者。主毒螫殺萬物也。奎而藏之。九月也。律中無射。無射者。陰氣盛用事。陽氣無餘也。故曰無射。其於十二子爲戌。戌者。言萬物盡滅。故曰戌。一律數。九九八十一以爲宮。三分去一。五十四以爲徵。三分益一。七十二以爲商。三分去一。四十八以爲羽。三分益一。六十四以爲角。黃鐘長八寸十分一。宮。大呂長七寸五分三分一。泰簇長七寸七分二。角。夾鐘長六寸一分三分一。姑洗長六寸七分四。羽。仲呂長五寸九分三分二。徵。蕤賓長五寸六分三分一。林鐘長五寸七分四。角。夷則長五寸四分三分二。商。南呂長四寸七分八。徵。無射長四寸四分三分二。應鐘長四寸二分三分二。羽。一生鐘分。子一分。丑三分二。寅九分八。卯二十七分十六。辰八十一分六十四。巳二百四十三分一百二十八。午七百二十九分五百一十二。未二千一百八十七分一千二十四。

中六千五百六十一分四千九十六酉一萬九千六百八十三分八千一百九十二戌五萬九千四十九分三萬二千七百六十八亥十七萬七千一百四十七分六萬五千五百三十六生黃鐘　術曰以下生者倍其實三其法以上生者四其實三其法上九商八羽七角六宮五徵九置一而九三之以爲法實如法得長一寸凡得九寸命曰黃鐘之宮故曰音始於宮窮於角數始于一終于十成于三奇句氣始于冬至周而復生神生於無形成於有形然後數形而成聲故曰神使氣氣就形奇句形理如類有可類或未形而未類或同形而同類類而可班類而可識聖人知天地識之別故從有以至未有以得細若氣微若聲奇句然聖人因神而存之雖妙必效情核其華道者明矣奇句非有聖心以乘聰明孰能存天地之神而成形之情哉神者物受之而不能知及其去來故聖人畏而欲存之唯欲存之神之亦存其欲存之者故莫貴焉

太史公曰故璇璣玉衡以齊七政卽天地二十八宿十母十二子鐘律調自上古建律運歷造曰度可據而度也合符節通道德卽從斯之謂也

律書古云褚先生補細觀之前論兵一段自是史公筆法蒼老奇肆非褚先生可及書曰以下論律歷一段雖多奇句然有排比氣有訓詁氣是極力學天官

書而天淵自別此褚先生之所附益者與〇後段算律處愧未留心以俟知者然古人讀書知大旨安能屈首踢足作算博士哉寡陋之譏固不免矣

歷書 缺褚先生補

昔自在古。歷建正作於孟春。於時冰泮發蟄。百草奮興。秭鳺先滜。物乃歲具。生於東。次順四時。卒於冬分。時。一自孟春至於冬此一歲之事也雞三號。卒明。撫十二節。卒於丑。自雞鳴平明寅時歷十二辰至於丑此一日之事也日月成。故明也。一解卒明明者孟也。幽者幼也。幽明者。雌雄也。雌雄代興。而順至正之統也。日歸於西。起明於東。月歸於東。起明於西。又總解日月成故明也一句正不率天。又不由人。則凡事易壞而難成矣。始出正朔事王者易姓受命。必慎始初。改正朔。易服色。推本天元。順承厥意。一一篇總冒下皆序王者易姓改朔事太史公曰。神農以前尚矣。一句撇開蓋黃帝考定星歷。建立五行。起消息。正閏餘。於是有天地神祇物類之官。是謂五官。各司其序。不相亂也。民是以能有信。神是以能有明德。民神異業。敬而不瀆。故神降之嘉生。民以物享。災禍不生。所求不匱。一黃帝正歷一少皞氏之衰也。九黎亂德。民神雜擾。不可放物。禍菑薦至。莫盡其氣。一歷法壞二顓頊受之。乃命南正重司天以屬神。命火正黎司地以屬民。使復舊常。無相侵瀆。顓頊正歷三其後三苗服九黎之德。故二官咸廢所職。

而閏餘乖次。孟陬殄滅。攝提無紀。歷數失序。（歷法壞四）堯復遂重黎之後。不忘舊者。使復典之。而立羲和之官。明時正度。則陰陽調。風雨節。茂氣至。民無夭疫。年耆禪舜。申戒文祖。云天之曆數在爾躬。舜亦以命禹。（堯舜禹正曆五）由是觀之。王者所重也。（束一句）夏正以正月。殷正以十二月。周正以十一月。（三代總序〇三代正曆六）蓋三王之正若循環。窮則反本。天下有道。則不失紀序。無道。則正朔不行於諸侯。（挿議論一段）幽厲之後。周室微。陪臣執政。史不紀時。君不告朔。故疇人子弟分散。或在諸夏。或在夷狄。是以其禨祥廢而不統。周襄王二十六年閏三月。而春秋非之。（春秋歷法壞七）先王之正時也。履端於始。舉正於中。歸邪於終。履端於始。序則不愆。舉正於中。民則不惑。歸邪於終。事則不悖。（又挿議論一段）其後戰國並爭。在於彊國禽敵。救急解紛而已。豈遑念斯哉。是時獨有鄒衍。明於五德之傳。而散消息之分。以顯諸侯。而亦因秦滅六國。兵戎極煩。又升至尊之日淺。未暇遑也。而亦頗推五勝。而自以為獲水德之瑞。更名河曰德水。而正以十月。色上黑。然歷度閏餘。未能覩其眞也。（六國秦時歷法壞八）漢興。高祖曰北時待我而起。亦自以為獲水德之瑞。雖明習歷及張蒼等。咸以為然。是時天下初定。方綱紀大基。

高后女主。皆未遑。故襲秦正朔服色。（漢興未能正歷九）至孝文時。魯人公孫臣以終始五德上書。言漢得土德。宜更元。改正朔。易服色。當有瑞。瑞黃龍見。事下丞相張蒼。張蒼亦學律歷。以爲非是。罷之。其後黃龍見成紀。張蒼自黜。所欲論著不成。而新垣平以望氣見。頗言正歷服色事。貴幸。後作亂。故孝文帝廢不復問。（孝文未能正歷十）至今上卽位。招致方士唐都。分其天部。而巴落下閎運算轉歷。然後日辰之度與夏正同。乃改元。更官號。封泰山。因詔御史曰。乃者有司言星度之未定也。廣延宣問。以理星度。未能詹也。蓋聞昔者黃帝合而不死。名察度驗。定清濁。起五部。建氣物分數。然蓋尚矣。書缺樂弛。朕甚閔焉。朕唯未能循明也。紬績日分。率應水德之勝。今日順夏至。黃鐘爲宮。林鐘爲徵。太簇爲商。南呂爲羽。姑洗爲角。自是以後。氣復正。羽聲復清。名復正變。以至子日當冬至。則陰陽離合之道行焉。十一月甲子朔旦冬至已詹。其更以七年爲太初元年。年名焉逢攝提格。月名畢聚。日得甲子。夜半朔旦冬至。（武帝正歷十一）

歷書逐段鋪序絕無穿揷變化之妙然文字齊整文氣古樸是西漢文字褚先生反不能如此蒼老

中宮天極星。其一明者。太一常居也。天極太一是爲北極是爲天之主宰旁三星。三公。或曰子屬。—天極
之旁一後句四星。末大星正妃。餘三星後宮之屬也。—天極之後二環之匡衛十二星。藩臣。
—天極之左右三皆曰紫宮。—總一句以上四星皆在紫宮之內前列直斗口三星。隨北端兌。若見若不。曰
陰德。或曰天一。—紫宮之前一紫宮左三星曰天槍。—紫宮之左二右五星曰天棓。—紫宮之右三
後六星絕漢抵營室。曰閣道。—紫宮之後四以上四星皆在紫宮之外○以上序紫宮內外諸星紫宮即紫微垣也北斗七星。
所謂璇璣玉衡以齊七政。北斗總提一句杓。句攜龍角。攜連也衡。句殷南斗。殷中也魁句枕參首。
先明杓衡魁之部位用昏建者杓。句杓句自華以西南。夜半建者衡。句衡句殷中州河濟之間。
平旦建者魁。句魁句海岱以東北也。再明杓衡魁之時候分野建者月建也如春昏則杓值寅夜半衡值寅平旦魁值寅北斗每夜
一轉故以此爲候斗爲帝車。運於中央。臨制四鄉。分陰陽。建四時。均五行。移節度。定諸紀。皆
繫於斗。—總序數語結北斗斗魁戴匡六星。曰文昌宮。一曰上將。二曰次將。三曰貴相。四曰
司命。五曰司中。六曰司祿。—斗魁之上一在斗魁中。貴人之牢。—斗魁之中二魁中四星貴人之牢名曰天理不
序出魁下六星。兩兩相比者。名曰三能。即三台也三能色齊。君臣和。不齊。爲乖戾。—斗魁之下三
輔星明近。輔臣親彊。斥小。疏弱。—輔星在斗杓之外四杓端有兩星。一內。紫微垣之內爲矛。招搖。一星

今亦在垣外—外紫微垣之外為盾天鋒—三星矛盾俱在氐度○斗杓之端五有句圜十五星屬杓曰賤人之
牢其牢中星實則囚多虛則開出—斗之外六○以上斗旁諸星天一句槍句棓句矛句盾句動
搖句角句芒角也大兵起—又提天一等占驗另序○中宮及紫微垣諸星是第一節東宮蒼龍房心房心尾合為蒼龍之象此
止言房心心為明堂大星天王前後星子屬不欲直直則天王失計心宿星三合天王太子庶子而三也房
為府曰天駟其陰右驂房宿四星自南而北第四星為右驂旁有兩星曰衿房之旁一今名鈎鈐北一星曰舝房之
北二東北曲十二星曰旗此乃天市兩墻星所謂天旗也旗中四星曰天市中六星曰市樓市中星眾
者實其虛則耗房之東三此乃天市垣星也天市在房之東北西抵於氐東入於斗今附於此然帝座宗正俱不序房南眾星曰騎官
—房之南四○以上房旁諸星左角句李理官主刑右角句將句大角者天王帝廷角宿二星分左右其兩旁
各有三星鼎足句之曰攝提攝提者直斗杓所指以建時節故曰攝提格—以上角旁諸星
實近亢亢為疏廟主疾亢宿又四其南北兩大星曰南門—今曰陽門以上亢旁星氐為天根主疫氐宿
星四尾為九子曰君臣斥絕不和—尾宿星九箕為敖客曰口舌—箕宿星四火犯守句角句則
有戰—一句總承箕尾氐房心王者惡之也—一句遙接房心根火犯守則王者惡之也○序東宮七宿及天市垣諸星是第一節南宮
朱鳥權衡—柳張翼合為朱鳥之象此以屬權衡衡句太微三光之廷—即太微垣天帝之南宮匡衞十二星藩

臣。西句將。東。相句太微之左右一南四星。執法句中之執法二星中也端門。門左右端門左右掖門。

一太微之南二門內六星。諸侯一實止五星其內五星五帝座一太微之中三後聚一十五星蔚然。

曰郎位。傍一大星。將位也。一今曰郎將太微之後四○月五星順入從西入也軌道。司其出所守。天子

所誅也。天子行誅伐也其逆入。從東入也若不軌道。以所犯命之。中坐帝座也成形。皆羣下從謀也。羣下謀上也

金火尤甚。總序太微垣占驗廷藩西有隋星五。曰少微。士大夫一太微之西五實只大夫博士議士處士四星○以上序太微垣諸星權句軒轅。軒轅。黃龍體。似即以軒轅爲星宿其實星宿六星在軒轅前此不序前大星。女主象。

旁小星。御者後宮屬。月五星守犯者。如衡占一以上星旁諸星東井爲水事。井宿星八其西曲星。

曰鉞。一星井之西一鉞北。北河。三星井之北二南句南河。三星井之南三兩河天闕間。爲關梁一以上井旁諸星輿

鬼。鬼祠事。鬼宿星四中白者爲質一一星鬼之中一以上鬼中之星○火守南北河。兵起。穀不登。故德成

衡。觀成潢。傷成鉞。禍成井。誅成質一插序南北河衡潢鉞井質六星占驗衡爲太微南北河鉞屬井質屬鬼本宮潢則西宮之星也

插序錯落語句俱奇柳爲鳥注。主木草。七星。一注朱鳥咮也頸。柳實八星以第三星爲朱鳥頸爲員官。主急事。一柳宿

星八張。句素。朱鳥嗉也爲廚。主觴客。一張宿星六翼爲羽翮。朱鳥之羽翮也主遠客。一翼宿星二十二軫爲車。主

風。軫宿星四左轄右轄附兩星其旁有一小星。曰長沙星。星不欲明。明與四星等。若五星入軫星

中。兵大起。軫之旁一軫南衆星。曰天庫樓。庫有五車。車星角。若益衆。及不具。無處車馬。—
軫之南二〇以上軫傍諸星〇序南宮七宿及太微垣諸星。是第三節西宮。咸池。星名在五車中曰天五潢。—五潢。五帝車舍。
火入。句旱。句金。句兵。句水。句水。句中有三柱。柱不具。兵起。—以上序咸池五潢奎曰封豕。爲
溝瀆。—奎宿星十六婁爲聚衆。—婁宿星三胃爲天倉。胃宿星三其南衆星曰廥積。—今名天囷星十四天庾星
四以上胃傍諸星昴曰髦頭。胡星也。爲白衣會。—昴宿星七畢曰罕車。爲邊兵。主弋獵。畢宿星八其大
星。旁小星。爲附耳。一星附耳搖動。有讒亂臣在側。—以上畢旁諸星昴畢間爲天街。其陰。句陰
國。句陽。句陽國。句昴畢之間合序其所主參爲白虎。三星直者。是爲衡石。下有三星。兌曰罰。今曰伐
爲斬艾事。其外四星。左右肩股也。—參宿星凡七三直四脚伐在其中序法變小三星隅置。曰觜觿。爲虎
首。主葆旅事。觜宿星三其南有四星。曰天厠。厠下一星。曰天矢。矢黃則吉。青白黑凶。觜之南一
其西有句曲九星。三處羅。三處各有九星羅列也一曰天旗。二曰天苑。三曰九游。觜之西二其東有
大星。曰狼。狼角。變色。多盜賊。下有四星。曰弧。弧當九星直狼。狼比地。有大星。曰南極老人。
老人見。治安。不見。兵起。常以秋分時。候之於南郊。—觜之東三以上觜旁諸星觜與參相連其天旂天苑九游爲觜
旁諸星卽參傍諸星也合序而狼與弧老人則稍遠而近井鬼矣附耳入畢中。兵起。—又帶序畢附耳〇序西宮七宿及天潢是第四節北。

宮。玄。武。虛。危。━斗與牛合爲玄武之象而此則屬虛危危爲蓋屋。━危宿星三虛爲哭泣之事。━虛宿星二虛危二宿
雙起傍星亦雙序變法其南有衆星。曰羽林天軍。四十五星軍西爲壘。壘壁十二星或曰鉞。二星旁有一大
星。爲北落。虛之南一羽林北落壘鉞實近室宿而附序于虛北落若微。亡軍。星動。句角。句益希。句及五星犯
北落。入軍。軍起。火金水尤甚。火。句軍憂。句水。句患。句木土。軍吉。━以上虛傍諸星危東六星。
兩兩相比。曰司空。━危之東一危東兩兩相比者乃司命司危司非司祿而司空一星則在奎度也悞○以上危傍諸星營室爲淸廟。
室宿星二曰離宮。六星附室之傍一閣道。━六星室之右二實則近奎而在紫宮之後郎中宮所序者也○以上室傍諸星漢中四星。曰
天駟。旁一星。曰王良。王良策馬。車騎滿野。天駟王良共五星在奎傍○漢中之星一旁有八星。絕漢。曰天
潢。漢中之星二天潢即天津實九星在女傍天潢旁。江星。江星動。人涉水。━江星四星在尾傍去天潢尙遠○以上漢中諸星杵
臼四星。在危南。杵三星臼四星在危之南匏瓜。有靑黑星守之。魚鹽貴。━匏瓜五星在女南○以上又插序危傍女傍兩
星變法南斗爲廟。斗宿星六其北建星。六星建星者。旗也。━以上斗傍諸星牽牛爲犧牲。牛宿星六其北河
鼓。七星河鼓大星。上將。左右。左右將。━以上牛傍諸星婺女。女宿四星其北織女。三星織女。天女孫也。
━以上女傍諸星織女實遠女而近牛○序北宮六宿及漢中諸星是第五節北宮諸宿遺壁宿何也察日月之行。以揆歲星順逆。歲星
木星也依日月轉行所謂東行百日十二歲周天也故曰察日月之行曰東方木。主春。日甲乙。義失者。罰出歲星。歲星主義

歲星贏縮。以其舍命國。以其所次舍之宿定其分野也後同 以所在國。不可伐。可以罰人。其趨舍而前曰

贏。退舍曰宿。贏。句 其國有兵不復。句 縮。句 其國有憂將亡國。傾敗。又注贏縮兩句 其所在。五

星皆從而聚于一舍。其下之國可以義致天下。應義字 以攝提格歲。太歲在寅也下遞推 歲陰左

行在寅。歲星右轉居丑。正月與斗牽牛晨出東方。名曰監德。以下監德降入青章跰踵開明長列大音長王

天睢大章天泉天皓皆歲星隨所出而異其名也 色蒼蒼有光。其失次有應。見柳。柳為斗牛之對宮失次必出對宮 歲早水。

晚旱。一歲星出。東行十二度。百日而止。反逆行。逆行八度。百日復東行。歲行三十度

十六分度之七。率日行十二分度之一。十二歲而周天。提明歲星正月出斗牛二月出女虛危遞移之常度 出

常東方。以晨入於西方。用昏。一提明歲星出入之常一歲不變後同 單閼歲。歲陰在卯。星居子。歲陰自寅而卯

而辰一路順去歲星自丑而子而亥一路逆行後同 以二月與婺女虛危晨出。歲星次舍所出之宿正月斗牛二月女虛危三月室壁挨二十

八宿從右而轉後同 曰降入。大有光。其失次有應。見張。女虛危之對宮後同 名曰降入。其歲大水。一執徐

歲。歲陰在辰。星居亥。以三月居與營室東壁。晨出。曰青章。青、青、甚、章。妙注句法之妙節節變換 其

失次有應。見軫。曰青章。歲早旱。晚水。一大荒駱歲。歲陰在巳。星居戌。以四月與奎婁

胃昴晨出。曰跰踵。熊熊赤色。有光。熊熊字佳出山海經其光熊熊其氣魄 其失次有應。見亢。一敦牂歲。

歲陰在午。星居酉。以五月與胃昴畢晨出。曰開明。炎炎有光。偃兵。唯利公王。不利治兵。其失次有應見房。歲早。旱晚水。—叶洽歲。歲陰在未。星居申。以六月與觜觿參晨出。曰長列。昭昭有光。利行兵。其失次有應見箕。—涒灘歲。歲陰在申。星居未。以七月與東井輿鬼晨出。曰大音。昭昭白。其失次有應見牽牛。—作鄂歲。歲陰在酉。星居午。以八月與柳七星張晨出。曰爲長王。作作有芒。（形容語妙）國其昌。熟穀。其失次有應見危。曰大章。有旱而昌。有女喪。民疾。—閹茂歲。歲陰在戌。星居巳。以九月與翼軫晨出。曰天睢。白色大明。其失次有應見東壁。歲水。女喪。—大淵獻歲。歲陰在亥。星居辰。以十月與角亢晨出。曰大章。蒼蒼然。星若躍而陰出旦。是謂正平。起師旅。其率必武。其國有德。將有四海。其失次有應見婁。—困敦歲。歲陰在子。星居卯。以十一月與氐房心晨出。曰天泉。玄色甚明。江池其昌。不利起兵。其失次有應在昴。—赤奮若歲。歲陰在丑。（太歲順行一周）星居寅。（歲星逆行一周）以十二月與尾箕晨出。（次合二十八宿一周）曰天皓。黫然黑色甚明。其失次有應見參。—當居不居。居之又左右搖。未當去去之。與他星會。（即失次也）其國凶。所居久。國有德厚。其角（句）動。（句）乍小乍大。若色數變。人主有憂。—其失次舍以下。進而東北三月。生天棓。長四丈。末兌。進而東南三月。生彗星。長二丈。類彗。星退而西北三月。生天欃。長四丈。末兌。退而西南三月。生天槍。長數丈。兩頭兌。（四星皆歲星失謹次變爲妖星也）視其所見之國。不可舉事用兵。一（此四妖星之占）其出如浮如沈。其國有土功。如沈如浮。其野亡。色赤而有角。其所居國昌。迎角而戰者不勝。星色赤黃而沈。所居野大穰。色青白而赤灰。所居野有憂。一歲星入月。其野有逐相。與太白鬬。其野有破軍。（此一段歲星出入總占）

占

歲星。一曰攝提。曰重華。曰應星。曰紀星。（歲星別名）營室爲清廟。歲星廟也。一（歲星得分之地後同）

○以上序歲星是第六節

察剛氣以處熒惑。（熒惑火星也主于南方故察剛氣）曰南方火主夏日丙丁。禮失罰出熒惑。（熒惑主禮）熒惑失行是也。出則有兵。入則兵散。以其舍命國。熒惑熒惑爲勃亂。（注一句）殘賊。（句）疾。（句）喪。（句）饑。（句）兵。（句）（熒惑總占）反道二舍以上。居之三月有殃。五月受兵。七月半亡地。九月大半亡地。因與俱出入。國絕祀。居之殃還至。雖大當小。（居之居其舍也）久而至當小反大。一（久而至行遲也熒惑以遲速爲變）其南爲丈夫。北爲女子喪。一（以方域爲變）若角。（句）動。（句）繞環之。（句）及乍前乍後。（句）左。（句）右。（句）殃益大。與他星鬬。光相逮爲害。不相逮不害。一（以變動爲變）五星皆從而聚于一舍。其下國可以禮致天下。一（應禮字）法。（句）出東行十六舍而止。

逆行二舍。六旬復東行。自所止數十舍。十月而入西方。伏行五月。出東方。｜此熒惑之常度其出西方曰反明。主命者惡之。東行急。一日行一度半。其行東西南北疾也。兵各聚其下。用戰順之勝。逆之敗。此熒惑之失度熒惑從太白。軍憂。離之。軍卻。出太白陰。有分軍。行其陽。有偏將戰。當其行。太白逮之。破軍殺將。金火相克故占從太白其入守犯太微軒轅營室。主命惡之。｜熒惑與諸星凌犯爲變心爲明堂。熒惑廟也。謹候此。｜以上序熒惑是第七節曆斗之會以定塡星之位。塡星土星也土居中宮璇璣中宿之分故從斗曰中央土。主季夏。日戊巳。黃帝。主德。女主象也。歲塡一宿。解塡之名故二十八歲而周天其所居國吉。未當居而居。若已去而復還。還居之。其國得土。不乃得女。若當居而不居。既已居之。又西東去。其國失土。不乃失女。不可舉事用兵。其居久。其國福厚。易。福薄。｜塡星爲德星故欲其居不欲其去其一名曰地侯。主歲。歲行十二度百十二分度之五。日行二十八分度之一。二十八歲周天。｜塡星所行之常度其所居。五星皆從而聚於一舍。其下之國。可重致天下。禮德義殺刑盡失。而塡星乃爲之動搖。｜木主義火主禮土主德金主殺水主刑五星皆失而塡星乃爲之動贏。句爲王不寧。其縮。有軍不復。｜塡星其色黃。九芒。音曰黃鐘宮。其失次上二三宿曰贏。有主命不成。不乃大水。失次下二三宿曰縮。

有后戚。其歲不復。不乃天裂。若地動。此填星贏縮之變斗爲文太室。填星廟。天子之星也。序完

填星事下附序五星相犯木星與土合。爲內亂。句饑。句主勿用戰。句敗。句水則變謀而更事。火爲旱。金爲白衣會。若水金在南曰牝牡。年穀熟。金在北。歲偏無。—此是木星與四星相犯爲變火與水合。爲焠。與金合。爲鑠。爲喪。皆不可舉事。用兵大敗。土爲憂。主孽卿。大饑。戰敗。爲北軍。軍困。舉事大敗。—此是火星與三星相犯爲變土與水合。穰而擁閼。有覆軍。其國不可舉事。句出。句亡地。句入。句得地。金爲疾。爲內兵。亡地。—一段是土星與水金相犯爲變其金木相犯卻又辰星條三星若合。其宿地國外內有兵與喪。改立公王。四星合。兵喪並起。君子憂。小人流。五星合。是謂易行。有德受慶。改立大人。奄有四方。子孫蕃昌。無德受殃。若亡。—此諸星以五星合聚爲變五星皆大。其事亦大。皆小。事亦小。—總序五星以大小爲變蚤出者爲贏。贏者爲客。晚出者爲縮。縮者爲主人。必有天應見於杓星。同舍爲合。相凌爲鬬。七寸以內必之矣。—插注合五鬬之故五星色。白圜。爲喪旱。赤圜。則中不平。爲兵。青圜。爲憂水。黑圜。爲疾多死。黃圜。則吉。赤角。犯我城。黃角。地之爭。白角。哭泣之聲。青角。有兵憂。黑角。則水。意行窮兵之所終。五星同色。天下偃兵。百姓寧昌。—總序五星以其色爲變春風。秋雨。冬寒。夏暑。動搖常以此。—總序五星

以動搖爲變 塡星出百二十日。而逆西行。西行百二十日。反東行見三百三十日而入。入三十日。復出東方。太歲在甲寅。鎭星在東壁。故在營室。━塡星行度補序于此與前作兩段寫法變〇以上序塡星是第八節 察日行以處位太白、━太白金星也隨日而行先日曰啓明後日曰長庚故察日 曰西方。秋司兵。月行及天矢。日庚辛。主殺。殺失者罰出太白。太白失行。以其舍命國。其出行十八舍二百四十日而入。入東方。伏行十一舍百三十日。其入西方。伏行三舍十六日而出。太白行伏之常度 當出不出。當入不入。是謂失舍。不有破軍。必有國君之篡。太白以行伏爲變 其紀上元。以攝提格之歲。與營室晨出東方。至角而入。與營室夕出西方。至角而入。與角晨出入畢。與角夕出入畢。與畢晨出入箕。與畢夕出入箕。與箕晨出入柳。與箕夕出入柳。與柳晨出入營室。與柳夕出入營室。凡出入東西各五。爲八歲二百三十日。復與營室晨出東方。其大率歲一周天。━太白出入之常度 其始出東方。行遲。率日半度。一百二十日。必逆行一二舍。上極而反。東行。行日一度半。一百二十日。入其庳。句 近日。句 曰明星。句 柔。句 高。句 遠日。句 曰大囂。句 剛。句 其始出西行。疾率日一度半。百二十日。上極而行遲。日半度。百二十日。旦入。必逆行一二舍而入。其庳。句 近日。句 曰太白。句 柔。句 高。句

遠日。句曰大相。句剛。一句此太白以高卑爲變出以辰戌入以丑未。當出。不出。未當入而入。天
下偃兵。兵在外入。未當出而出。當入而不入。下起兵。有破國。其當期出也。其國昌。一
此太白以出入爲變其出東。爲東。主東方也入東。爲北方。主北方也下同出西。爲西。入西。爲南方。所居久。其
鄉利。疾。其鄉凶。一此太白以久疾爲變出西逆行至東。正西國吉。出東至西。正東國吉。一此太白以
逆行爲變其出不經天。經天天下革政。小以角動。兵起。一此太白以經天角動爲變始出大。後小。兵弱。
出小。後大。兵強。出高。用兵深吉。淺凶。庳。淺吉深凶。一此太白以大小高庳爲變日方南。金居其南。
日方北。金居其北。曰嬴。侯王不寧。用兵進吉。退凶。日方南金居其北。日方北金居其
南。曰縮。侯王有憂。用兵退吉。進凶。一此太白以隨日嬴縮爲變用兵象太白。太白行疾。句疾行。句
遲。句遲行。句角。句敢戰。句動搖躁。句躁。句國以靜。句國漢書作圜是靜。句躁則與之俱躁靜則與之俱靜也句奇
順角所指吉。反之皆凶。出。句則出兵。入。句則入兵。一此法太白以用兵赤角有戰。白角有喪。
黑圜角。句憂。句有水事。句青圜小角。句憂。句有木事。句黃圜。句和角。句有土事。句有
年。一句此太白以變色爲變其已出三日而復有微入。入三日乃復盛出。是謂耎。其下國有軍
敗將北。其已入三日又復微出。出三日而復盛入。其下國有憂。師有糧食兵革。遺人

用、之。所謂資盜糧也卒雖衆將爲人鹵。此又太白以出入爲變其出西。失行外國敗。其出東。失行中國敗。一此太白以失行爲變其色大圜黃滜。可爲好事。其圜大赤。兵盛不戰。太白白。句比狼。句赤。句比心。句黃。句比參左肩。句蒼。句比參右肩。句黑。句比奎大星。一又補序太白所變之色如此五星皆從太白而聚乎一舍。其下之國。可以兵從天下。居實有得也。居虛無得也。兩句兵從天下之解○此五星合太白爲變行勝色。色勝位。位有位勝無位。有色勝無色。行得盡勝之。一因居實二句又總行色位而申言之出而留桑榆間。遲也疾其下國。上而疾。未盡其曰。曰漢書作日是過參天。未盡一日而卽參天疾也疾其對國。在東災西在南災北也上復下。下復上。有反將。一此太白遲疾上下之變其入月。將僇。金木星合光。其下戰不合。兵雖起而不鬭。合相毀。野有破軍。一此太白與月五星相犯爲變出西方。昏而出陰。陰兵強。暮食出。小弱。夜半出。中弱。雞鳴出。大弱。是謂陰陷于陽。其在東方。乘明而出陽。陽兵之強。雞鳴出。小弱。夜半出。中弱。昏出。大弱。是謂陽陷于陰。太白伏也。以出兵。兵有殃。一此太白以出入之時爲變其出卯南。南勝北方。出卯北。北勝南方。正在卯。東國利。出酉北。北勝南方。出酉南。南勝北方。正在酉。西國勝。一此太白以出入之方爲變其與列星相犯。小戰。五星。大戰。其相犯。太白出其南。南國敗。出其北。北國敗。行疾。句武。句不行。句

文。一句此又太白與列星相犯爲變色白。五芒出。蚤爲月蝕。晚爲天矢及彗星將發其國。一此太白色白五
芒之變出東爲德。舉事。左之。迎之。吉。出西爲刑。舉事。右之。背之。吉。反之。皆凶。一此總論太白之
出入以爲向背。太白光見影。戰勝。晝見而經天。見影微見其影也晝見則見矣經天則當午而見矣大是謂爭明。彊國
弱。小國彊。女主昌。一此太白日中爲變序法多少層疊串插錯落變化亢爲疏廟。太白廟也。一太白大臣也。
其號上公。其他名。殷星。大正。營星。觀星。宮星。明星。大衰。大澤。終星。大相。天浩。序星。月
緯。大司馬位。此皆太白之別名謹候此。一序太白是第九節察日辰之會。以治辰星之位。辰星水星也以四時
四仲及辰戌丑未出入故察日辰曰北方水。太陰之精。主冬。日壬癸。刑失者罰出辰星。辰星主刑以其宿
命國。一是正四時。仲春春分。夕出郊奎婁胃東五舍。爲齊。仲夏夏至。夕出郊東井輿
鬼柳東七舍。爲楚。仲秋秋分。夕出郊角亢氐房東四舍。爲漢。仲冬冬至。晨出郊東方
與尾箕斗牽牛俱西。爲中國。其出入常以辰戌丑未。一辰星出入之常度其蚤。爲月蝕。晚爲
彗星及天矢。其時宜效。不效爲失。效見也追兵在外。不戰。一時不出。其時不和。四時不
出。天下大饑。此辰星以出入之早晚爲變其當效而出也。色白。句爲旱。句黃。句爲五穀熟。句赤。句
爲兵。句黑。句爲水。出東方。大而白。有兵於外。句解。句當在東方。其赤。中國勝。其西而

赤。外國利。無兵於外。而赤。兵起。一(此辰星以變色爲變)其與太白俱出東方。皆赤而角。外國大敗。中國勝。其與太白俱出西方。皆赤而角。外國利。一(此辰星與太白俱出爲變)五星。分天之中。積於東方。中國利。積於西方。外國用者利。五星皆從辰星而聚於一舍。其所舍之國可以法致天下。(此五星從辰星之占)辰星不出。太白爲客。其出。太白爲主。出而與太白不相從。野雖有軍。不戰。出東方。太白出西方。若出西方。太白出東方。爲格。野雖有兵不戰。(此辰星與太白不相從之占出東方以下是不相從注脚)失其時而出。爲當寒反溫。當溫反寒。當出不出。是謂擊卒。兵大起。(此辰星以失時爲變)其入太白中。而上出。破軍殺將。客軍勝。下出。客亡地。辰星來抵太白(抵自後而及也)太白不去。將死。正旗上出。破軍殺將。客勝。下出。客亡地。視旗所指。以命破軍其繞環太白。若與鬬。大戰。客勝。兔(辰星一名兔星)過太白。間可椷劍。小戰。客勝。兔居太白前軍罷。出太白左。小戰。摩太白。有數萬人戰。主人吏死。出太白右。去三尺。軍急約戰。(此辰星與太白入抵出旗上繞環鬬過居前摩出右爲變獨詳太白者金水二星俱隨日行易于相犯也)青角。兵憂。黑角。句水。句赤。句行窮兵之所終。兔七命。曰小正。辰星。天攙。安周星。細爽。能星。鈎星。(七者辰星變現之別名)其色黃而小。出而易處。天下之文變而不善矣。兔五色。青圜。句憂。句白圜。句喪。句赤圜。句中不

平句黑圜句吉句赤角犯我城黃角地之爭白角號泣之聲一此又辰星以變色爲變其出東
方行四舍四十八日其數二十日而反入於東方其出西方行四舍四十八日其數
二十日而反入於西方其一候之營室角畢箕柳出房心間地動一辰星出行之常度五星行度或
序于前或序于後或插序于中序法變化辰星之色春青黃夏赤白秋青白而歲熟冬黃而不明即變其
色其時不昌一此辰星之常色冬其本行黃則變矣春不見大風秋則不實夏不見有六十日之旱月
蝕秋不見有兵春則不生冬不見陰雨六十日有流邑夏則不長一此辰星以不見爲變○以上序
辰星是第十節角亢氐兗州房心豫州尾箕幽州斗江湖牽牛婺女揚州虛危青州營室至
東壁并州奎婁胃徐州昴畢冀州觜觿參益州東井輿鬼雍州柳七星張三河翼軫
荊州七星爲員官辰星廟蠻夷星也一因五星皆以其次舍命國一句故又序二十八宿分野附于五星之後是第十一節兩
軍相當日暈暈等句力鈞句厚句長大句有勝句薄句短小句無勝重抱大破無抱
爲和句背句不和句爲分離相去直外有直氣也爲自立立侯王指暈漢書作破軍若曰殺將
負且戴有氣負之戴之也有喜圜在中中勝在外外勝一此序日暈之形青外赤中以和相去赤外
青中以惡相去一此序日暈之色氣暈有氣在暈中也先至而後去居軍勝先至先去前利後病後

至後去。前病後利。後至先去。前後皆病。居軍不勝。見而去。其發疾。雖勝無功。見半日以上。功大。此敘氣暈之占白虹屈短。上下兌。有者下大流血。—此附敘白虹之變日暈制勝。近期三十日。遠期六十日。—此敘日暈所應之期其食。食所不利。復生。生所利。而食益盡。爲主位。未解闕疑以其直及日所宿。加以日時。用命其國也。以所值之方日所舍之宿及日時占其所主之國○以上序日暈是第十二節月行。中道。房屋之中爲日月五星之常道安寧和平。陰間。房之北多水。陰事。外北三尺。陰星。陰間之北三尺則陰星之分也北三尺。太陰。陰星又北三尺則太陰之分也若月行于此故多陰禍大水。句兵。句陽間。房之南驕恣。陽星。即陽間之南三尺也多暴獄。太陽。即陽星之南又三尺也月行於此故多陽禍大旱喪也。句角。句天門。十月爲四月。月入角下天門則六月之後成災下同十一月爲五月。十二月爲六月。水發。水發總承三句近三尺。遠五尺。犯四輔。輔臣誅。離天門則犯角矣角爲四輔行南北河。以陰陽言。句旱。句水。句兵。句喪—句以南北河分陰陽而定四者之占也以上俱頂月行而言月蝕。歲星。其宿地饑若亡。熒惑也。句亂。句塡星也。下犯上。太白也。彊國以戰敗。辰星也。女亂。食大角。主命者惡之。心則爲內賊亂也。列星其宿地憂。—食于列星之次則憂在分野○以上俱頂月食而言月食始日。五月者六。六月者五。五月復六。六月者一。而五月者。凡五百一十三月而復始。前止序日暈此又帶日食故月蝕。常也。日蝕。爲不臧也。甲乙。四海之外。日月不占。甲乙主海外故不必占也丙丁。江淮海岱也。戊己。中州河濟也。庚辛。華山以西。壬癸。
恆上以北。一以上雙頂月蝕日蝕〇日月之蝕又以日干而異地日蝕。國君。月蝕。將相當之。一日月雙收〇以上序月行是第
十三節國皇星。大而赤。狀類南極。所出。其下起兵。兵彊。其衝。不利。一妖星昭明星。大而白。
無角。乍上乍下。所出國。起兵。多變。二妖星五殘星。出正東。東方之野。其星狀類辰星。去
地可六丈。句大。三妖星賊星。出正南。南方之野。星去地可六丈。大而赤。數動有光。四妖星
司危星。出正西。西方之野。星去地可六丈。大而白。類太白。五妖星獄漢星。出正北。北方
之野。星去地可六丈。大而赤。數動。察之中青。此四野星。總頂四星之占所出。出非其方。其下
有兵。衝。不利。六妖星四塡星。所出。四隅。去地可四丈。七妖星地維咸光。亦出四隅。去地可
二丈。若月始出。所見下有亂。亂者亡。有德者昌。八妖星燭星。狀如太白。其出也。不行。見
則滅。所燭者。城邑亂。九妖星如星非星。如雲非雲。命曰歸邪。歸邪出。必有歸國者。一妖星
十星者。金之散。氣。本。曰。火。星衆。國吉。少則凶。漢者。亦。金。之。散。氣。其。本。曰。水。漢星多。多
水。少則旱。其大經也。一總序星漢作兩對星星也結上漢氣也起下天鼓。有音。如雷非雷。音在地而下及
地。其所往者。兵發其下。一妖氣天狗。狀如大奔星。有聲。其下止地。類狗所墮。及炎火。望

之如火光炎炎衝天其下圜如數頃田處上兌者則有黃色千里破軍殺將妖氣二格澤星者如炎火之狀黃白起地而上下大上兌其見也不種而穫不有土功必有大害妖氣三蚩尤之旗類彗而後曲象旗見則王者征伐四方妖氣四旬始出於北斗旁狀如雄雞其怒靑黑象伏鼈妖氣五枉矢類大流星蛇行而倉黑望之有如毛羽然妖氣六長庚如一疋布著天此星見兵起妖氣七星墜至地則石也河濟之間時墜星墜星一天精而見景星景星者德星也其狀無常常出於有道之國━德星一以上序妖星妖氣德星是第十四節

凡望雲氣仰而望之三四百里平望在桑榆上餘二千里登高而望之下屬地者三千里總言雲氣近人者近去人者遠雲氣有獸居上者勝━總言雲氣自華以南氣下黑上赤嵩高三河之郊氣正赤恆山之北氣下黑上靑勃碣海岱之間氣皆黑江淮之間氣皆白一段地氣徒氣白土功氣黃━一段人事之氣車氣乍高乍下往往而聚騎氣卑而布卒氣摶前卑而後高者句疾句前方而高後兌而卑者句郄句其氣平者其行徐前高而後卑者不止而反氣相遇者卑勝高兌勝方氣來卑而循車通者通即轍避武帝諱不過三四日去之五六里見氣來高七八尺者不過五六日去之十餘二十餘里見氣來高丈餘二丈

者不過三四十日去之五六十里見稍雲精白者其將悍其士怯其大根而前絕遠者當戰青白其前低者戰勝其前赤而仰者戰不勝（一段兵氣）陣雲如立垣杼雲類杼軸雲摶兩端兌杓雲如繩者居前亘天其半半天其蛪者類闕旗故鉤雲句曲（語句錯落）諸此雲見以五色合占而澤摶密其見動人乃有占兵必起合鬭其直王朔所候（妙）決於日旁日旁雲氣人主象皆如其形以占（一段散序雲氣）故北夷之氣如羣畜穹閭南夷之氣類舟船幡旗大水處敗軍場破國之虛下有積錢金寶之上皆有氣不可不察海旁蜃氣象樓臺廣野氣成宮闕然雲氣各象其山川人民所聚積故候息耗者入國邑視封疆田疇之正治城郭室屋門戶之潤澤次至車服畜產精華實息者吉虛耗者凶若烟非烟若雲非雲郁郁紛紛蕭索輪囷是謂卿雲卿雲見喜氣也若霧非霧衣冠而不濡見則其域被甲而趨（忽用韻語○一段序四方山海金寶之氣）天雷電蝦虹辟歷夜明者陽氣之動者也春夏則發秋冬則藏故候者無不司之天開縣物（天裂而見物也）地動坼絕山崩及徙川塞谿垘水澹澤竭地長見象城郭門閭閨臬枯槀（門閭漢書作潤息是與枯槀對）宮廟邸第人民所次謠俗車服觀民飲食五穀草木觀其所屬倉府廄庫四通之路六

畜禽獸所產去就魚鼈鳥鼠觀其所處鬼哭若呼其人逢俉化言 逢俉相驚也化言漢書作訛言是誠然 以上序雲氣是第十五節 凡候歲美惡謹候歲始歲始或冬至日產氣始萌臘明日人衆卒歲一會飲食發陽氣故曰初歲正月旦王者歲首立春日四時之卒始也四始者候之日 此總序候歲之日 而漢魏鮮集臘明正月旦決八風風從南方來大旱西南小旱西方有兵西北戎菽爲 爲成也 小雨趣兵北方爲中歲東北爲上歲東方大水東南民有疾疫歲惡 序八方自南而右行 故八風各與其衝對課多者爲勝多勝少久勝亟疾勝徐 此以八風所至之方爲占驗 旦至食爲麥食至日昳爲稷昳至餔爲黍餔至下餔爲菽下餔至日入爲麻欲終日有雨有雲有風有日日當其時者深而多實無雲有風日當其時淺而多實有雲風無日當其時深而少實有日無雲不風當其時者稼有敗如食頃小敗熟五斗米頃大敗則風復起有雲其稼復起各以其時用雲色占種其所宜其雨雪若寒歲惡 此以歲始一日之內雨雲風日爲占驗 是日光明聽都邑人民之聲聲宮則歲善吉句商句則有兵句徵句旱句羽句水句角句歲惡 此以人聲爲占驗 或從正月旦比數雨率日食一升至七升而極過之不占 一日雨則民有一升之食也餘同 數至十二日日直其月占水旱

爲其環城千里內占則。一日雨占在正月二日雨占在二月也餘同其爲天下候。竟正月。月所離列宿日
風雲占其國。即月所離二十八宿次舍以占其分野也然必察太歲所在。在金句穰句水句毀句木句饑。
句火句旱句此其大經也—此以太歲配正月日數爲占驗正月上甲。風從東方。宜蠶。風從西方。若
旦黃雲。惡。—此又以上甲爲蠶事之占驗冬至短極。縣土炭。炭動。鹿解角。蘭根出。泉出、躍。晷以知
日至。要決晷景。土圭之影歲星所在。五穀逢昌。其對爲衝。歲乃有殃。此以冬至日合太歲爲占驗四始前序臘
明正月旦此補序冬至〇以上候歲始雜占驗是第十六節
太史公曰、自初生民以來。世主曷嘗不曆日月星辰。及至五家三代。紹而明之。內冠
帶。外夷狄。分中國爲十有二州。仰則觀象於天。俯則法類於地。先立兩句下雙承然天爲主地爲客
天則有日月。地則有陰陽。天有五星。地有五行。天則有列宿。地則有州域。三光者。陰
陽之精。氣本在地。又帶地一句而聖人統理之。幽厲以往。尚矣。所見天變。皆國殊窟穴。家
占物怪。以合時應。其文圖籍禨祥不法。是以孔子論六經。紀異而說不書。至天道命。
不傳。傳其人。不待告。告非其人。雖言不著。—以上總序上古之事昔之傳天數者。即接天道不傳下高
辛之前。重黎。於唐虞。羲和。有夏。昆吾。殷商。巫咸。周室。史佚。萇弘。於宋。子韋。鄭則裨竈。

在齊甘公楚唐昧趙尹皋魏石申（以上序自古傳天數之術家）夫天運三十歲一小變百年中變五百載大變三大變一紀三紀而大備此其大數也爲國者必貴三五上下各千歲然後天人之際續備（一段序天運）太史公推古天變未有可考于今者蓋略以春秋二百四十二年之間日蝕三十六彗星三見宋襄公時星隕如雨天子微諸侯力政五伯代興更爲主命自是之後衆暴寡大幷小秦楚吳越夷狄也爲彊伯田氏篡齊三家分晉並爲戰國爭於攻取兵革更起城邑數屠因以饑饉疾疫焦苦臣主共憂患其察禨祥候星氣尤急近世十二諸侯七國相王言從衡者繼踵而皋（尹皋）唐（唐昧）甘（甘公）石（石申）因時務論其書傳故其占驗凌雜米鹽（以上序春秋時之術家）二十八舍主十二州斗秉兼之所從來久矣秦之疆也候在太白占於狼弧吳楚之疆候在熒惑占於鳥衡燕齊之疆候在辰星占於虛危宋鄭之疆候在歲星占於房心晉之疆亦候在辰星占於參罰及秦幷吞三晉燕代自河山以南者中國中國于四海內則在東南爲陽陽則日歲星熒惑塡星占於街南畢主之其西北則胡貉月氏諸衣旃裘引弓之民爲陰陰則月太白辰星占於街北昴主之故中國山川東北流其維首在隴蜀尾

中華書局印行

沒於勃碣。是以秦晉好用兵。復占太白。太白主中國。而胡貉數侵掠。獨占辰星。辰星出入躁疾、常主彝狄。其大經也。此更爲客主人。（辰星太白一主一客也）熒惑爲孛。外則理兵。內則理政。故曰雖有明天子。必視熒惑所在。諸侯更彊。時菑異記。無可錄者。（以上序秦及七國中國胡貉月氏所主之星宿）秦始皇之時。十五年彗星四見。久者八十日。長或竟天。其後秦遂以兵滅六王。并中國。外攘四彝。死人如亂麻。因以張楚竝起。三十年之間。兵相駘藉。不可勝數。自蚩尤以來。未嘗若斯也。項羽救鉅鹿。枉矢西流。山東遂合從諸侯。西坑秦人、誅屠咸陽。（以上序秦之星變）漢之興。五星聚於東井。平城之圍。月暈參畢七重。諸呂作亂。日蝕。晝晦。吳楚七國叛逆。彗星數丈。天狗過梁野。及兵起。遂伏尸流血其下。元光元狩、蚩尤之旗再見。長則半天。其後京師師四出。誅彝狄者數十年。而伐胡尤甚。越之亡、熒惑守斗。朝鮮之拔。星茀于河戒。（河戒南河北河之間也）兵征大宛。星茀招搖。此其犖犖大者、若至委曲小變。不可勝道。由是觀之。未有不先形見而應隨之者也。（以上序漢之星變通篇止序天文之部位占驗未及其事故于論中補出自爲一篇）夫自漢之爲天數者。星則唐都。氣則王朔。占歲則魏鮮。故甘石曆五星法。唯獨熒惑有反逆行。逆行所守。及他星逆行。日月薄蝕。皆以爲占（以上序漢之星家錯落插序之妙）余觀史記考行事百年之中五星無出而不反逆行反逆行嘗盛大而變色日月薄蝕行南北有時此其大度也故紫宮房心權衡咸池虛危列宿部星此天之五官坐位也爲經不移徙大小有差濶狹有常—（自此以下乃史公自著其見解以收完通篇此收五宮二十八宿五節）水火金木塡星此五星者天之五佐爲經緯見伏有時所過行嬴縮有度—（此收五星五節）日變修德月變省刑星變結和凡天變過度乃占國君彊大有德者昌弱小飾詐者亡太上修德其次修政其次修救其次修禳正下無之—夫常星之變希見而三光之占亟用日月暈適雲風此天之客氣其發見亦有大運然其與政事俯仰最近大人之符—（此收日月及風雲雜占六節）此五者天之感動爲天數者必通三五（三五蓋三光及五帝德也故下又附五帝行德一節）終始古今深觀時變察其精粗則天官備矣（此總完通篇）

蒼帝行德天門爲之開—赤帝行德天牢爲之空—黃帝行德天矢爲之起風從西北來必以庚辛一秋中五至大赦三至小赦—白帝行德以正月二十日二十一日月暈圍常大赦載謂有太陽也一曰白帝行德畢昴爲之圍圍三暮德乃成不三暮及圍不合德不成二曰以辰圍不出其旬—黑帝行德天關爲之動天行德天子更

立年。不德。風雨破石。一三能。三衡者。天廷也。客星出天廷。有奇令。天官家每多奇語更以史公之筆出之序法有分合有繁簡有排有宕有變化有錯綜有揷敘於前有帶敘在後有兩併而一有一分而兩有注有不注有複有單句法有連數句而一段者有一句一斷者有衍為十餘字者有促為一二字者或離奇或韵致或為古奧或為平淡各極其妙史記中另一種文字○凡二分垣宿處與近世術家有不同處仰觀之學愧未留心不過從紙上管窺多有未盡就正有道以俟君子幸有以教我○凡序五宮二十八宿文字是一樣法序五星日月文字是一樣法序妖星妖氣文字是一樣法序雲氣候歲文字是一樣法而後總論一段則太史公之本色也○史記入書中封禪書以片段層叠勝天官書以字句古奧勝合二書始見史公之才無所不妙

封禪書

自。古。受。命。帝。王。曷。嘗。不。封。禪。劈頭一句卽提封禪起似乎以封禪為非而深辨之者卽是微詞蓋有無其應而用事者矣未有睹符瑞見而不臻乎泰山者也。上一句提起卽趂勢一轉作兩折符瑞二字是封禪本旨雖受命而功不至至梁父矣而德不洽洽矣而日有不暇給。兩折之後卽用三疊句語氣一貫而下嫋嫋如貫珠是。以。卽。事。用希。又解一句挽上答起句亦曰事為希見耳曷嘗不封禪哉傳曰。三年不為禮。禮必廢。三年不為樂。樂必壞。引兩句證卽事用希而禮樂闕然每世之隆。則封禪答焉。應曷嘗不封禪及衰而息。厥曠遠者千有餘載。近者數百載。故其儀闕然堙滅。其詳不可得而記聞云。一應卽事用希一篇總論大意已盡尚書曰。舜在

璇璣玉衡以齊七政遂類於上帝禋於六宗望山川徧羣神輯五瑞擇吉月日見四岳諸牧還瑞歲二月東巡狩至於岱宗岱宗泰山也（岱宗註一句）柴（句）望秩於山川遂覲東后東后者諸侯也（東后又註一句）合時月正日同律度量衡修五禮五玉三帛二牲一死（句）贄（句）五月巡狩至南岳南岳衡山也八月巡狩至西岳西岳華山也十一月巡狩至北岳北岳恆山也（註完四岳）皆如岱宗之禮中岳嵩高也（中岳為天子之都不巡狩而亦柴望故亦點一句後乃序明）五載一巡狩—（以上舜事）禹遵之—（禹只三字繁簡相參之妙〇夏事一）後十四世至帝孔甲淫德好神神瀆二龍去之—（夏事二）其後三世湯伐桀欲遷夏社不可作夏社—（商事一）後八世至帝太戊有桑穀生於廷一暮大拱（句）懼（句）伊陟曰妖不勝德（簡處極簡妙）太戊修德桑穀死伊陟贊巫咸巫咸之興自此始—（巫咸開巫之始也後梁巫宋巫等者從此起〇商事二）後十四世帝武丁得傅說為相殷復興焉稱高宗有雉登鼎耳雊武丁懼祖己曰修德（簡之又簡妙）武丁從之位以永寧—（商事三）後五世帝武乙慢神而震死—（商事四）後三世帝紂淫亂武王伐之（以上商事完）由此觀之始未嘗不肅祇後稍怠慢也—（又接夏商二代作一小結關鎖）周官曰冬日至祀天於南郊迎長日之至夏日至祭地祇皆用樂舞而神乃可得而禮也天子祭天

下名山大川。五岳視三公。四瀆視諸侯。諸侯祭其疆內名山大川。四瀆者。江河淮濟
也。（五岳前已註明此單註四瀆）天子曰明堂辟雍。諸侯曰泮宮。（總序周事）周公既相成王。郊祀后稷以
配天。宗祀文王於明堂以配上帝。自禹興而修社祀。（應社）夏后稷稼穡。故有稷祠。郊社
所從來尙矣。（即周事又作一小結鎖舜及三代是第一節）自周克殷後十四世。世益衰。禮樂廢。諸侯恣行。
而幽王爲犬戎所敗。周東徙雒邑。秦襄公攻戎救周。始列爲諸侯。（由周帶出秦事以後雖間序列國而實以秦事作主串）
秦襄公既侯。居西垂。自以爲主少皞之神。（自以爲疑詞後同）作西畤。祠白帝。其牲
用騮駒黃牛羝羊各一云。—（秦事一）其後十六年。秦文公東獵汧渭之間。卜居之而吉。
文公夢黃蛇自天下屬地。其口止於鄜衍。文公問史敦。敦曰此上帝之徵。君其祠之。
於是作鄜畤。用三牲郊祭白帝焉。（秦事二）自未作鄜畤也。而雍旁故有吳陽武畤。雍東
有好畤。皆廢無祠。或曰。（或曰疑詞後同）自古以雍州積高。神明之隩。故立畤郊上帝。諸神祠
皆聚云。蓋黃帝時嘗用事。雖晚周亦郊焉。其語不經見。縉紳者不道。—（接鄜畤下未作鄜畤前一段作鄜畤後二段若對不對一實一虛串插變化之妙）
作鄜畤後九年。文公獲若石云。於陳倉北阪城祠之。其
神或歲不至。或歲數來。來也常以夜。光輝若流星。從東南來集於祠城。則若雄鷄。其

聲殷云。野雞夜雊。〔若石若流星若雄雞若疑信隱約委致俱妙〕以一牢祠。命曰陳寶。━〔秦事三〕作鄜畤後七十八年。秦德公既立。卜居雍。後子孫飲馬於河。遂都雍。雍之諸祠自此興。〔應雍州積高諸神祠〕用三百牢於鄜畤。作伏祠。磔狗邑四門。以禦蠱菑。德公立二年卒。━〔秦事四〕其後六年。秦宣公作密畤於渭南。祭青帝。━〔秦事五〕其後十四年。秦繆公立。病臥五日不寤。〔句〕寤。〔句〕乃言夢見上帝。上帝命繆公平晉亂。史書而記藏之府。而後世皆曰秦繆公上天。━〔秦事六故作謬語疑詞〕秦繆公卽位九年。〔入齊事亦以秦串〕齊桓公既霸。會諸侯於葵丘。而欲封禪。〔封禪二字從此起〕管仲曰。古者封泰山禪梁父者七十二家。而夷吾所記者十有二焉。〔一路俱郊祀之事封禪二字至齊桓公始見而封禪七十二十二自管仲口中說出其有其無可以共見序法之妙〕昔無懷氏封泰山。禪云云。虙羲封泰山。禪云云。神農封泰山。禪云云。炎帝封泰山。禪云云。黃帝封泰山。禪亭亭。顓頊封泰山。禪云云。帝嚳封泰山。禪云云。堯封泰山。禪云云。舜封泰山。禪云云。禹封泰山。禪會稽。湯封泰山。禪云云。周成王封泰山。禪社首。〔疊句連字如銅丸擲皷歷歷可聽〕皆受命然後得封禪。〔應受命〕桓公曰。寡人北伐山戎。過孤竹。西伐大夏。涉流沙。束馬懸車。上卑耳之山。南伐至召陵。登熊耳山以望江漢。〔序北西南三方句法變化齊東則海也〕兵車之會三。而乘車之會六。九合諸侯一匡天下諸侯莫違我。總結上三段 昔三代受命亦何以異乎。於是管仲睹桓公不可窮以辭因設之以事。則前所云七十二家十二君皆設之以事也 曰古之封禪鄗上之黍北里之禾所以爲盛江淮之間一茅三脊所以爲藉也。多一也字變 東海致比目之魚西海致比翼之鳥。一句又變數句亦甚錯落 然後物有不召而自至者十有五焉。十有五正應七十二十二今皆口中說出絕無憑據 今鳳凰麒麟不來嘉穀不生而蓬蒿藜莠茂鴟梟數至。蓬蒿應嘉穀鴟梟應鳳麟顛倒之妙 而欲封禪毋乃不可乎。此言符瑞之始亦正見其儀壇滅也 於是桓公乃止。一插序齊桓公事 是歲秦繆公內晉君夷吾其後三置晉國之君平其亂繆公立三十九年而卒。一七秦事 其後百有餘年而孔子論述六藝傳略言易姓而王封泰山禪乎梁父者七十餘王矣。七十二君出于管仲此以孔子實之而經傳無明文故史公只虛提不實序 其俎豆之禮不章。應上其儀壇滅 蓋難言之。是史公微詞 或問禘之說孔子曰不知知禘之說其於天下也視其掌。詩云紂在位文王受命政不及泰山武王克殷二年天下未寧而崩。爰周德之洽維成王。應前功至而德不洽 成王之封禪則近之矣。皆作約略疑詞不實序妙 及後陪臣執政季氏旅於泰山仲尼譏之。一插魯事 是時萇弘以方事周靈王諸侯莫朝周周力少萇弘乃明鬼神事設射狸首狸首者諸侯之不來者依物怪欲以致諸侯。諸侯不從。而晉人執殺萇弘。周人之言方怪者自萇弘。一 插周事此爲方怪之始新垣平李少君等從此起 其後百餘年。秦靈公作吳陽上畤。祭黃帝。作下畤。祭炎帝。一八秦事、後四十八年。周太史儋見秦獻公。曰秦始與周合。合而離。五百歲當復合。合十七年。而霸王出焉。櫟陽雨金。秦獻公自以爲得金瑞。故作畦畤櫟陽。而祀白帝。一九秦事、、 其後百二十歲而秦滅周。一以上完周事 周之九鼎入於秦。或曰宋太丘社亡。而鼎沒於泗水彭城下。一秦事十明說鼎入于秦又說沒、、于泗水已伏汾陰寶氣一段 其後百一十五年。而秦幷天下。秦始皇既幷天下而帝。或曰黃帝得土德。黃龍地螾見。夏得木德。靑龍止於郊。草木暢茂。殷得金德。銀自山溢。周得火德。有赤烏之符。今秦變周。水德之時。昔秦文公出獵。獲黑龍。此其水德之瑞。○至此總序黃帝三代作一過接序法變化自以爲金瑞此又云水德迄無定見 於是秦更命河曰德水。以冬十月爲年首。色上黑。度以六爲名。音上大呂。事統上法。一十一秦事、、、 卽帝位三年。東巡郡縣。祠騶嶧山。頌秦功業。於是徵從齊魯之儒生博士七十人。至乎泰山下。漸漸引起封禪事江河之濫觴也 諸儒生或議曰。古者封禪爲蒲車。惡傷山之土石草木。埽地而祭。席用葅稭。言其易遵也。始皇聞此議。各乖異。難施用。由此絀儒生。應其儀壇滅 而遂除車道。上自泰山陽至巓。立石頌秦始皇帝德。明其得封也。從陰道下。禪於梁父。其禮頗采太祝之祀雍上帝所用。而封藏皆祕之。世不得而記也。（此爲封禪之始）始皇之上泰山。中阪遇暴風雨。休於大樹下。諸儒生既絀。不得與用於封事之禮。聞始皇遇風雨。則譏之。一（秦事十二○一節高興事偏作敗興語以結之○此段當與漢武封禪事對看一略一詳究是一樣寫）於是始皇遂東遊海上。行禮祠名山大川及八神。求僊人羨門之屬。（此爲求神仙之始）八神將自古而有之。或曰太公以來作之。齊所以爲齊。以天齊也。（奇談）其祀絕。莫知起時。（前云其儀闕不可得紀此云其祀絕莫知起時一樣序法皆史公微詞）八神。一曰天主。祠天齊。天齊淵水。居臨菑南郊山下者。二曰地主。祠泰山梁父。蓋天好陰。祠之必於高山之下。小山之上。（奇談）命曰時。地貴陽。祭之必於澤中圓丘云。三曰兵主。祠蚩尤。蚩尤在東平陸監鄉。齊之西境也。四曰陰主。祠三山。五曰陽主。祠之罘。六曰月主。祠之萊山。皆在齊北。並勃海。七曰日主。祠成山。成山斗入海。最居齊東北隅。以迎日出云。八曰四時主。祠瑯邪。瑯邪在齊東方。蓋歲之所始。（八段序法各異章法變化）皆各用一牢具祠。而巫祝所損益。珪幣雜異焉。一（秦事十三因封禪事帶序八神作一結卽點神仙字引起下文○自秦襄公至此是第二節）

自齊威宣之時。（倒提另起一頭敘神仙蓬萊之事）騶子之徒論著終始五德之運。及秦帝而齊人奏之。

故始皇采用之。而宋毋忌正伯僑充尙羨門子高最後皆燕人。爲方仙道。形解銷化。依於鬼神之事。（此神仙方伎之所以入封禪也此句是根）騶衍以陰陽主運顯於諸侯。而燕齊海上之方士傳其術不能通。然則怪迂阿諛苟合之徒自此興。不可勝數也。—（一路序郊祀忽插入神仙此過接關頭故散序一段承上起下）自威宣燕昭使人入海求蓬萊方丈瀛洲。（承上又倒提一段接入秦事）此三神山者。其傳在勃海中。去人不遠。（一層）患且至。則船風引而去。（二層）蓋嘗有至者。諸仙人及不死之藥皆在焉。其物禽獸盡白。而黃金銀爲宮闕。（三層）未至。望之如雲。（四層）及到。三神山反居水下。臨之。風輒引去。終莫能至云。（五層○寫三神山恍惚變現似有如無既云不遠又風引去既云有至者又在水下神仙變化文字亦變化字字圓轉句句入妙）世主莫不甘心焉。—（上頂威宣燕昭下起始皇隱伏武帝）及至秦始皇并天下。至海上。（間接）則方士言之不可勝數。始皇自以爲至海上而恐不及矣。使人乃齎童男女入海求之。船交海中。（只四字已可笑）皆以風爲解。曰未能至。望見之焉。—（先說一遍此恰好合着文情事情委曲圓妙若至此直序便無意致矣○秦事十四）其明年。始皇復游海上。至瑯邪。過恆山。從上黨歸。—（秦事十五）後三年。游碣石。考入海方士。從上郡歸。—（秦事十六）後五年。始皇南至湘山。遂登會稽。並海上。冀遇海中三神山之奇藥。不得。（始皇一生高興二語掃得盡興可以一笑）還至沙丘崩。（秦事十七）二世元年。

東巡碣石並海南歷泰山至會稽皆禮祠之而刻勒始皇所立石書旁以章始皇之功德其秋諸侯畔秦三年而二世弒死(秦事十八)始皇封禪之後十二歲秦亡(封禪者所云祈天永命也偏接秦亡正爲漢武對照豈非謗書)諸儒生疾秦焚詩書誅僇文學百姓怨其法天下畔之皆譌曰始皇上泰山爲暴風雨所擊不得封禪此豈所謂無其德而用事者邪一(又總一段結完秦事無德用事直應篇首○秦始以封禪誇耀後世偏以爲不得封禪文字玲瓏跳脫其妙如此○以上序秦始神仙事是第三節)昔三代之君(另提起)皆在河洛之間故嵩高爲中岳而四岳各如其方(遙接舜事)四瀆咸在山東至秦稱帝都咸陽則五岳四瀆皆并在東方自五帝以至秦軼興軼衰名山大川或在諸侯或在天子(伏四岳皆在天子)其禮損益世殊不可勝紀及秦并天下令祠官所常奉天地名山大川鬼神可得而序也一(前倘書舜柴望兼天地山川自三代後單序郊畤封禪故又另起一頭敘秦山川鬼神之祀此其總論也下接秦事)於是自殽以東名山五大川祠二曰太室太室嵩高也恆山泰山會稽湘山水曰濟曰淮春以脯酒爲歲祠因泮凍(兩句連)秋涸凍冬賽禱祠(頂春亦以脯酒祠故春詳秋畧)其牲用牛犢各一牢具珪幣各異一(總頂山川)自華以西名山七名川四曰華山薄山薄山者襄山也岳山岐山吳岳鴻冢瀆山瀆山蜀之汶山也水曰河祠臨晉(句)沔(句)祠漢中湫淵祠朝那

江水。祠蜀。亦春秋泮涸禱賽。省句并省冬字如東方名山川。而牲牛犢。牢具珪幣各異。一而四大冢鴻。句岐。句吳。句岳。句皆有嘗禾。一陳寶節來祠。一因其來而祠之也其河。加有嘗醪。句此皆在雍州之域。近天子之都。故加車一乘。騮駒四。一灞。句產。句長水。句灃。句澇。句涇。句渭。句皆非大川。以近咸陽。盡得比山川祠。而無諸加。一句汧。句洛。句二淵。鳴澤。蒲山。岳嶓山之屬。為小山川。亦皆歲禱賽泮涸祠。禮不必同。省筆而雍有日。句月。句參。句辰。句南北斗。熒惑。太白。歲星。塡星。二十八宿。風伯。雨師。四海。九臣。十四臣。諸布。諸嚴。諸逑之屬。百有餘廟。西亦有數十祠。不著其名於湖。有周天子祠。於下邽。有天神。灃滈。有昭明。天子辟池。於社。亳有三社主之祠。壽星祠。而雍菅廟。亦有杜主。杜主。故周之右將軍。其在秦中。最小鬼之神者。各以歲時奉祠。一一句總項日月參辰以下唯。雍。四。時。上。帝。為。尊。其。光。景。動。人。民。唯。陳。寶。一序完山川諸祠結兩句歸重雍時陳寶下接雍時陳寶再序一段〇句法或單或排簡奧古質不及細點故雍四時。春以為歲禱。因泮凍。秋涸凍。冬賽祠。五月嘗駒。及四仲之月。月祠。若月祠。陳寶節來一祠。春夏用騂。秋冬用騮。時駒四匹。木禺龍欒車一駟。木禺車馬一駟。蓋明器芻狗之類各如其帝色。黃犢羔各四。珪幣各有數。皆生瘞埋。無俎豆之具。三年一郊。秦以冬

十月爲歲首。故常以十月。上宿郊見。通權火。（即柴燎之義）拜於咸陽之旁。而衣上白。其用
如經祠云。—西時。畦時。祠如其故。上不親往。諸此祠。皆太祝常主。以歲時奉祠之。—
（因雍時陳寶帶郊及西時等於此結）至如他名山川。諸鬼及八神之屬。上過則祠。去則已。—（又帶結山川鬼神綴）
（上段）郡縣遠方神祠者。民各自奉祠。不領於天子之祝官。（此則不近天子之都者帶敍）祝官有祕祝。
卽有災祥。輒祝祠移過於下。—（又頂祝官一句帶序祕祝事卽伏文帝之詔○以上序秦山川鬼神諸祠是第四節）漢興。高祖
之微時。嘗殺大蛇。有物曰。（句）蛇。（句）白帝子也。而殺者赤帝子。高祖初起。禱豐枌榆社。
狥沛。爲沛公。則祀蚩尤。釁鼓旗。遂以十月至灞上。與諸侯平咸陽。立爲漢王。因以十
月爲年首。而色上赤。—（漢事一）二年、東擊項籍而還。入關。問故秦時上帝祠何帝也。對
曰。四帝。有白青黃赤帝之祠。高祖曰。吾聞天有五帝。而有四。何也。莫知其說。於是高
祖曰。吾知之矣。乃待我而具五也。（任得妙英雄本色）乃立黑帝祠。命曰北時。有司進祠。上不
親往。—悉召故秦祝官。復置太祝太宰。如其故儀禮。因令縣爲公社。下詔曰。吾甚重
祠而敬祭。今上帝之祭。及山川諸神當祠者。各以其時禮祠之如故。—（漢事二）後四歲、
天下已定。詔御史令豐謹治枌榆社。常以四時春以羊彘祠之。—令祝官立蚩尤之

祠於長安—長安置祠祝官女巫其梁巫祠天地天社天水房中堂上之屬晉巫祠五帝東君雲中司命巫社巫族人先炊之屬秦巫祠社主巫保族纍之屬荊巫祠堂下巫先司命施糜之屬九天巫祠九天皆以歲時祠宮中其河巫祠河於臨晉而南山巫祠南山秦中秦中者二世皇帝—各有時月—此句總頂天地天社以下〇漢事三 其後二歲或曰周興而邑邰立后稷之祠至今血食天下於是高祖制詔御史其令郡國縣立靈星祠常以歲時祠以牛—漢事四 高祖十年春有司請令縣常以春三月及時臘祠社稷以羊豕民里社各自財以祠制曰可 漢事五 其後十八年孝文帝即位即位十三年下詔曰今祕祝移過於下朕甚不取自今除之—應前祕祝移過〇漢事六 始名山大川在諸侯諸侯祝各自奉祠天子官不領及齊淮南國廢令太祝盡以歲時致禮如故—漢事七

是歲制曰朕即位十三年於今賴宗廟之靈社稷之福方內乂安民人靡疾間者比年登朕之不德何以饗此皆上帝諸神之賜也蓋聞古者饗其德必報其功欲有增諸神祠有司議增雍五時路車各一乘駕被具—鞍被者具也 西時畦時禺車各一乘禺馬四匹駕被具—其河湫漢水加玉各二—及諸祠各增廣壇場珪幣俎豆以差加

之。一而祀釐者歸福于朕。百姓不與焉。自今祀致敬。毋有所祈。一八漢事 魯人公孫臣上書曰。始秦得水德。今漢受之。推終始傳。則漢當土德。土德之應黃龍見。宜改正朔易服色。色上黃。是時丞相張蒼好律歷。以爲漢乃水德之始。故河決金堤。其符也。年始冬十月。色外黑內赤。與德相應。如公孫臣言。非也。罷之。五德之運公孫臣以秦爲正故土張蒼以秦爲閏故水、、後三歲。黃龍見成紀。文帝乃召公孫臣。拜爲博士。與諸生草改歷服色事。其夏下詔曰。異物之神見於成紀。無害於民。歲以有年。朕祈郊上帝諸神。禮官議。無諱以勞朕。無以勞朕而諱其禮也倒句佳 有司皆曰。古者天子句夏句親郊祀上帝於郊。故曰郊。親郊正於應無諱

是夏四月。文帝始郊見雍五時祠。衣皆尚赤。一九漢事 其明年。趙人新垣平以望氣見上。言長安東北有神氣。成五采。若人冠絻焉。或曰東北神明之舍。西方神明之墓也。奇句接東北神氣 天瑞下。宜立祠上帝。以合符應。於是作渭陽五帝廟。同宇帝一殿。面各五門。各如其帝色。序法詳盡 祠所用及儀亦如雍五時。夏四月。文帝親拜霸渭之會。以郊見渭陽五帝。五帝廟南臨渭。北穿蒲池溝水。權火舉而祠。若光輝然屬天焉。淡得妙史公微詞 於是貴平上大夫。賜累千金。而使博士諸生刺六經中作王制。謀議巡狩封禪事。一

漢事十　文帝出長安門。若見五人於道北。遂因其直北立五帝壇。祠以五牢具。一漢事十一其明年。新垣平使人持玉杯。上書闕下獻之。平上言曰。闕下有寶玉氣來者。已視之。果有獻玉杯者。刻曰人主延壽。一漢事十二平又言。臣候日再中。居頃之。日卻復中。於是始更以十七年爲元年。令天下大酺。一漢事十三平言曰。周鼎亡在泗水中。今河溢通泗。臣望東北汾陰直有金寶氣。意周鼎其出乎。兆見不迎則不至。於是上使使治廟汾陰南。臨河。欲祠出周鼎。一漢事十四人有上書告新垣平所言氣神事皆詐也。下平吏。句治。句誅夷新垣平。一漢事十五自是之後。文帝怠於改正朔服色神明之事。而渭陽長門五帝使祠官領。以時致禮。不往焉。明年。匈奴數入邊。興兵守禦。後歲少不登。作一鎖收完以上事前以高興起終以敗興止處處點明史公本意○匈奴入邊歲不登與封禪秦亡一樣寫○自漢興至此是第五節數年而孝景即位。十六年。祠官各以歲時祠如故。無有所興。至今天子。一漢景處文武之間十六年一無興廢故即借作一過文作一照映

今天子初即位。尤敬鬼神之祀。接武帝正與景帝相反元年。漢興已六十餘歲矣。天下乂安。搢紳之屬皆望天子封禪改正度也。總提一句貫下半篇而上鄉儒術。招賢良。趙綰王臧等以文學爲公卿。欲議古立明堂城南。以朝諸侯。草巡狩封禪改歷服色事。未就。會竇太后

治黃老言。不好儒術。使人微伺得趙綰等姦利事。召案綰臧。綰臧自殺。諸所興為皆
廢。一漢武事一、、後六年。竇太后崩。其明年。徵文學之士公孫弘等。一漢武事二、、明年。今上初至
雍。郊見五畤。後常三歲一郊。一漢武事三、、是時上求神君。舍之上林中蹏氏觀。先提一句後序 神
君者。長陵女子。以子死見神於先後宛若。諸解俱不明大約宛若是人名也 宛若祠之其室。民多往
祠。平原君往祠。其後子孫以尊顯。武帝外祖母臧兒封平原君 及今上即位。則厚禮置祠之內中。
聞其言。不見其人云。一漢武事四、、是時李少君亦以祠竈穀道。辟穀道引 卻老方見上。上尊之。
兩是時作兩對俱先提後序 少君者。故深澤侯舍人。主方。匿其年及其生長。常自謂七十。能使物
卻老。先序卻老 其遊以方徧諸侯。無妻子。人聞其能使物及不死。更饋遺之。先說明妙 常餘金
錢衣食。人皆以為不治生業而饒給。又不知其何所人。愈信爭事之。先序虛 少君資好
方。善為巧發奇中。嘗從武安侯飲。坐中有九十餘老人。少君乃言與其大父遊射處。
老人為兒時。從其大父。識其處。一坐盡驚。少君見上。上有故銅器。問少君。少君曰。此
器齊桓公十年陳於柏寢。已而案其刻。果齊桓公器。自古術士決非一人做成必要旁人幫襯一則買囑老人一則
私通宮豎耳饋遺處說明此處不說明是史公欺人處 一宮盡駭。以為少君神。數百歲人也。是兒女子耳目傳頌情景妙甚 少

君言上曰。祠竈則致物。後序祠竈致物。而丹砂可化爲黃金。黃金成以爲飲食器則益壽。益壽。而海中蓬萊仙者乃可見。見之以封禪。閒閒點入封禪作引則不死。黃帝是也。一一連作五疊一氣趨下詞源倒峽之妙臣嘗游海上。見安期生。安期生食巨棗。大如瓜。安期生僊者。通蓬萊中。合則見人。不合則隱。突然又接出安期生無倫無次文法佳妙於是天子始親祠竈。遣方士入海求蓬萊安期生之屬。而事化丹砂諸藥齊爲黃金矣。接連數句收完上少君所云居久之。李少君病死。天子以爲化去不死。中間又附李少君小傳而使黃錘史寬舒受其方。求蓬萊安期生莫能得。而海上燕齊怪迂之方士。多更來言神事矣。一漢武事五神仙迂怪之事甚多先出此二事作引故結一句拖一筆少作一頓後諸人皆從此生出章法自武帝即位至此是第六節○亳人謬忌奏祠太一方。曰天神貴者太一。太一佐曰五帝。古者天子以春秋祭太一東南郊。用太牢。七日。爲壇開八通之鬼道。於是天子令太祝立其祠長安東南郊。常奉祠如忌方。一如謬忌所定方○漢武事六其後人有上書言。古者天子三年壹用太牢祠神三一。天一。地一。太一。天子許之。令太祝領祠之於忌太一壇上。如其方。一漢武事七後人復有上書言。古者天子常以春解祠。祠黃帝用一梟破鏡。冥羊。神名用羊祠。馬行。神名後總序明用一靑牡馬。太一澤山君。紀作嶧山地長用牛。武夷君用乾

魚。陰陽使者以一牛。令祠官領之。如其方。而祠於忌太一壇旁。—以上三設俱以謬忌作主○漢武事
八、、其後天子苑有白鹿。以其皮爲幣。以發瑞應。造白金焉。—漢武事九皮幣事開甚因瑞應故序入其、
明年、郊雍。獲一角獸。若麟然。有司曰。陛下肅祇郊祀。上帝報享。錫以角獸。蓋麟云。若麟
蓋麟相應徵詞、於是以薦五畤。畤加一牛以燎。錫諸侯白金。風符應合于天也。—以符應風諸侯也○
漢武事十於是濟北王以爲天子且封禪。又爲封禪再引起乃上書獻太山及其旁邑。天子以他
縣償之。常山王有罪。句遷。句天子封其弟於眞定。以續先王祀。而以常山爲郡。然後
五岳皆在天子之邦。—應前○漢武事十一、、其明年、齊人少翁以鬼神方見上。上有所幸王夫
人。夫人卒。少翁以方蓋夜致王夫人及竈鬼之貌云。天子自帷中望見焉。隱約得妙於是、
乃拜少翁爲文成將軍。賞賜甚多。以客禮禮之。文成言曰。上卽欲與神通。宮室被服。
非象神。神物不至。乃作畫雲氣車。及各以勝日駕車。辟惡鬼。青雲車以戊巳日駕餘同又作甘泉
宮。中爲臺室。畫天地太一諸鬼神。而置祭具。以致天神。極寫與作紛紛居歲餘。其方益衰。神
不至。乃爲帛書以飯牛。佯不知。言曰。此牛腹中有奇。殺視。得書。書言甚怪。天子識其
手書。問其人。果是僞書。於是誅文成將軍。隱之。前欺武帝者多矣獨誅文成蓋怪書之中有言及國祚要挾武帝也其、

後則又作柏梁銅柱承露仙人掌之屬矣。一又卽甘泉一句帶敍柏梁承露等閒處安插○漢武事十二文成欒明年天子病鼎湖甚句巫醫無所不致不愈游水發根言上郡有巫病而鬼神下之上召致祠之甘泉倒提插入及病正接使人問神君神君言曰先提神君言天子無憂病病少愈彊與我會甘泉於是病愈遂起幸甘泉病良已大赦置酒壽宮神君頓住乃註下壽宮神君最貴者太一其佐曰大禁司命之屬皆從之弗可得見聞其言應神君言言與人音等時去時來來則風肅然居室帷中時晝言然常以夜倒句俊妙○序神君處有天是邪非邪姍姍來遲之態子祓然後入因巫爲主人關飮食所以言行下本紀作所欲言者行下詳又置壽宮北宮張羽旗設供具以禮神君神君所言上使人受書其言命之曰書法其所語世俗之所知也無絕殊者一段句句直序句句曲折言外之旨隱然顯然文章之妙豈可言喻而天子心獨喜其事祕世莫知也一漢武事十三

其後三年有司言元宜以天瑞命不宜以一二數一元曰建二元以長星曰光三元以郊得一角獸曰狩云一漢武事十四其明年冬天子郊雍議曰今上帝朕親郊而后土無祀則禮不答也有司與太史公祠官寬舒議天地牲角繭栗今陛下親祠后土后土宜於澤中圜丘爲五壇壇一黃犢太牢具已祠盡瘞而從祠衣上黃於是天

子遂東始立后土祠汾陰脽丘如寬舒等議上親望拜如上帝禮禮畢天子遂至滎陽而還過雒陽下詔曰三代邈絕遠矣難存其以三十里地封周後爲周子南君以奉其先祀焉是歲天子始巡郡縣浸尋於泰山矣一漢武事十五將言封禪前以少君一引再以濟北王獻郡一引此又因幸汾陰再引節節點次馬跡蛛絲其春樂成侯上書言欒大欒大膠東宮人故嘗與文成將軍同師已而爲膠東王尚方而樂成侯姊爲康王后無子康王死他姬子立爲王而康后有淫行與王不相中相危以法康后聞文成已死而欲自媚於上乃遣欒大曲曲寫來正是破法寧有此仙人乎因樂成侯求見言方天子既誅文成後悔其蚤死惜其方不盡及見欒大大說前曲寫欒大來蹤此曲寫武帝心事對照大爲人長美言多方略而敢爲大言處之不疑寫得磊落軒暢與諸公不同故動人主取富貴獨多大言曰臣嘗往來海中見安期羨門之屬顧以臣爲賤不信臣又以爲康王諸侯耳不足與方臣數言康王康王又不用臣仙人與方必擇貴賤必天子而後仙仙人絕矣奇談臣之師曰黃金可成而河決可塞不死之藥可得仙人可致也然臣恐效文成則方士皆奄口惡敢言方哉開口先防此一着安有畏死之仙人哉上曰文成食馬肝死耳子誠能修其方我何愛乎大曰臣師非有求人人者求之正答我何愛乎將富貴拓開一步正是深入一層陛下必欲致之則

貴其使者。自為之地令有親屬。伏尚公主以客禮待之。勿卑。伏示不臣使各佩其信印。伏佩六印乃可使
通言於神人。伏入海求神神人尚肯邪不邪致尊其使然後可致也。兩宕作疑詞正是決詞下一句挽入一時決
口語如見於是上使驗小方鬬棊棊自相觸擊。與致王夫人一樣是時上方憂河決而黃金不就。
應前乃拜大為五利將軍居月餘得四印佩天士將軍地士將軍大通將軍印。寫欒大一時富
貴逼人氣勢赫弈佩印一制詔御史昔禹疏九江決四瀆間者河溢皋陸隄繇不息朕臨天下二
十有八年天若遺朕士而大通焉乾稱蜚龍鴻漸于般朕意庶幾與焉其以二千戶
封地士將軍大為樂通侯。封侯二賜列侯甲第僮千人乘轝斥車馬帷幄器物以充其
家。賜第物三又以衛長公主妻之齎金萬斤更命其邑曰當利公主。妻公主四天子親如五利
之第使者存問供給相屬於道。親如存問五自大主將相以下皆置酒其家獻遺之。置酒獻遺
六欒大一時傾倒通國如此為之一笑於是天子又刻玉印曰天道將軍使使衣羽衣夜立白茅上五
利將軍亦衣羽衣夜立白茅上受印以示不臣也而佩天道者且為天子道天神也。
序欒大富貴極盛矣又落天道玉印另作一段寫以為姿致兩白茅羽衣兩夜立俊雅之極於是五利常夜祠其家欲以下神神未
至而百鬼集矣然頗能使之其後治裝行東入海求其師云。— 寫欒大不可方物大
○漢武事十六

見數月佩六印貴震天下而海上燕齊之間莫不搤捥而自言有禁方能神仙矣一路言祠祭及神仙其文已多至欒大極盛矣再發便爲累墜故借勢一結又颺一筆若斷不斷下又序寶鼎事以閃閃閒隔之是史記章法○自謬忌至此是第七節

其夏六月中汾陰巫錦爲民祠魏脽后土營旁見地如鉤狀掊視得鼎鼎大異於衆鼎文鏤無款識另起一頭序寶鼎由寶鼎及鼎書由鼎書及封禪是此節主意怪之言吏吏告河東太守勝勝以聞天子使使驗問巫得鼎無姦詐乃以禮祠迎鼎至甘泉從行上薦之至中山曣𥇦有黃雲蓋焉有麃過上自射之因以祭云於鼎上又添色澤至長安公卿大夫皆議請尊寶鼎天子曰間者河溢歲數不登故巡祭后土祈爲百姓育穀今歲豐廡未報鼎曷爲出哉先作一謙讓而以聰明語出之有司皆曰聞昔泰帝興神鼎一一者壹統天地萬物所繫終也黃帝作寶鼎三象天地人向插九鼎此又添黃帝三鼎總屬無稽然黃帝鼎書正從此起禹收九牧之金鑄九鼎皆嘗亨鬺上帝鬼神遭聖則興鼎遷于夏商周德衰宋之社亡鼎乃淪沒伏而不頌云自堂徂基自羊徂牛鼐鼎及鼒不吳不驁胡考之休今鼎至甘泉光閏龍變光閏其色龍變其文也承休無疆合茲中山有黃白雲降指黃雲蓋若獸爲符指射麃路弓乘矢集獲壇下報祀大享唯受命而帝者心知其意而合德焉心知妙猶天子獨喜也鼎宜見於祖禰藏于帝

廷。以合明應。制曰可。。漢武事一十七入海求蓬萊者。言蓬萊不遠而不能至者。殆不見其氣。昔猶望見今幷不見其氣玄之又玄上乃遣望氣佐候其氣云。遙接入海求蓬萊下卽插入神仙事○漢武事十八其、秋上幸雍。且郊。或曰五帝太一之佐也。宜立太一而上親郊之。上疑未定。齊人公孫卿曰。今年得寶鼎。其冬辛巳朔旦冬至。與黃帝時等。卿有札書曰。黃帝得寶鼎宛朐。問于鬼臾區。鬼臾區對曰。黃帝得寶鼎神策。是歲己酉朔旦冬至。得天之紀。終而復始。於是黃帝迎日推策。後率二十歲復朔旦冬至。凡二十推。三百八十年。黃帝僊登于天。卿因所忠欲奏之。所忠視其書不經。疑其妄書。謝曰。寶鼎事已決矣。尚何以爲。先一折挫明示其妄卿因嬖人奏之。上大說。乃召問卿。對曰。受此書申公。申公已死。一篇神仙不死此偏說死上曰。申公何人也。卿曰。申公齊人。與安期生通。受黃帝言。無書。獨有此鼎書。曰漢興復當黃帝之時。曰。漢之聖者在高祖之孫且曾孫也。先見乃爾明是妄談寶鼎出而與神通。封禪。封禪七十二王。祖襲管仲唯黃帝得上泰山封。申公曰。漢主亦當上封。上封則能仙登天矣。前兩點封禪猶是蛛絲馬跡入此節則封禪爲主從此一層一層漸矣漸引入黃河之源涓涓細水行三日則狐可越旣入積石則淼茫矣黃帝時萬諸侯。而神靈之封居七千。天下名山八。而三在蠻夷。五在中國。中國華山首山太室泰

中華書局印行

山。東萊。此五山。黃帝之所常游。與神會。黃帝且戰且學仙。切中武帝之心患百姓非其道者。乃斷斬非鬼神者。預杜爭臣之口百餘歲然後得與神通。黃帝郊雍上帝宿三月。鬼臾區號大鴻。死葬雍。故鴻冢是也。引其人引其家說得活像今小說家每祖其法其後黃帝接萬靈明廷。明廷者甘泉也。所謂寒門者谷口也。黃帝采首山銅。鑄鼎於荊山下。鼎既成有龍垂胡髯下迎黃帝。黃帝上騎。羣臣後宮從上者七十餘人。龍乃上去。餘小臣不得上。乃悉持龍髯。龍髯拔。句墮。句墮黃帝之弓。百姓仰望黃帝既上天。乃抱其弓與胡髯號。故後世因名其處曰鼎湖。其弓曰烏號。以奇筆寫奇事粲若紛花句句雅俊○子莘辯釋一篇句皆本此自非漢以前之書於是天子曰嗟乎吾誠得如黃帝。吾視去妻子如脫躧耳。乃拜卿爲郎。東使候神於太室。漢武一

事十九上遂郊雍。至隴西。西登崆峒。幸甘泉。令祠官寬舒等具太一祠壇。祠壇放薄忌太一壇。應前應作謬忌壇三垓。五帝壇環居其下。各如其方。壇制及於此序出黃帝西南除八通鬼道。太一。其所用如雍一時物。而加醴棗脯之屬。殺一狸牛以爲俎豆牢具。而五帝獨有俎豆醴進。其下四方地。爲餟食羣臣從者及北斗云。已祠胙餘皆燎之。其牛色白。鹿居其中。彘在鹿中。水而洎之。三句諸解俱不明愚意前狸牛乃俎豆之實而太一五帝決非一牢牛鹿彘序法乃列牲之次第卽醴齊

在中殺裁在左之類是也祭日以牛。祭月以羊彘特。以上諸壇之牲俎太一祝宰則衣紫及繡。五帝各如
其色。日赤。月白。以上祝宰之衣色十一月辛巳朔旦冬至昧爽。天子始郊拜太一。句朝。句朝
日。句夕。句夕月。句則揖而見太一。如雍郊禮。以上郊祠朝夕之禮節其贊饗曰。天始以寶鼎神
策授皇帝。朔而又朔。終而復始。皇帝敬拜見焉。以上贊饗之祝祠而衣上黃。其祠列。火滿壇。
壇。旁。亨。炊。具。有。司。云。祠。上。有。光。焉。似明說又不明說此篇純用此等筆公卿言皇帝始郊見太一雲陽。
有司奉瑄玉嘉牲薦饗。總結上是夜有美光。及晝。黃氣上屬天。應上火光又添出黃氣太史公祠
官寬舒等曰。神靈之休。祐福兆祥。宜因此地光域。立太畤壇。以明應。令太祝領。秋及
臘間祠。三歲天子一郊見。一漢武事、二十其秋。爲伐南越。告禱太一。以牡荊畫幡。句日。句
月。句北斗登龍。以象天一三星。爲太一鋒。命曰靈旗。爲兵禱。則太史奉以指所伐國。
一厭勝事寫來多有藻色○漢武事二十一而五利將軍使。不敢入海。遙接之泰山祠。上使人隨驗。實毋所
見。五利妄言見其師。其方盡多不讎。上乃誅五利。一漢武事、二十二其冬。公孫卿候神河南。
言見僊人跡緱氏城上。有物如雉。往來城上。天子親幸緱氏城視跡。問卿得毋效文
成五利乎。卿曰。僊者非有求人主。人主者求之。仍用五利語其道非少寬假。神不來。言神

事。事如迂誕。積以歲。乃可致也。自為解嘲自為展期想隨口撮空之時目動氣索於是郡國各除道。繕治宮觀名山神祠所。以望幸也。一除道望幸若與上不相蒙實是積歲可致之貽害也史公接序於此立言之妙○漢武事二十三其、春、既滅南越。接完伐南越上有嬖臣李延年。以好音見。上善之。下公卿議曰。民間祠尚有鼓舞樂。今郊祠而無樂。豈稱乎。公卿曰。古者祠天地皆有樂。而神祇可得而禮。或曰。太帝使素女鼓五十絃瑟。句悲。句帝禁不止。故破其瑟為二十五絃。於是賽南越。禱祠太一后土。始用樂舞。益召歌兒。作二十五絃及空侯琴瑟。自此起。一漢武事二十四其、來、年、冬。上議曰。古者先振兵釋旅。然後封禪。前三點封禪作引至公孫卿點出漢主上封漸近矣至此則實序封禪之前振兵釋旅以下層層引起一層近似一層一乃遂北巡朔方。勒兵十餘萬。還祭黃帝冢橋山。釋兵須如。上曰。吾聞黃帝不死。今有冢。何也。或對曰。黃帝已仙上天。羣臣葬其衣冠。一即黃帝冢作一還仍作一閃妙○漢武事二十五、既、至、甘泉。為、且、用事泰山。先類祠太一。封禪之前類太一又一層自得寶鼎。上與公卿諸生議封禪。封禪之前議儀禮又一層封禪用希曠絕。莫知其儀禮。應其儀堙滅即事用希而羣儒采封禪尚書周官王制之望祀射牛事。齊人丁公年九十餘。平空插入丁公事絕無來去踪跡奇曰。封禪者。合不死之名也。封禪名奇以為不死之名更奇秦皇帝不得上封。應儒生言不得封陛下必欲上。稍上。即無風雨。

遂上封矣。無風雨原是常事此卽始皇遇風雨說得神靈亦以爲武帝之地耳一篇鬼話模寫入神。上於是乃令諸儒習射牛草封禪儀。間接數年。至且行。天子既聞公孫卿及方士之言。黃帝以上封禪皆致怪物與神通。欲放黃帝以上接神仙人蓬萊士。本紀上作嘗乃明高世比德於九皇。而頗采儒術以文之。羣儒既已不能辨明封禪事。又牽拘於詩書古文而不能騁。註明兩句妙一時若狂半緣無識而管子傳略諸書慎之盡信書不如無書爲之一歎上爲封禪祠器示羣儒。羣儒或曰不與古同。徐偃又曰。太常諸生行禮不如魯善。周霸屬圖封禪事。於是上絀偃霸而盡罷諸儒不用。漢武事二十六寫武帝性情行事正與秦始皇一樣三月。遂東幸緱氏。禮登中岳太室。從官在山下。聞若有言萬歲云。問上。上不言。問下。下不言。只十字寫一時人情狂瞽聾聵嘻笑怒罵皆在其中妙絕於是以三百戶封太室奉祀。命曰崇高邑。漢武事二十七東上泰山。泰山之草木葉未生。乃令人上石立之泰山巔。封禪之前先立石又一層〇漢武事二十八上遂東巡海上。行禮祠八神。秦始皇先封禪後祠八神此先祠八神後封禪齊人之上疏言神怪奇方者以萬數。然無驗者。乃益發船。令言海中神山者數千人求蓬萊神人。遙接入海求仙事公孫卿持節常先行候名山。遙接公孫卿候神至東萊。言夜見大人。長數丈。就之則不見。見其跡甚大。類禽獸云。微詞羣臣有言見一老父牽狗言吾欲見巨公。

已忽不見上卽見大跡未信及羣臣有言老父則大以爲仙人也（寫漢武作聰明處忽又懞懂字字入骨）

宿留海上（作信宿留海上未爲不可音秀溜者何也）予方士傳車及間使求仙人以千數（漢武事）四月還至奉高上念諸儒及方士言封禪人人殊不經難施行天子至梁父禮祠地主乙卯令侍中儒者皮弁薦紳射牛行事封泰山下東方如郊祀太一之禮封廣丈二尺高九尺其下則有玉牒書書祕禮畢天子獨與侍中奉車子侯（霍去病之子）上泰山亦有封其事皆禁明日下陰道丙辰禪泰山下阯東北肅然山如祭后土禮天子皆親拜見衣上黃而盡用樂焉（序完封禪事下卽封禪物色再寫一番作鋪疊襯貼）江淮間一茅三脊爲神藉（應管子所云）

五色土益雜封縱遠方奇獸蜚禽及白雉諸物頗以加禮（代比目比翼鳳凰麒麟作符瑞）兕牛犀象之屬不用皆至泰山祭后土封禪祠其夜若有光晝有白雲起封中（夜若有光難辨也泰山出雲常事也寫得隱約妙）

天子從禪還坐明堂羣臣更上壽於是制詔御史朕以眇眇之身承至尊兢兢焉懼不任維德菲薄不明於禮樂修祠太一若有象景光屑如有望震于怪物欲止不敢（四字簡當）遂登封泰山至于梁父而後禪肅然自新嘉與士大夫更始賜民百戶牛一酒十石加年八十孤寡布帛二匹復博奉高蛇丘歷城無出今年租稅其

大赦天下。如乙卯赦令。行所過毋有復作。事在二年前。皆勿聽治。又下詔曰。古者天子五載一巡狩。用事泰山。諸侯有朝宿地。其令諸侯各治邸泰山下。一漢武事三十天子既已封泰山。無風雨災。而方士更言蓬萊諸神若將可得。於是上欣然庶幾遇之。乃復東至海上望。冀遇蓬萊焉。此節言封禪序至此大禮大文浩汗極矣故又作一鎖以收束之似斷似連頓而復起文法連環之妙○自寶鼎至此是第八節奉車子侯暴病。一日死。秦封禪方詑遇風雨漢封禪方詑死子侯正高興時即接此敗興語史公妙處上乃遂去。並海上。北至碣石。巡自遼西。歷北邊。至九原。五月。反至甘泉。有司言寶鼎出爲元鼎。以今年爲元封元年。一漢武事三十一其秋。有星茀於東井。後十餘日。有星茀於三能。先提明妙望氣王朔言。候獨見旗星出如瓜。食頃復入焉。獨見妙食頃妙字字切骨有司皆曰。陛下建漢家封禪。天其報德星云。其來年冬。郊雍五帝。還拜祝祠太一。贊饗曰。德星昭衍。厥維休祥。壽星仍出。淵耀光明。信星昭見。皇帝敬拜太祝之享。一漢武事三十二其春。公孫卿言見神人東萊山。又接公孫卿候神若云欲見天子。天子於是幸緱氏城。拜卿爲中大夫。遂至東萊。宿留之數日。無所見。見大人跡云。寫公孫始終一大人跡復遣方士求神怪采芝藥以千數。一漢武事三十三是歲旱。於是天子既出無名。乃禱萬里沙。過祠泰山。還至瓠子。自臨塞決

河留二日沈祠而去（仍帶祠事）使二卿將卒塞決河徙二渠復禹之故跡焉—（漢武事三十四）是
時既滅兩越越人勇之乃言越人俗鬼而其祠皆見鬼數有效昔東甌王敬鬼壽百
六十歲後世怠慢故衰耗乃令越巫立越祝祠安臺無壇亦祠天神上帝百鬼而以
雞卜上信之越祠雞卜始用—（漢武事三十五）公孫卿曰仙人可見而上往常遽以故不見
（正爲兩次大人跡作解）今陛下可爲觀如緱城置脯棗神人宜可致也且僊人好樓居（掉一句是爲觀）
（緱城注脚）於是上令長安則作蜚廉桂觀甘泉則作益延壽觀使卿持節設具而候神人
乃作通天莖臺置祠具其下將招來仙神人之屬於是甘泉更置前殿始廣諸宮室
—（漢武事三十六）夏有芝生殿房內中（紀房作防）天子爲塞河興通天臺若見有光云乃下詔甘
泉房中生芝九莖赦天下毋有復作—（漢武事三十七）其明年伐朝鮮—（漢武事三十八）夏（句）旱（句）
公孫卿曰黃帝時（句）封（句）則天旱乾封三年上乃下詔曰天旱意乾封乎其令天下
尊祠靈星焉—（漢武事三十九封禪後接茀星天旱乃茀星爲德星天旱爲乾封一時矯誣正于無意中兩兩對照）其明年上郊雍通
回中道巡之春至鳴澤從西河歸—（漢武事四十）其明年冬上巡南郡至江陵而東登禮
灊之天柱山號曰南岳浮江自尋陽出樅陽過彭蠡禮其名山川北至琅邪竝海上

四月中至奉高修封焉。一 漢武事四十一、初天子封泰山。倒提一句 泰山東北趾古時有明堂處。處險不敞。上欲治明堂奉高旁未曉其制度。濟南人公玉帶上黃帝時明堂圖。明堂圖中有一殿。四面無壁。以茅蓋。通水。圜宮垣爲複道。上有樓。從西南入。命曰昆侖。天子從之入。以拜祠上帝焉。於是上令奉高作明堂汶上。如帶圖。及五年修封。則祠太一五帝於明堂上坐。令高皇帝祠坐對之。祠后土於下房。以二十太牢。天子從昆侖道入。始拜明堂如郊禮。禮畢。燎堂下。而上又上泰山。自有祕祠其巔。而泰山下祠五帝。各如其方。黃帝并赤帝。而有司侍祠焉。山上舉火。下悉應之。一 漢武事四十二、其後二歲。十一月甲子朔旦冬至。推曆者以本統。天子親至泰山。以十一月甲子朔旦冬至日。祠上帝明堂。毋修封禪。其贊饗曰。天增授皇帝太元神策。周而復始。皇帝敬拜太一。一 漢武事四十三 東至海上。考入海及方士求神者。莫驗。然益遣。冀遇之。一 漢武事四十四 十一月乙酉。柏梁裁。漢武事四十五 十二月甲午朔。上親禪高里。祠后土。臨勃海。將以望祀蓬萊之屬。冀至殊廷焉。一 漢武事四十六 上還。以柏梁裁故。朝受計甘泉。公孫卿曰。黃帝就青靈臺。十二日燒。黃帝乃治明廷。明廷。甘泉也。公孫卿之師申公獨有鼎書此外無有前乾封此青靈臺出于何處 方士多言古帝王有都甘泉者。其後天子又朝諸侯甘泉。甘泉作諸侯邸。勇之乃曰。又插勇之仍用越事越俗有火烖復起屋。必以大用勝服之。於是作建章宮。度爲千門萬戶。前殿度高未央。其東則鳳闕。高二十餘丈。其西則唐中。數十里虎圈。其北治大池。漸臺高二十餘丈。命曰太液池。中有蓬萊方丈瀛洲壺梁。象海中神山龜魚之屬。其南有玉堂壁門大鳥之屬。乃立神明臺井幹樓。度五十丈。輦道相屬焉。—漢武事四十七序宮室處是一幅漢宮春曉圖覽耳目之前金碧燦爛夏。漢改曆。以正月爲歲首。而色上黃。官名更印章以五字。爲太初元年。—漢武事四十八、是歲西伐大宛。蝗大起。丁夫人雒陽虞初等以方詞詛匈奴大宛焉。—漢武事四十九、其明年有司上言。雍五時無牢熟具。芬芳不備。乃令祠官進時犢牢具。色食所勝。—赤帝用白牲白帝用青牲也而以木禺馬代駒焉。獨五月嘗駒。紀作獨五帝用駒是行親郊用駒。及諸名山川用駒者。悉以木禺馬代。行過乃用駒。他禮如故。—漢武事五十、其明年東巡海上。考神仙之屬。未有驗者。考神仙無驗下即接方士之言有意無意之妙方士有言。黃帝時爲五城十二樓。以候神人於執期。命曰迎年。上許作之如方。命曰明年。上親禮祠上帝焉。—漢武事五十一、公玉帶曰。黃帝時雖封泰山。然風后封臣紀作封鉅岐伯令黃帝封東泰山。禪凡山合符。然後不死焉。通篇言黃帝而史公序自舜起天子既令設祠具。至東泰山。泰山卑小。不稱其聲。乃令祠官禮之。而不封禪焉。其後令帶奉祠候神物。一漢武事五十二夏、遂還泰山。修五年之禮。如前。而加以禪祠石閭。石閭者。在泰山下阯南方。方士多言此仙人之閭也。故上親禪焉。一漢武事五十三其、後、五年。復至泰山修封。還過祭恒山。一漢武事五十四序完漢武事自子侯暴病至此是第九節以下總序一段作結今、天、子、所興祠。太一后土。三年親郊祠。建漢家封禪。五年一修封。總收封禪郊祠薄忌太一及三一。冥羊。馬行。赤星。五寬舒之祠官。以歲時致禮。凡六祠。皆太祝領之。總收太一等祠祀至如八神。諸明年。紀作諸神是凡山。他名祠。行過則祠。行去則已。總收八神等祠祀方士所興祠。各自主。其人終則已。祠官不主。他祠皆如其故。總收方士諸祠祀今上封禪。其後十二歲而還。徧于五岳四瀆矣。收完名山川岳瀆祠祀而方士之候祠神人。入海求蓬萊。終無有驗。而公孫卿之候神者。猶以大人之跡爲解。無有效。收完方士求蓬萊候神人諸事凡六段收拾完全絕無滲漏是大手筆天子。益。怠。厭。方。士。之。怪。迂。語。矣。將武帝回護一句然。羈。縻。不。絕。冀。遇。其。眞。又就武帝颺開一句自此。之。後。方。士。言。神。祠。者。彌。衆。然。其。效。可。睹。矣。又即方士訂實一句是史公全篇主意於此結穴

太史公曰、余從巡祭天地諸神名山川而封禪焉。入壽宮。侍祠神語。究。觀。方。士。祠。官。

之。意。只一句如軒轅之鏡物無遁形於是退而論次自古以來。用事于鬼神者。具見。其。表。裏。後有君子。得以覽焉。只作約畧之詞妙若至俎豆珪幣之詳。獻酬之禮。則有司存。

史記一書惟封禪爲大蓋紀傳世家以一人爲經間入諸事爲緯猶可下手此如封禪一柴望郊時山川日月太一陳寶諸祠間以符瑞神仙制度服色宮室土木又摒征伐兵荒諸事上而舜禹商周下而秦漢千百年一齊岔入紛如亂絲偏能條理組織疊錦提花紫鳳天吳燦然成彩而絕無針痕梭影豈非千古大文○序事雖多若挨年接月逐段鋪排便是編年通鑑成何文章史公則段段關鎖處處映合回環唱歎極有文情○予言是文章詩畫總屬一理必于一筆之中各具四面一句之內必分數層所謂橫看成嶺側看成峯也若止得正面一層則畫如死灰詩如嚼蠟一過而已豈堪再三如封禪書初看敘事平直再看則各有關合細心讀之則一句一字之中嘻笑怒罵無所不有正如大雲一雨大根小莖各得其滋潤究竟我見有盡意義無窮吾願善讀書者必細心讀之再三讀之莫輕易放過幸甚幸甚○都中與董玉虬燈下讀施愚山詩云歲月爲園盡因掩卷而歎只此一句案解人不得也蓋歷年積歲乃成此園則園中林泉亭榭必無一不妙一層也然居諸迅速會幾何時初見辟墅頭見成林猶如此人何以堪一二層也一層生之駒隙有限不能自有豎立徒費之春風花鳥此日可惜三層也游人之傷懷過客之憑弔四層也一句而四義具焉不知髦袖手費幾許心血而知此者誰哉因前評附記于此○篇中用字用句有若斷者云者蓋者焉者或曰者俱冷語微詞意在字句之外而又不尖利露鋒但見其俊冷不見其刻削故妙○吾想史公作此文時心如明鏡止水物來畢照而妍媸好歹盡入其中故信筆拈來事隨筆使各如其妙而止而我無與也其中有天焉恐非人力可造

河渠書

夏書曰。禹抑鴻水。一篇皆治水事而禹爲治水之祖故以禹起 十三年。過家不入門。陸行乘車。水行載舟。泥行蹈毳。山行即橋。以別九州。隨山浚川。任土作貢。通九道。陂九澤。度九山。即九州生出許多九字錯落作致 然河菑衍溢。害中國也尤甚。唯是爲務。通篇河重於渠故歷九州九澤仍歸至河起 故道河自積石歷龍門。南到華陰。東下砥柱。及孟津雒汭。至於大邳。河程前半節 於是禹以爲河所從來者高。水湍悍。難以平行地。數爲敗。乃厮二渠。二渠直至篇末應 以引其河。北載之高地。是治河實蹟 過降水。至於大陸。播爲九河。同爲逆河。入於勃海。河程下半節 九川既疏。九澤既灑。此九川九澤就河上說九川即九河也三九字與上九州等參錯相應 諸夏艾安。功施於三代。一以禹字作一論冒 自是之後。滎陽下引河。東南爲鴻溝。以通宋鄭陳蔡曹衛。與濟汝淮泗會。於楚。一渠 西方則通渠漢水雲夢之野。二渠 東方則通鴻溝江淮之間。三渠以上三渠皆鴻溝所通 於吳則通渠三江五湖。四渠 於齊則通菑濟之間。五渠 於蜀。蜀守冰鑿離碓。辟沫水之害。穿二江成都之中。六渠 前河總序一段此忽出六段如爭流奔湊百川灌河 此渠皆可行舟。有餘則用溉浸。百姓享其利。總結六渠兼行舟溉田以起下 至於所過。往往引其水。益用溉田疇之渠。以萬億計。然莫足數也。一即前六渠所過之處行舟

溉田者支分派別不可細數也以上戰國以前之河渠總作一結○西門豹引漳水溉鄴以富魏之河內一渠七此開渠之利
而韓聞秦之好興事欲罷之毋令東伐乃使水工鄭國間說秦令鑿涇水自中山西
邸瓠口爲渠並北山東注洛三百餘里欲以溉田中作而覺秦欲殺鄭國鄭國曰始
臣爲間然渠成亦秦之利也秦以爲然卒使就渠渠就用汪塡閼之水溉澤鹵之地
四萬餘頃收皆畝一鐘於是關中爲沃野無凶年秦以富彊卒并諸侯因命曰鄭國
渠一渠八此開渠之利漢興三十九年孝文時河決酸棗東潰金堤於是東郡大興卒塞之
一河二一篇重河重武帝之塞河先以文帝塞河引起其後四十有餘年今天子元光之中而河決於瓠子東
南注鉅野通於淮泗於是天子使汲黯鄭當時興人徒塞之輒復壞是時武安侯田
蚡爲丞相其奉邑食鄃鄃居河北河決而南則鄃無水菑邑收多蚡言於上曰江河
之決皆天事未易以人力爲彊塞塞之未必應天而望氣用數者亦以爲然於是天
子久之不事復塞也一河三此宜房塞河之根先以文帝塞河一引此又以武帝不塞河一反頓住下序別事颺開段落之妙是時鄭
當時爲大農借鄭當時接下言曰異時關東漕粟從渭中上度六月而罷而漕水道九百餘
里時有難處引渭穿渠起長安並南山下至河三百餘里句徑句易漕度可令三月

罷。一是漕粟而渠下民田萬餘頃。又可得以漑田。一是漑田此損漕省卒。而益肥關中之地。得穀。雙頂漕粟漑田句法一長一短峭拔有勢天子以爲然。令齊人水工徐伯表。悉發卒數萬人穿漕渠。三歲而通。句通。句以漕大便利。其後漕稍多。而渠下之民頗得以漑田矣。一渠九雙承漕粟漑田結此關渠之利其後河東守番係言。漕從山東西。歲百餘萬石。更砥柱之限。敗亡甚多。而亦煩費。一是漕粟穿渠。引汾。漑皮氏汾陰下。引河。漑汾陰蒲坂下。度可得五千頃。五千頃故盡河壖棄地。民茭牧其中耳。疊一五千頃連下三句作一氣今漑田之度。可得穀二百萬石以上。一是漑田兩度得對穀從渭上。與關中無異。頂田穀而砥柱之東。可無復漕。頂漕粟天子以爲然。發卒數萬人。作渠田。不但作渠且作田茭牧棄地作以爲田也數歲。河移徙。渠不利。則田者不能償種。久之。河東渠田廢。予越人。令少府以爲稍入。予越人之徙者而少府減其額也○渠十此開渠之無利其後人有上書。欲通褒斜道及漕事。下御史大夫張湯。湯問其事。一於中間作頓少變因言抵蜀從故道。故道多阪。回遠。今穿褒斜道。少阪。近四百里。而褒水通沔。斜水通渭。皆可以行船漕。漕從南陽上沔入褒。褒之絕、水至斜。間百餘里。以車轉。從斜下下渭。序法質奧古峭而更明晰如此漢中之穀可致。山東從沔無限。砥柱之限也便於砥柱之漕。且褒斜材木竹箭之饒。擬於巴蜀。

此止言漕而帶序材木只一句帶 天子以爲然 三段俱以天子以爲然句作眼目 拜湯子卬爲漢中守發數萬人作
褒斜道五百餘里道果便 句 近 句 而水湍石不可漕 渠十一此開渠之無利 其後莊熊羆言
臨晉民願穿洛以溉重泉以東萬餘頃故鹵地誠得水可令畝十石 單溉田 於是爲發
卒萬餘人穿渠自徵引洛水至商顏下岸善崩乃鑿井深者四十餘丈往往爲井井
下相通行水 水脈相通也 水穨以絕商顏 此句不明 東至山領十餘里閒井渠之生自此始穿
渠得龍骨故名曰龍首渠作之十餘歲渠頗通猶未得其饒 渠十二此開渠之無利明列其事不必論
斷而得失自見 自河決瓠子後二十餘歲歲因以數不登而梁楚之地尤甚天子既封禪巡
祭山川其明年旱乾封少雨天子乃使汲仁郭昌發卒數萬人塞瓠子決 先命汲郭塞河 於
是天子已用事萬里沙則還自臨決河沈白馬玉璧於河令羣臣從官自將軍已下
皆負薪窴決河是時東流郡燒草以故薪柴少而下淇園之竹以爲楗 天子自臨塞河 天子
既臨河決悼功之不成乃作歌曰瓠子決兮將奈何皓皓旰旰兮閭殫爲河 只四字寫出水
勢妙 殫爲河兮地不得寧功無已時兮吾山平 校懷山襄陵更妙 吾山平兮鉅野溢魚拂鬱兮
柏冬日延道弛兮離常流蛟龍騁兮方遠遊歸舊川兮神哉沛不封禪兮安知外 此一

句倒提起田蚡欺誑追悔往日爲我謂河伯兮何不仁。爲我謂妙樂府作書與魴鱮從此發想泛濫不止兮愁吾人。齧桑浮兮淮泗滿。久不反兮水維緩。一日河湯湯兮激潺湲。北渡迂兮浚流難。搴長茭兮沈美玉。河伯許兮薪不屬。前云河伯不仁此言河伯許何所見之大約接沈玉祠河蓋巫者之傳言也。薪不屬兮衛人罪。燒蕭條兮噫乎、何以禦水。根燒草少薪加噫乎兩字變法作致頹林竹兮楗石菑。宣房塞兮萬福來。歌詞皆兩句一韻於是卒塞瓠子。築宮其上。名曰宣房宮。而道河北行二渠。復禹舊蹟。敘完河事再提一句應前二渠直挽至篇首禹治鴻水以爲照應收束妙甚而梁楚之地復寧。無水災。應梁楚之地被災尤甚自是之後。用事者爭言水利。朔方西河河西酒泉皆引河及川谷以溉田。而關中輔渠靈軹引堵水。汝南九江引淮。東海引鉅定。太山下引汶水。皆穿渠爲溉田。各萬餘頃。佗小渠披山通道者。不可勝言。上半篇序戰國以前河渠散序一段結此下半篇序戰國及漢河渠亦散序一段結兩邊照應以爲章法○莫足數不可勝言亦對然其著者在宣房。掉一句結出主意竟住好

太史公曰。余南登廬山。觀禹疏九江。遂至於會稽太湟。上姑蘇。望五湖。東闚洛汭大邳。迎河。行淮泗濟漯洛渠。西瞻蜀之岷山及離碓。北自龍門至於朔方。自禹至末一篇中河渠數語收盡曰。甚哉。水之爲利害也。只一句不說盡余從負薪塞宣房。悲瓠子之詩。而作河渠書。

以河作經一渠爲緯起伏串插條分縷析各有頭緒一莖不亂固是理絲神手○○合而觀之一篇大文分而觀之每段各成一篇小文且遣局設字各有妙處開渠至漢武有害無利以見漢武之多事直敘其事至末以甚哉水之爲利害一句收結而隱然照應處極有神情○吾尤喜其兩半篇結處俱以散序對照而起頭結尾俱以大禹回環則一篇文字大局段已定而中間出落皆其餘事矣作文者於大段處不可不留意也

平準書

漢興。接秦之弊。（平準是漢家之法平準令是漢家之官故止敘漢事然六國紛爭賦重財匱自秦已然而非漢初君臣之罪也）丈夫從軍旅。老弱轉糧饟。作業劇而財匱。（自古財匱之源不出此數語而一篇之綱領已盡）自天子不能具鈞駟。而將相或乘牛車。齊民無藏蓋。（極言財匱）於是爲秦錢重難用。更令民鑄錢。（錢法）一黃金一斤。約法省禁。而不軌逐利之民。蓄積餘業。以稽市物。（商賈）物踊騰糶。米至石萬錢。馬一匹則百金。（一通篇鑄錢是大綱而附以馬政轉粟鬻爵商賈四事前一段總括已盡）天下已平。高祖乃令賈人不得衣絲乘車。重租稅以困辱之。（商賈）孝惠高后時。爲天下初定。復弛商賈之律。然市井之子孫亦不得仕宦爲吏。（商賈○伏後用商賈爲吏）量吏祿。度官用。以賦於民。而山川園池市井租稅之入。自天子以至于封君湯沐邑。皆各爲私奉養焉。不領于天下之經費。漕轉山東粟。以給中都官。歲不過數十萬石。（一轉粟○一段序高帝高后之世立法之善）至孝文時。莢錢益多。（句）輕。（句）乃更鑄四銖錢。其文爲半兩。令民縱得自鑄錢。錢法○伏後禁鑄錢用酷吏 故吳。諸侯也。以即山鑄錢。富埒天子。其後卒以叛逆。鄧通。大夫也。以鑄錢財過王者。故吳鄧氏錢布天下。而鑄錢之禁生焉。—匈奴數侵盜北邊。屯戍者多。邊粟不足給食當食者。於是募民能輸及轉粟於邊者。轉粟 拜爵。爵得至大庶長。—賣爵○一段序文帝之世已開賣爵之令 孝景時。上郡以西旱。亦復修賣爵令。賣爵 而賤其價以招民。及徒復作。得輸粟縣官以除罪。轉粟 益造苑馬以廣用。馬政 而宮室列觀輿馬益增修矣。—一段序景帝之世復賣爵修宮室輿馬漸開侈靡之端 至今上即位數歲。漢興七十餘年之間。國家無事。非遇水旱之災。民則人給家足。都鄙廩庾皆滿。而府庫餘貨財。京師之錢。累巨萬。貫朽而不可校。—太倉之粟。陳陳相因。充溢露積於外。至腐敗不可食。—衆庶街巷有馬。阡陌之間成羣。而乘字牝者儐而不得聚會。—又將錢粟馬提序一遍下附吏治民俗以爲後日照映 守閭閻者食粱肉。爲吏者長子孫。居官者以爲姓號。故人人自愛而重犯法。先行義而後絀恥辱焉。伏後興利之臣出而犯法者衆 當此之時。網疏而民富。役財驕溢。即商賈也 或至兼并豪黨之徒。以武斷於鄉曲。宗室有土公卿大夫以下。即封君也 爭于奢侈。室廬輿服。僭于上。無限度。物盛而衰。固其變也。—自漢興至此是通篇總論一段總序包括完由高帝而來休養生息以至于此此乃盛衰之關文字過接入題之處○欲言武帝之耗故先言武帝之盛是反照法物盛而衰固其變也兩句關鎖前後而變字則貫通篇

自是之後。嚴助朱買臣等。招來東甌。事兩越。江淮之間。蕭然煩費矣。一○南方不寧耗費一唐蒙司馬相如開路西南夷。鑿山通道千餘里。以廣巴蜀。巴蜀之民罷焉。一西方不寧○耗費二彭吳賈滅朝鮮。置滄海之郡。則燕齊之間。靡然發動。一東方不寧○耗費三及王恢設謀馬邑。匈奴絕和親。侵擾北邊。兵連而不解。北方不寧○耗費四寫天下四方處處振動天下苦其勞。而干戈日滋。總結上四項行者齎。居者送。中外騷擾而相奉。百姓抏弊以巧法。財賂衰耗而不贍。入物者補官。出貨者除罪。選舉陵遲。廉恥相冒。武力進用。法嚴令具。興利之臣。自此始也。一此一段是下用篇總論選舉廉恥兵革刑罰興利之臣一併總是○此四方有事中外騷擾是第一變其後漢將歲以數萬騎出擊胡。及事騎將軍衛青取匈奴河南地。築朔方。○應北邊兵連耗費五當是漢時通西南夷道作者數萬人。千里負擔饋糧。率十餘鍾致一石。轉粟散幣於邛僰以集之。數歲道不通。蠻夷因以數攻。更發兵誅之。悉巴蜀租賦不足以更之。乃募豪民田南夷。入粟縣官。而內受錢於都內。應巴蜀之間蕭然煩費○轉粟○耗費六東至滄海之郡。人徒之費。擬於南夷。應燕齊之間靡然發動○耗費七又興十萬餘人築衛朔方。轉漕甚遼遠。轉粟自山東咸被其勞。費數十百巨萬。耗費八府庫益虛。乃募民能入奴婢。得以終身復。為郎增秩。及入羊為郎。始於此。一賣爵○此段擊匈奴通西南夷入奴婢入羊是第二變。其後四年。而漢遣大將將六將軍。軍十餘萬。擊右賢王。獲首虜萬五千級。明年。大將軍將六將軍。仍再出擊胡。得首虜萬九千級。捕斬首虜之士。受賜黃金二十餘萬斤。虜數萬人皆得厚賞。衣食仰給縣官。而漢軍之士馬死者十餘萬。兵甲之財。轉漕之費不與焉。於是大農陳藏錢經耗。賦稅既竭。猶不足以奉戰士。耗費九有司言天子曰。朕聞五帝之教不相復而治。禹湯之法不同道而王。所由殊路。而建德一也。北邊未安。朕甚悼之。日者大將軍攻匈奴。斬首虜萬九千級。留蹛無所食。議令民得買爵及贖禁錮免減罪。請置賞官。命曰武功爵。賣爵級十七萬。凡直三十餘萬金。諸買武功爵官首者試補吏。先除。千夫如五大夫。其有罪又減二等。爵得至樂卿。以顯軍功。軍功多用越等。大者封侯卿大夫。小者郎吏。吏道雜而多端。則官職耗廢。一此段擊匈奴武功爵是第三變自公孫弘以春秋之義繩臣下取漢相。以公孫弘入酷吏內妙張湯用峻文決理為廷尉。於是見知之法生。而廢格沮誹窮治之獄用矣。其明年。淮南衡山江都王謀反迹見。而公卿尋端治之。尋端字妙竟其黨與。而坐死者數萬人。長吏益慘急而法令明察。當是之時。招尊方正賢良文學之士。或至公卿大夫。公孫弘以漢相布被食不重味。爲天下先。然無益於俗。稍騖於功利矣。一此段公孫弘張湯開嚴刑之始是第四變 其明年。驃騎仍再出擊胡。獲首四萬。其秋。渾邪王率數萬之衆來降。於是漢發車二萬乘迎之。既至。受賞賜及有功之士。是歲費凡百餘巨萬。一耗費十〇此段迎渾邪賞賜有功是第五變

初先是往十餘歲河決。觀梁楚之地固已數困。而緣河之郡隄塞河。輒決壞。費不可勝計。耗費十一 其後番係欲省砥柱之漕。穿汾河渠以爲溉田。作者數萬人。耗費十二 鄭當時爲渭漕渠回遠。鑿直渠自長安至華陰。作者數萬人。耗費十三 朔方亦穿渠。作者數萬人。耗費十四 各歷二三朞。功未就。費亦各巨萬十數。一此段塞河穿渠是第六變 天子爲伐胡盛養馬。馬之來食長安者數萬匹。馬政 卒牽掌者關中不足。乃調旁近郡。一耗費十五〇此段養馬是第七變 而胡降者皆衣食縣官。縣官不給。耗費十六 天子乃損膳。解乘輿駟。出御府禁藏以贍之。一此段衣食降人是第八變 其明年。山東被水菑。民多饑乏。於是天子遣使者虛郡國倉廥以振貧民。猶不足。又募豪富人相貸假。尚不能相救。乃徙貧民於關以西。及充朔方以南新秦中七十餘萬口。衣食皆仰給縣官。數歲。假予產業。使者分部護之。冠蓋相望。其

費以億計。不可勝數。耗費十七○此段救荒賑貧民是第九變 於是縣官大空。而富商大賈或蹛財役貧轉轂百數。廢居居邑。商賈 封君皆低首仰給。冶鑄煑鹽。財或累萬金。而不佐國家之急。黎民重困。又作一總結收上九段見天下蕭然凋敝卽起下算緡錢選商賈及卜式助邊諸事插序議論關合前後 於是天子與公卿議。更錢造幣以贍用。而摧浮淫并兼之徒。是時禁苑有白鹿。而少府多銀錫。自孝文更造四銖錢。追序之事 至是歲四十餘年。從建元以來用少。縣官往往卽多銅山而鑄錢。民亦間盜鑄錢。不可勝數。錢益多而輕。物益少而貴。對句明晰 有司言曰。古者皮幣。諸侯以聘享。金有三等。黃金爲上。白金爲中。赤金爲下。今半兩錢法重四銖。而姦或盜摩錢裏取鎔。錢益輕薄而物貴。則遠方用幣煩費不省。乃以白鹿皮方尺。緣以藻繢爲皮幣。直四十萬。王侯宗室朝覲聘享。必以皮幣薦璧。然後得行。又造銀錫爲白金。以爲天用莫如龍。地用莫如馬。人用莫如龜。故白金三品。其一曰重八兩。圜之。其文龍。名曰白選。直三千。二曰重差小。方之。其文馬。直五百。三曰復小。橢之。其文龜。直三百。令縣官銷半兩錢。更鑄三銖錢。文如其重。盜鑄諸金錢罪皆死。錢法 而吏民之盜鑄白金者。不可勝數。此段造幣鑄金禁盜鑄是第十變 於是以東郭咸陽孔僅爲大農丞。領鹽鐵事。桑弘羊以計算用事侍中。咸陽。齊之大煑鹽。孔僅。南陽大冶。皆致生累千金。故鄭當時進言之。弘羊。雒陽賈人子。三人錯綜弘羊另序 以心計年十三侍中。故三人言利事析秋毫矣。一此段咸陽孔僅弘羊言利是第十一變 法既益嚴。吏多廢免。兵革數動。民多買復及五大夫。徵發之士益鮮。於是除千夫五大夫爲吏。不欲者出馬。馬政 故吏皆通適令伐棘上林。此段用武力適故吏是第十二變 作昆明池。一耗費十八○此段作昆明池是第十三變只一句簡 其明年。大將軍驃騎大出擊胡。得首虜八九萬級。賞賜五十萬金。漢軍馬死者十餘萬匹。轉漕車甲之費不與焉。耗費十九 是時財匱。戰士頗不得祿矣。一此段擊胡賞賜馬死財匱是第十四變 有司言三銖錢輕易姦詐。乃更請諸郡國鑄五銖錢。錢法 周郭其下。令不可磨取鋊焉。一此段鑄五銖錢是第十五變 大農上鹽鐵丞孔僅咸陽言。山海天地之藏也。皆宜屬少府。陛下不私以屬大農佐賦。願募民自給費。因官器作煑鹽。官與牢盆。浮食奇民欲擅管山海之貨。以致富羨。役利細民。其沮事之議。不可勝聽。商賈 敢私鑄鐵器煑鹽者。釱左趾。沒入其器物。郡不出鐵者。置小鐵官。便屬在所縣。使孔僅東郭咸陽乘傳舉行天下鹽鐵。作官府。除故鹽鐵家富者爲吏。商賈 吏道益雜。不選而多賈人矣。一此段興鹽鐵官富商賈是第十六變 商賈以幣之變。多積貨逐利於是公卿言郡國頗被菑害貧民無產業者募徙廣饒之地陛下損膳省用出禁錢以振元元寬貸賦而民不齊出于南畝商賈滋衆商賈貧者畜積無有皆仰縣官異時算軺車賈人緡錢皆有差請算如故諸賈人末作貰貸買居邑稽諸物及商以取利者雖無市籍各以其物自占率緡錢二千而一算諸作有租及鑄率緡錢四千一算非吏比者三老北邊騎士軺車以一算商賈人軺車二算船五丈以上一算匿不自占占不悉戍邊一歲沒入緡錢有能告者以其半畀之賈人有市籍者及其家屬皆無得籍名田以便農敢犯令沒入田僮此段算緡錢軺車是第七變○文亦古樸奇倔天子乃思卜式之言召拜式爲中郞爵左庶長賜田十頃布告天下使明知之突然倒提卜式事後附卜式傳方詳序是另一法

初卜式者河南人也以下附式傳以田畜爲事親死式有少弟弟壯式脫身出分獨取畜羊百餘以羊事起田宅財物盡予弟式入山牧十餘歲羊致千餘頭買田宅而其弟盡破其業式輒復分與弟者數矣虛序是時漢方數使將擊匈奴卜式上書願輸家之半縣官助邊天子使使問式欲官乎式曰臣少牧不習仕宦不願也使問曰家豈有冤欲言事乎式曰臣生與人無分爭式邑人貧者貸之不善者教順之所居人皆從

式。式何故見寃于人。無所欲言也。使者曰。苟如此。子何欲而然。（前設兩峯此作一頓）式曰。天子誅匈奴。愚以爲賢者宜死節於邊。有財者宜輸委。如此而匈奴可滅也。使者具其言入以聞。天子以語丞相弘。弘曰。此非人情。不軌之臣。不可以爲化而亂法。願陛下勿許。於是上久不報式。數歲乃罷式。（正欲序賜爵布告事中又作此一颺）式歸復田牧。歲餘會軍數出。渾邪王等降。縣官費衆。倉府空。其明年貧民大徙。皆仰給縣官。無以盡贍。卜式持錢二十萬。予河南守。以給徙民。（一發不中又復爲此寫卜式巧數）河南上富人助貧人者籍。（是卜式心事）天子見卜式名。（是卜式心事）識之。曰是固前而欲輸其家半助邊。（間接）乃賜式外繇四百人。式又盡復予縣官。（更巧）是時富豪皆爭匿財。唯式尤欲輸之助費。（又寫一句卜式正于此用巧）天子於是以式終長者。故尊顯以風百姓。初式不願爲郎。上曰。吾有羊上林中。欲令子牧之。式乃拜爲郎。布衣屩而牧羊。（仍以羊照應）歲餘。羊肥息。上過見其羊。善之。式曰。非獨羊也。治民亦猶是也。以時起居。惡者輒斥去。毋令敗羣。（又即羊上生波）上以式爲奇。拜爲緱氏令。試之。緱氏便之。遷爲成皋令。將漕最。上以爲式樸忠。（應前長者）拜爲齊王太傅。（一頓住卜式事下遙接入孔僅事）而孔僅之使天下鑄作器。三年中拜爲大農。列于九卿。而桑弘羊爲大農丞。筦諸會計事稍稍置均輸以通貨物矣（此段初置均輸是第十八變此平準之始）始令吏得入穀補官郎至六百石（賣爵○此段入穀補郎是第十九變）自造白金五銖錢後五歲赦吏民之坐盜鑄金錢死者數十萬人（錢法）其不發覺相殺者不可勝計赦自出者百餘萬人然不能半自出天下大抵無慮皆鑄金錢矣（微詞）犯者衆吏不能盡誅取於是遣博士褚大徐偃等分曹循行郡國舉兼幷之徒守相爲吏者而御史大夫張湯方隆貴用事減宣杜周等爲中丞義縱尹齊王溫舒等用慘急刻深爲九卿而直指夏蘭之屬始出矣—（此段赦盜鑄舉兼幷是第二十變）而大農顏異誅（先提一句後序與前卜式一樣）初異爲濟南亭長以廉直稍遷至九卿上與張湯既造白鹿皮幣問異異曰今王侯朝賀以蒼璧直數千而其皮薦反四十萬本末不相稱天子不說張湯又與異有郤及人有告異以他議事下張湯治異異與客語客語初令下有不便者異不應微反脣湯奏異當九卿見令不便不入言而腹誹論死自是之後有腹誹之法以此而公卿大夫多諂諛取容矣—（此段嚴刑腹誹是第二十一變）天子既下緡錢令而尊卜式（遙接）百姓終莫分財佐縣官於是楊可告緡錢縱矣—（此段告緡錢是第二十二變）郡國多姦鑄錢錢多輕而公卿請令京師鑄鍾官赤側一當五賦官用非赤

側不得行。錢法白金稍賤。民不寶用。縣官以令禁之。無益。歲餘。白金終廢不行。此段鑄赤側廢白金是第二十三變是歲也。張湯死。而民不思。間插張湯與烹弘羊相照其後二歲。赤側錢賤。民巧法用之。不便。又廢。於是悉禁郡國無鑄錢。專令上林三官鑄。錢既多。而令天下非三官錢不得行。諸郡國所前鑄錢皆廢銷之。輸其銅三官。錢法而民之鑄錢益少。計其費不能相當。唯眞工大姦乃盜爲之。——此段三官錢銷廢錢是第二十四變卜式相齊。而楊可告緡徧天下。遙接中家以上大抵皆遇告。杜周治之。獄少反者。又遙接杜周乃分遣御史廷尉正監分曹往卽治郡國緡錢。得民財物以億計。奴婢以千萬數。田大縣數百頃。小縣百餘頃。宅亦如之。於是商賈中家以上大率破。商賈民偸甘食好衣。不事畜藏之產業。而縣官有鹽鐵緡錢之故。用益饒矣。——此段告緡酷刑沒財破家是第二十五變益廣。關置左右輔。——此段置關是第二十六變初大農筦鹽鐵官布多。置水衡。欲以主鹽鐵。及楊可告緡錢。上林財物衆。乃令水衡主上林。上林既充滿。益廣。——此段置水衡是第二十七變是時越欲與漢用船戰逐。乃大修昆明池。列觀環之。治樓船高十餘丈。旗幟加其上。甚壯。耗費二十於是天子感之。乃作柏梁臺高數十丈。耗費二十一宮室之修由此日麗。——此段修昆明池治樓船作柏梁臺是第二十八變乃分緡錢諸官。而水衡。少府。大農。太僕。各置農官。往往卽郡縣比沒入田田之。其沒入奴婢。分諸苑養狗馬禽獸。及與諸官。諸官益新置多。徙奴婢衆。而下河漕度四百萬石。（轉粟）及官自羅乃足。（此段田沒田徙奴婢官羅穀是第二十九變）所忠言世家子弟富人或鬬雞走狗馬弋獵博戲亂齊民。乃徵諸犯令相引數千人。命曰株送徒。入財者得補郎。（賣爵）郎選衰矣。一（此段株送徒入財補郎是第三十變）是時山東被河菑。及歲不登數年。人或相食。方一二千里。天子憐之。詔曰江南火耕水耨。令饑民得流就食江淮間。欲留留之處。遣使冠蓋相屬於道。護之。下巴蜀粟以振之。一（轉粟○耗費二十二○此段下粟振災是第三十一變）其明年。天子始巡郡國。東渡河。河東守不意行至。不辨自殺。行西踰隴。隴西守以行往卒。天子從官不得食。隴西守自殺。於是上北出蕭關。從數萬騎。獵新秦中。以勒邊兵而歸。（耗費二十三）新秦中或千里無亭徼。於是誅北地太守以下。而令民得畜牧邊縣。官假馬母。（馬政）三歲而歸。及息什一。以除告緡。用充仞新秦中。一（此段巡幸之費是第三十二變）既得寶鼎。立后土太一祠。公卿議封禪事。而天下郡國皆豫治道橋。繕故宮。及當馳道縣。（耗費二十四）縣治官儲。設供具而望以待幸。一（此段治道供具是第三十三變）其明年。南越反。西羌侵邊爲桀。於是天子爲山東不贍。赦天下。因南方樓船卒二十餘萬人擊南越。耗費二十五數萬人發三河以西騎擊西羌。耗費二十六又數萬人渡河築令居。初置張掖酒泉郡。而上郡朔方西河河西開田官斥塞卒六十萬人戍田之。中國繕道餽糧。轉粟遠者三千。近者千餘里。皆仰給大農。耗費二十七、○此一段征南越西羌開田斥塞是第三十四變邊兵不足。乃發武庫工官兵器以贍之。車騎馬之絕。縣官錢少。買馬難得。乃著令。令封君以下至三百石以上吏。以差出牝馬。天下亭亭有畜牸馬。歲課息。馬政○此段畜馬出一馬是第三十五變齊相卜式上書曰。臣聞主憂臣辱。南越反。臣願父子與齊習船者往死之。寫卜式始終一樣權術。天子下詔曰。卜式雖躬耕牧。不以爲利。有餘輒助縣官之用。今天下不幸有急。而式奮願父子死之。雖未戰。可謂義形於內。賜爵關內侯金六十斤。田十頃。布告天下。天下莫應。收還前提封侯布告一段列侯以百數。皆莫求從軍擊羌越。至酎。少府省金。而列侯坐酎金失侯者百餘人。乃拜式爲御史大夫。酎金之法皆因卜式而起故點出與卜式夾序式既在位。見郡國多不便縣官作鹽鐵。鐵器苦惡。賈貴。或彊令民買賣之。而船有算。商者少。物貴。商賈乃因孔僅言船算事。上由是不悅卜式。夾序卜式事既賈利復買名寫卜式之巧漢連兵三歲。誅羌。滅南越。遙接番禺以西至蜀南者置初郡十七。且以其故俗治毋賦稅。

南陽漢中以往郡。各以地比給初郡吏卒奉食幣物傳車馬被具。而初郡時時小反。殺吏。漢發南方吏卒往誅之。間歲萬餘人。耗費二十八 費皆仰給大農。大農以均輸調鹽鐵助賦。故能贍之。然兵所過縣。爲以訾給毋乏而已。不敢言擅賦法矣。一此段創郡誅討仰給大農是第三十六變。其明年元封元年。卜式貶秩爲太子太傅。夾序卜式事 而桑弘羊爲治粟都尉。領大農。盡代僅筦天下鹽鐵。弘羊以諸官各自市。相與爭物。故騰躍。而天下賦輸或不償其僦費。乃請置大農部丞數十人。分部主郡國。各往往縣置均輸鹽鐵官。令遠方各以其物貴時商賈所轉販者爲賦。而相灌輸。置平準於京師。都受天下委輸。召工官治車諸器。皆仰給大農。大農之諸官盡籠天下之貨物。貴卽賣之。賤則買之。如此。富商大賈無所牟大利。則反本。商賈 而萬物不得騰踊。故抑天下物。名曰平準。天子以爲然。許之。一此段置平準是第三十七變多少變更始歸本題 於是天子北至朔方。東到太山。巡海上。並北邊以歸。所過賞賜。用帛百餘萬疋。錢金以巨萬計。皆取足大農。耗費二十九 弘羊又請令吏得入粟補官。賣爵 及罪人贖罪。令民能入粟甘泉各有差。以復終身。不告緡。他郡國各輸急處。而諸農各致粟。山東漕益歲六百萬石。轉粟 一歲之中。太倉甘泉倉滿。邊餘穀諸物均輸帛五百萬疋民不益賦而天下用饒。此段總上數項歸重平準以完此篇〇由衰而盛由盛而衰至此似乎復盛矣而實有不然者故借卜式數語以烹弘羊一語結之其妙至此於是弘羊賜爵左庶長黃金再百斤焉是歲小旱上令官求雨卜式言曰縣官當食租衣稅而已今弘羊令吏坐市列肆販物求利亨弘羊天乃雨。一篇序事至此方出正意而即借卜式之口出之卜式原是彼一輩人尚以爲不堪他何問焉深妙乃爾

太史公曰農工商交易之路通而龜貝金錢刀布之幣興焉以金錢作主所從來久遠自高辛氏之前尚矣靡得而記云故書道唐虞之際詩述殷周之世安寧則長庠序先本絀末以禮義防于利事變多故而亦反是是以物盛則衰時極而轉是序平準正意一質一文終始之變也禹貢九州各因其土地所宜人民所多少而納職焉湯武承弊易變使民不倦各兢兢所以爲治而稍陵遲衰微齊桓公用管仲之謀通輕重之權徼山海之業以朝諸侯用區區之齊顯成霸名魏用李克盡地力爲彊君自是之後天下爭于戰國貴詐力而賤仁義先富有而後推讓故庶人之富者或累巨萬而貧者或不厭糟糠有國彊者或并羣小以臣諸侯而弱國或絕祀而滅世以至於秦卒并海內。他篇俱序自上古以入本題此篇獨以漢興突起點秦一筆而于後幅乃追述古事環至秦事而止章法變化之妙虞夏之幣金爲三品。

或黃。或白。或赤。或錢。或布。或刀。或龜貝、及至秦中。一國之幣。爲三等。黃金以鎰名。爲上幣。銅錢識曰半兩。重如其文。爲下幣。而珠玉龜貝銀錫之屬。爲器飾寶藏。不爲幣。然各隨時而輕重無常。通篇以鑄錢事作主故又申一段以足之。於是外攘夷狄。應匈奴南越諸事內興功業。應還舉法令諸事。海內之士。力耕不足糧饟。女子紡績不足衣服。古者嘗竭天下之資財以奉其上。猶自以爲不足也。無異。借秦論當代之失乃言古者亦然是牽扯掩護而其過愈章史筆之妙故云事勢之流相激使然。曷足怪焉。應還盛衰之變

此篇以序事爲主即以序事爲議論先以盛衰遞變作一論冒關鍵而後逐段逐節層見疊出凡作三十七段以盡盛衰之變而中間段段節節俱有血脈灌輸是大手筆○通篇以鑄錢作主而串入馬政轉粟商賈賣爵而復間之以吏治風俗刑罰戰爭四面八方東來西往如江潮齊湧如野火亂飛偏能一手敍來穿插貫串絕無一毫費力所以爲難○通篇看來似乎雜亂其實征伐是一件如東甌兩越西羌匈奴南彝大將軍之出渾邪王之降置滄海伏馬邑築朔方置番禺郡等是也興利是一件如更錢鑄幣白鹿皮白金龍馬鹽鐵算緡告緡水衡上林三官等是也刑罰是一件張湯見知淮南反獄盜鑄腹誹直指使減宣杜周之屬等是也鬻爵是一件如入財入羊入穀入奴婢武功爵等是也巡幸工作是一件如塞河穿汾鑿渠作昆明池置酒泉張掖治樓船起柏梁立后土太一祠治橋道等是也山東兩賑則其餘事而追其立言之意則以征伐土功費用浩煩不得不興利鬻爵利不能卽興不得不嚴刑事雖錯綜意則一

串也○篇中有總提處分序處挿序處夾序處照應處不照應處倒提處突出處變化不一不能細數須當究心○篇首突然而起篇末忽然而住操筆縱橫無所不可是難能也○後半附卜式一傳處處鬭合夾序即以卜式終篇而通篇神情俱見